Frankfurt
und der Nordpol

Schriften des Historischen Museums Frankfurt am Main, Band 26

Herausgegeben von Jan Gerchow

Frank Berger

Frankfurt und der Nordpol

Forscher und Entdecker im ewigen Eis

Historisches Museum, Frankfurt am Main

Inhalt

007	Vorwort und Dank	078	Die Österreich-Ungarische Nordpolar-Expedition von 1872–1874
011	Widmung		

012 Frühes Wissen um den Nordpol

- 013 Der Globus des Johannes Schöner von 1515
- 016 Theodor de Bry als Verleger von Barentsz und Hudsons Polarfahrten
- 021 Die Globen von Andreae (1717), Doppelmayr (1730 und 1792) und Klinger (1792) in der Frankfurter Stadtbibliothek
- 024 »Zwei Grönländer« im Prehn'schen Kabinett

032 Die Nordfahrt des Georg Berna 1861

- 033 Das Personal
- 037 Die Reise

052 Der Beginn deutscher Polarforschung

- 053 Das offene Polarmeer?
- 059 Die erste Versammlung Deutscher Meister und Freunde der Erdkunde am 23. und 24. Juli 1865 in Frankfurt am Main
- 065 Die Erste Deutsche Nordpolar-Expedition von 1868
- 067 Die Zweite Deutsche Nordpolar-Expedition von 1869/1870

078 Die Österreich-Ungarische Nordpolar-Expedition von 1872–1874

- 079 Julius Payer vor 1871
- 080 Carl Weyprecht vor 1871
- 084 Die Vorexpedition von 1871
- 085 Die Österreich-Ungarische Nordpolar-Expedition von 1872 bis 1874
- 090 Carl Weyprecht nach 1874: Die Begründung der Internationalen Polarjahre
- 093 Julius Payer nach 1874
- 096 Nachruhm

104 Erstes Internationales Polarjahr und Kontinentalverschiebung

- 105 Das Erste Internationale Polarjahr
- 107 Der Frankfurter Verein für Geographie und Statistik
- 115 Die Senckenbergische Naturforschende Gesellschaft

122 Theodor Lerner, Polarfahrer

- 123 Andrée, »Fauna Arctica« und die Bäreninsel
- 131 Eine Überwinterung auf Spitzbergen
- 136 Die Rettungsexpedition von 1913
- 142 Forschen für Senckenberg

154	**Auf nach Grönland!**
155	Die Erste Hessische Grönlandexpedition von Hans Krüger und Fritz Klute 1925
156	Waldemar Coste und der Film »Milak der Grönlandjäger« 1926
159	Die Zweite Hessische Grönlandexpedition 1929/1930 und das Verschwinden Hans Krügers
161	Friedrich Sieburg und Änne Schmücker als Propagandisten Grönlands
167	Johannes Georgi »im Eis vergraben« 1930/1931
173	Die Internationalen Polarjahre
186	**Und der Südpol?**
187	Georg von Neumayers unermüdliche Agitation
192	Die drei deutschen Expeditionen in antarktische Gewässer
205	**Anhang**
205	Literaturverzeichnis
214	Abbildungsverzeichnis
215	Impressum

Vorwort und Dank

Frankfurt verdankt sein Wachstum und seinen Wohlstand in erster Linie dem Handel. Es war und ist einer der wichtigsten Handelsplätze Europas und mit seiner Messe auch der Welt. Zum Welthandel gehört die Kenntnis der Welt. So mutet es fast erstaunlich an, dass die frühesten Entdecker aus der Stadt am Main erst im 17. Jahrhundert bezeugt sind. Am Anfang der Liste der bekannten Frankfurter Fernreisenden und Forscher bzw. Entdecker steht zudem eine Frau und damit eine bemerkenswerte Ausnahme in ihrer Zeit: Maria Sibylla Merian (1647 in Frankfurt am Main geboren, gestorben 1717 in Amsterdam).

Frankfurts Rolle in der Welt des Handels beruhte eher darauf, dass es ein Umschlagplatz von Waren, Geld und Wissen war, weniger die Basis für unternehmungslustige und fernreisende Kaufleute. Die saßen im 17. Jahrhundert in den Niederlanden, England, Spanien oder Portugal.

So wundert es nicht, dass Maria Sibylla Merian die Tochter eines zugewanderten Basler Druckers und Verlegers (Matthäus Merian d. Ä.) und Stieftochter eines Malers flämischer Herkunft (Jakob Marrel) war. 1685 zog sie in die Niederlande und reiste von dort aus nach Surinam, die südamerikanische Kolonie der Vereinigten Niederlande. Bekanntlich war Sibylla Merian nicht nur Fernreisende, sondern zugleich Forscherin und in diesem Sinn auch »Entdeckerin«. Ihr opulent illustriertes Werk über die Metamorphose der tropischen Insekten Surinams beschreibt und illustriert zahllose bis dahin nicht bekannte Tiere und Pflanzen. Doch diese Art Entdeckertum war im Europa des 17. Jahrhunderts noch selten; im Vordergrund standen Handelsgeschäfte und Machtausübung.

Maria Sibyllas Vater Matthäus Merian hatte seit 1616 in Johann Theodor de Brys Druckerei und Verlag gearbeitet und dessen Tochter geheiratet. Und die de Brys waren ihrerseits eine Generation zuvor als Religionsflüchtlinge aus den südlichen Niederlanden zugereist. Das Historische Museum hat 2005 in einer von Frank Berger kuratierten Ausstellung diese für Frankfurt so einflussreiche Fluchtbewegung zum Thema gemacht (»Glaube Macht Kunst: Antwerpen – Frankfurt um 1600«).

Der Verlag de Bry brachte die ersten bebilderten Druckwerke zu den großen Entdeckungen dieser Zeit heraus, und sie richteten sich in lateinischer und deutscher Sprache an eine europäische Öffentlichkeit: Von 1590 bis 1634 erschienen in Frankfurt die West-Indischen Reisen (auch »Geschichte Amerikas« genannt) und die Ost-Indischen Reisen (»Collectiones peregrinationum in Indiam Orientalem et Indiam Occidentalem XXV partibus comprehensae; opus illustratum figuris aeneis Fratrum de Bry et Meriani«) in annähernd 30 Bänden. Zuvor hatte Theodor de Bry in London mit dem Geographen Richard Hakluyt Berichte europäischer Forschungsexpeditionen gesammelt. De Brys Druckwerke zählen damit zu den ersten im wörtlichen Sinn »globalen« Projekten der Buch- und Wissensgeschichte.

Frankfurt war also im 17. Jahrhundert ein zentraler Umschlagplatz für Informationen und Bilder der Welt. Zu dieser Welt gehörte auch damals schon die Arktis. Denn im dritten Teil der »India Orientalis« (1599) hatte Johann de Bry zeitnah die Berichte über Expeditionen des Niederländers Willem Barentsz publiziert, der den nördlichen Seeweg nach China gesucht hatte und 1597 im Eismeer bei Nowaja Semlja nahe des Nordpols erfroren war.

Zwischen der »India Orientalis« von 1599 und der ersten Nordfahrt des Frankfurters Georg Berna von 1861 liegt freilich eine weite Spanne. Doch gibt es Indizien für Zusammenhänge und Traditionslinien. Etwa Eduard Rüppell (1794 – 1884): Ein halbes Jahrhundert vor Berna bereiste der Frankfurter Bankiersohn Afrika und den Nahen Osten. Er begründete mit anderen 1817 die »Senckenbergische Naturforschende Gesellschaft«, die er ab 1841 leitete. Die von ihm zusammengetragenen zoologischen, mineralogischen, ethnologischen und archäologischen Funde gehören zum Grundbestand des Senckenbergmuseums. Der Namensgeber dieser ersten Frankfurter »Wissenschaftsstiftung« selbst, Johann Christian Senckenberg (1707 – 1772), kann als ein weiteres Glied in der Traditionslinie begriffen werden: Er zeichnete sich zwar nicht durch Reisen und geographisches Entdeckertum aus, aber seine medizinisch-botanischen Forschungen und Anstalten bildeten die Basis für alle folgenden Frankfurter Naturforscher und schließlich den Wissenschafts- und Universitätsstandort Frankfurt.

Diesen Forschungsstandort kennzeichnen Persönlichkeiten wie der Immunologe Paul Ehrlich (1854 – 1915) und der Chemiker und Psychiater Alois Alzheimer (1881 – 1945). In der sich entwickelnden Forschungsstadt Frankfurt geboren wurden z. B. der Astrophysiker Karl Schwarzschild (1873 – 1916) und der Atomphysiker Otto Hahn (1879 – 1968). Schließlich zog die Stadt auch bedeutende Außenseiter wie den Autodidakten Leo Frobenius (1873 – 1938) an, einen umtriebigen »Kulturmorphologen« und Afrikaforscher, dessen »Afrika-Archiv« heute als Frobenius-Institut an der Johann Wolfgang Goethe-Universität geführt wird.

In dieser traditionsreichen und seit dem Beginn des 19. Jahrhunderts sich verdichtenden Forschungslandschaft sind die Expeditionen angesiedelt, um die es in diesem Buch und in der dazugehörigen Ausstellung geht. Georg Bernas Frankfurtische Nordfahrt von 1861 begründete die wissenschaftliche Erschließung der nördlich von Island gelegenen Vulkaninsel Jan Mayen. Und die Frankfurter Geographenversammlung von 1865 war ein wichtiger Markstein der deutschen Polarforschung, gefolgt von zwei deutschen Grönland-Expeditionen und der Entdeckung Kaiser Franz Josef-Landes durch Carl Weyprecht (1873). Den Odenwälder Weyprecht (1838 – 1881) verbanden enge Beziehungen mit Frankfurt. Sein Mitstreiter Julius Payer studierte hier bei Heinrich Hasselhorst, dem Teilnehmer von Bernas Nordfahrt, Malerei. Schließlich widmete sich der Frankfurter Polarfahrer Theodor Lerner (1866 – 1931) auf sieben Reisen der Erforschung Spitzbergens. 1898 und 1914 erfolgten diese Expeditionen für das Senckenbergmuseum.

Lerner wurde zum Zeugen und später auch Beteiligten der ersten Arktisflüge. 1896 und 1897 beobachtete er Ballonaufstiege und 1907, vor einhundert Jahren, assistierte er dem Amerikaner Walter Wellman auf seinem ersten Flug mit einem lenkbaren Luftschiff auf Spitzbergen. Es war Lerner, der August von Parseval und Ferdinand von Zeppelin von der Machbarkeit eines Flugs über den Pol überzeugte.

Zeitgleich mit Lerners Reisetätigkeit war Frankfurt der Schauplatz für bahnbrechende wissenschaftliche Ereignisse. So trug der Berliner Meteorologe und Geophysiker Alfred Wegener 1912 im Senckenbergmuseum erstmals seine Theorie der Kontinentalverschiebung vor. Wegener und der Frankfurter Geophysiker Johannes Georgi vermaßen 1929 bis 1931 mit geradezu übermenschlicher Anstrengung das grönländische Inlandeis; Wegener starb bei dieser Expedition.

Ausstellungen haben oft ein Jubiläum zum Anlass. Vom 1. März 2007 bis zum 1. März 2008 findet das Vierte Internationale Polarjahr statt. Diese Tradition wurde 1882/83 von Carl Weyprecht mit begründet. Von dem Frankfurter Johannes Georgi kam die Anregung zum Zweiten Internationalen Polarjahr 1932/33. Er hatte zuvor 1927 bei Höhenwindmessungen auf Island das Phänomen des Jet Streams entdeckt.

Mit »Frankfurt und der Nordpol« setzt das Historische Museum nach »Maria Sibylla Merian 1647 – 1717. Künstlerin und Naturforscherin« (1997) seine Beschäftigung mit Frankfurter Forscherinnen bzw. Forschern und Entdeckerinnen/Entdeckern fort. Es sollen weitere Ausstellungen und Publikationen folgen. Diese Personen und ihre Aktivitäten spiegeln in besonderer Weise die »Welthaltigkeit« der alten Mainmetropole wider. Über die Messen und die frühen Verleger spannt sich der Bogen zu den Entdeckungsreisenden und Naturforschern des zwanzigsten Jahrhunderts.

Die Beschäftigung mit dem frankfurtischen Aspekt der Erforschung der Arktis geht auf ein Buchmanuskript des Frankfurter Polarfahrers Theodor Lerner (1866 – 1931) zurück. Dieses Manuskript konnte im Jahre 2004 in Buchform erscheinen (Oesch-Verlag, Zürich). Große Verdienste um das Werk Lerners haben die beiden Enkelinnen des Polarfahrers, Heide Bodensohn und Dr. Marita Bodensohn. Sie ermöglichten die Herausgabe, Präsentation und Darstellung Ihres Großvaters durch eigenen Vortrag und Präsentation von Objekten.

2006 jährte sich zum 125. Mal der Tod von Carl Weyprecht (1838 – 1881). Ihm war dank der Initiative Dr. Heidi von Lesczcynskis, der Urgroßnichte des Entdeckers, eine große Ausstellung in Michelstadt gewidmet.

Besonderer Dank gebührt Dr. Reinhard Krause vom Alfred-Wegener-Institut für Polar- und Meeresforschung in Bremerhaven. Seine geduldigen Erklärungen, Anmerkungen und Anregungen waren für den vorliegenden Katalog und die historische Ausstellung von unschätzbarem Gewinn.
Einen erheblichen Beitrag zu Ausstellung und Katalog leistete Siegfried Nicklas, Frankfurt, durch seine Leihgaben und seine umfassenden polarhistorischen Kenntnisse.

Erhebliche Hilfe und Ermunterung kamen von Prof. Dr. Georg Kleinschmidt, dem Vorsitzenden der Deutschen Gesellschaft für Polarforschung, von Dr. Konrad Klemmer (Senckenbergische Naturforschende Gesellschaft), von Hans-Jochen Kretzer (Pfalzmuseum für Naturkunde Bad Dürkheim, Georg von Neumayer Archiv), von Dott. Enrico Mazzoli, Triest, Dr. Peter Joseph Capellotti (zur Zeit Oslo), Volker Harms-Ziegler (Institut für Stadtgeschichte, Frankfurt am Main), Ivana Herglova, Prag, für die Aufbereitung der tschechischen Literatur über Julius Payer und Stephan Kämpf, Frankfurt, für den Film über Carl Weyprecht.

Weiterer Dank gebührt Dr. William Barr, Calgary, Dr. Bruno Besser, Graz, Dr. Gudrun Bucher, Offenbach, Dr. Roman Fischer, Frankfurt, Reinhard Glasemann, Frankfurt, Gerhard Heinemann, Herbstein, Walter Heinemann, Coburg, Reinhard Hoheisel-Huxmann, Bremerhaven, Dr. Edgar Hürkey, Frankenthal, Petra Kämpf, Frankfurt, Klaus Kiedel, Bremerhaven, Katrin Krohmann, Frankfurt, Dr. Petra Maisak, Frankfurt, Dr. Gerald Mayr, Frankfurt, Dr. Volker Mosbrugger, Frankfurt, Mag. Christian Mario Ortner, Wien, Ursula Rack, Neuseeland, Dr. Christian Rathke, Offenbach, Per Kyrre Reymert, Longyearbyen, Dr. Alice Selinger, Neu-Isenburg, Dr. Achim Sibeth, Frankfurt, Dr. Pjotr Sobolewski, Warschau, Dr. Verena Traeger, Wien und Pascal Tschudin, Lausanne.

Ich danke Frank Berger für seine Initiative und Leidenschaft für dieses Thema. Er verbindet virtuos die Gabe des Schreibens mit der Lust zu reisen. Denn dass ein Ausstellungskurator neben seinen vielfältigen Museumsaufgaben als Leiter des Münzkabinetts sowohl Zeit für ausgedehnte Reisen (nicht nur in der Arktis) findet als auch den gesamten Katalog verfasst, ist nicht selbstverständlich. Er hat das Projekt ganz eigenständig entwickelt und in enger Kooperation mit den Kollegen vom Naturmuseum Senckenberg sowie dem Alfred-Wegener-Institut für Polar- und Meeresforschung vorbereitet. Für ihr Vertrauen und ihre Hilfsbereitschaft danke ich allen unseren Kooperationspartnern und Leihgebern.

Ohne das Vertrauen und die großzügige Förderung durch die 1822-Stiftung der Frankfurter Sparkasse, der Stiftung Polytechnische Gesellschaft, der Historisch-Archäologischen Gesellschaft und ohne die Unterstützung durch den Kooperationspool der Frankfurter Museen wären die Ausstellung und dieses Buch nicht entstanden! Dafür gilt Dr. Irmtraud Burggraf, Dr. Roland Kaehlbrandt, Dr. Sven Matthiesen, Prof. Dr. Klaus Ring, Carolina Romahn, Prof. Dr. Felix Semmelroth und Ottilie Wenzler unser großer Dank!

Jan Gerchow
Direktor des Historischen Museums, Frankfurt am Main

Widmung

Den Frankfurter und hessischen Polarforschern (1861 – 1931)

Georg Berna, Frankfurt, Büdesheim	Jan Mayen 1861
Carl Vogt, Gießen, Frankfurt, Genf	Jan Mayen 1861
Heinrich Hasselhorst, Frankfurt	Jan Mayen 1861
Peter Ellinger, Frankfurt	Grönland 1870
Julius Payer, Teplitz, Frankfurt, Wien	Grönland 1870; Kaiser Franz Josef-Land 1872/1874
Carl Weyprecht, Darmstadt, Triest	Kaiser Franz Josef-Land 1872/1874
Theodor Lerner, Linz, Berlin, Frankfurt	Spitzbergen 1898; 1899; 1906/1907; 1913; 1914
Carl Chun, Frankfurt, Leipzig	Tiefsee-Expedition 1898/1899
Otto zur Strassen, Leipzig, Frankfurt	Tiefsee-Expedition 1898/1899
Fritz Winter, Frankfurt	Tiefsee-Expedition 1898/1899
Fritz Römer, Berlin, Frankfurt	Spitzbergen 1898
Ludwig Ott, Frankfurt-Höchst	Antarktis 1901/1904
Rudolf von Goldschmidt-Rothschildt, Frankfurt	Grönland 1908
Alfred Wegener, Berlin, Marburg, Hamburg, Graz	Grönland 1906/1908; 1912/1913; 1929; 1930 †
Max Robitzsch, Höxter, Marburg, Leipzig	Spitzbergen 1912/1913.
Wilhelm Eberhard, Frankfurt	Spitzbergen 1912 †
Erwin Detmers, Frankfurt, Berlin	Spitzbergen 1912 †
Carl Knabenschuh, Frankfurt	Spitzbergen 1914
Christian Köpp, Frankfurt	Spitzbergen 1914
Waldemar Coste, Kiel, Frankfurt, Hamburg	Spitzbergen 1926
Friedrich Sieburg, Frankfurt	Grönland 1925; Kaiser Franz Josef-Land 1931
Aenne Schmücker, Frankfurt	Grönland 1929
Johannes Georgi, Frankfurt, Hamburg	Island 1926/1927; Grönland 1929/1931
Hans Krüger, Darmstadt	Grönland 1925; Ellesmere Island 1929/1930
Arnold Ernsting, Darmstadt	Oststation Grönland 1930

[Map of the Arctic region centered on the North Pole, showing Greenland, Spitzbergen, Franz Josef Land, Nowaja Semlja, and surrounding seas with expedition routes and dates.]

Frühes Wissen um den Nordpol

Der Globus des Johannes Schöner von 1515

In Frankfurt, der großen Messe- und Handelsstadt, bestand naturgemäß ein großes Interesse an der Topographie Europas und der Welt. Es scheint, dass der Rat der Stadt Frankfurt im zweiten Viertel des 16. Jahrhunderts einen Erdglobus angeschafft hatte, der in der Stadtbibliothek zur Anschauung aufgestellt werden konnte. Die Frankfurter Messe war einer der Orte in Europa, wo wissenschaftliche und technische Innovationen, wie etwa der Buchdruck im Jahrhundert davor, ihren Weg zu den interessierten Käufern fanden.

102 Erdglobus des Johannes Schöner

Den ersten Erdglobus, seinen berühmten Erdapfel, schuf Martin Behaim 1492 in Nürnberg im Auftrag von drei Ratsherren. Die von Pappe geformte Kugel von 51 cm Durchmesser entstand zeitlich knapp vor der Entdeckung Amerikas. Was war der Grund für die Herstellung des Erdapfels? Der Rat Nürnbergs, oder zumindest wichtige Kaufleute der großen Reichsstadt, suchten Kenntnisse und Anschauungsmaterial, die eine Westfahrt nach Asien in den Bereich des Möglichen rückten. Behaims Globus erschien nahezu zeitgleich mit der Entdeckung Amerikas. Die neuen Länder fehlten noch auf dem Erdapfel, denn die Nachricht über die Fahrt des Columbus erreichte Nürnberg erst 1493.

In Nürnberg kam Behaim wohl in Kontakt mit dem jungen Johannes Schöner (1477 – 1547) aus Karlstadt bei Würzburg und erzählte ihm von seiner Tätigkeit und den Reisen. Schöner studierte anschließend Theologie an der Universität Erfurt, beschäftigte sich aber auch mit Erd- und Himmelskunde. 1500 zum Priester geweiht, wurde er aber bald zum ersten Serienhersteller von Globen, weswegen er sein geistliches Amt aufgab. Seine ersten Erdgloben, von denen zwei Exemplare überliefert sind, entstanden 1515 in Bamberg. Einer befindet sich im Mathematisch-Physikalischen Salon in Dresden und einer im Historischen Museum Frankfurt. Der Frankfurter Erdglobus hat einen Kugeldurchmesser von 26 cm. Einzige deutsche Stadt auf dem Globus ist Bamberg, wo Schöner zu dieser Zeit lebte. Von 1526 bis 1546 war Johannes Schöner Lehrer für Mathematik in Nürnberg. Lange Zeit galten die beiden Schönerschen Globen von Frankfurt und Dresden als der erste kartographische Eintrag des Namens »Amerika« und waren damit namengebend für den westlichen Doppelkontinent.

1901 wurde aber in der Gräflich Waldburg-Wolfegg'schen Bibliothek eine Weltkarte des Freiburger Kosmographen Martin Waldseemüller (1475 – ca. 1522) entdeckt. Die Karte wurde im Jahre 1507 in St. Dié im Elsass angefertigt. Auf dem oberen Teil der Karte sind zwei Personen dargestellt, denen nach Auffassung Waldseemüllers die bisher größten Verdienste um die Entdeckung der Welt gebühren. Links befand sich der antike Geograph Claudius Ptolemaeus aus Alexandria (ca. 100 – ca. 170 n. Chr.), der in seiner »Geographia« die bekannte Welt und ihre Bewohner verzeichnete. Waldseemüller verstand seine Aufgabe als dessen Aktualisierung. Rechts war der aus Florenz stammende Seefahrer Amerigo Vespucci (1451 – 1512) dargestellt, von dem die erste ausführliche Befahrung und Beschreibung der Küsten Südamerikas vorliegt. Basierend auf den Angaben Vespuccis erstellte Waldseemüller den Südteil des neuen Kontinents aus seinen Karten. Er benannte ihn »AMERICA«. Das südliche Ende des Kontinents war mit dem Kartenrand verbunden, so dass eine Reise von der Ost- an die Westküste Südamerikas nicht möglich war. Die Arktis ist bei Waldseemüller von Meer bedeckt. Es sind dort keine größeren Landgebiete eingetragen.

Die Waldseemüller-Karte befand sich im Eigentum des Fürsten Johannes von Waldburg-Wolfegg. Sie war auf der Liste des nationalen geschützten Kulturgutes der Bundesrepublik Deutschland unter Nr. 01391 (nach anderen Quellen 01301) eingetragen. Im Jahre 2000 trat die Library of Congress in Washington mit einem Kaufangebot an den Fürsten heran. Entgegen der Empfehlung eines Sachverständigenausschusses erteilte die Bundesregierung Anfang 2001 eine Sondergenehmigung für den Verkauf der Karte in die USA. Presse- und Internetberichten zufolge soll der Fürst 14 Millionen Dollar verlangt und 10 Millionen Dollar für die vielleicht wertvollste Karte der Welt bekommen haben.

Es ist die Innovation Schöners, die Karte Waldseemüllers auf die Globen Behaims übertragen zu haben. Freilich ist die Karte Schöners nicht von Waldseemüller abkopiert, sondern basiert auf weitreichenden eigenen, sehr neuen Informationen. Dieser Globus von 1515 ist der erste, der eine Meerenge südlich des amerikanischen Kontinents darstellt, jene Magellanstraße, die Ferdinand Magellan angeblich als erster im November 1520 durchsegelt hat. Die Existenz einer sehr weit südlich gelegenen Verbindung zwischen dem Atlantik und einem Meer westlich von Südamerika kann Magellan ausweislich der Schöner-Karte schon bekannt gewesen sein. Es gilt als denkbar, dass Christopher de Haro und Nusso Manuel die Magellanstraße bereits 1514 durchfahren haben. Die Nachricht davon gelangte rasch in eine deutsche Flugschrift namens »Copia der Newen Zeytung aus Presillg (=Brasilien) Landt«. Diese Flugschrift könnte als Übersetzung eines italienischen Originals 1515 in Nürnberg vorgelegen haben. Sie beschreibt die Umfahrung Südamerikas durch zwei portugiesische Kaufmannsschiffe. Schöner hat den Äquator in Grade eingeteilt, die Wende- und Polarkreise sind durch Doppellinien dargestellt. Rings um den Südpol zeichnete Schöner einen phantasievoll ausgestalteten ringförmigen Südkontinent ein. Die nördlichen Polargebiete sind im Gegensatz zu Waldseemüller mit Landgebieten angefüllt.

Das Interesse an der Arktis folgte bis weit ins 19. Jahrhundert hinein überwiegend einer Fragestellung: War es möglich, eine nördliche Route zu finden, die zu den Reichtümern Asiens führte? Für die Engländer und die Niederländer waren die normalen Wege nach Asien um die Südspitzen Afrikas und Südamerikas herum verschlossen. Alle geeigneten Häfen, die zur notwendigen Proviantierung angelaufen werden mussten, befanden sich in Händen der Portugiesen oder Spanier. Daher boten sich die nördlichen Routen an, entweder die Nordwestpassage über Kanada oder die Nordostpassage entlang der Küste Sibiriens. Nordamerikas Küsten waren noch im 18. Jahrhundert weitgehend unbekannt und kartographisch schlecht erfasst. Dennoch gab es in dieser Zeit stets Gerüchte von Seewegen durch den Norden des Kontinents, etwa über den St. Lorenz-Fluss.

Den Russen war die Nordküste ihres Landes im 18. Jahrhundert wesentlich besser bekannt. Auf ihren Karten dehnte sich die Küste bis zu 30 Grad zu weit aus und Teile davon wurden zu weit nördlich eingetragen, vielleicht um Versuche einer Durchfahrt zu verhindern. Für die ersten Versuche der Durchquerung nach Osten stehen die Namen Sir Hugh Willoughby (1553), Steven Burrough (1556), Arthur Pet und Charles Jackman (1580), Willem Barentsz (1594), Willem Barentsz und Jan van Linschoten (1595) sowie Willem Barentsz und Jacob van Heems-

101 Erdglobus des Johannes Schöner

Als wir nun sahen, dass keine Hoffnung war, vor dem Sommer aus dem Eis zu kommen, beschlossen wir, einen günstigen Ort zu suchen, darauf wir eine Hütte baueten, den Winter darinnen zu hausen, wozu uns der liebe Gott denn sonderlich Glück gab. (Barentsz Tf. 97)

kerck (1596/1597). Erst 1878/1879 gelang Adolf Erik Nordenskiöld mit dem Schiff »Vega« die Durchfahrung der Nordostpassage. Er brachte die Erkenntnis mit, dass dieser Weg für die Handelsschifffahrt nur bedingt geeignet war. Um dennoch einen zuverlässigen Verkehrsweg nach Ostasien zu haben, veranlasste Zar Alexander III. im Jahre 1891 den Bau der Transsibirischen Eisenbahn. Die 9258 km von Moskau nach Wladiwostok konnten erstmals 1916 durchgängig befahren werden.

Die arktische Region zeigt auf dem Schöner-Globus die Eintragung des nördlichen Polarkreises (Arcticus Circulus), des Eismeers (Mare glaciale) und unbekannter Küsten (Litus incognitum). Benannt sind Island (ISLAN/DIA), Grönland (Engreneli) und Lappland (Pilape). In den polaren Gebieten Russlands steht: Non habent regem pulchri sunt carent vino et blado idolatrae sunt (Sie haben keinen König, sie sind wohlgestaltet, es fehlt ihnen an Wein und Getreide, sie sind Götzendiener). Bei Schöner liegt die »Insula viridis« auf dem Breitengrad von Südirland; somit ist nicht sicher, ob damit überhaupt Grönland gemeint ist.

Von der Lage der arktischen Gebiete war Schöner nur wenig bekannt. An den Polarkreis grenzt im Bereich Skandinaviens die Region »Gotha« im Norden des Bottnischen Meerbusens. Das Nordkap liegt noch südlich des Polarkreises. Das Nordpolargebiet ist eine geschlossene Landmasse, durchzogen von kanalartigen Seen. Grönland ist ein Teil dieser Landmasse. Vom Nordpol nach Weißrussland zieht sich eine Landbrücke hin, in die die Barentssee eingebuchtet ist. Auf Schöners Globus ist ein nördlicher Seeweg nach Ostasien nicht möglich. Diese Geschlossenheit der nördlichen Landmasse steht im Gegensatz zu fast allen zeitgenössischen Weltkarten, die stets das eurasische Gebiet im Norden von Meer umgrenzt sehen wie etwa die Venetianische Kupferplatte von ca. 1485, Heinrich Hammer 1489, Behaim 1492, Waldseemüller 1507, Roselli 1508, der Grüne Globus der Bibliothèque Nationale von 1515 und Tramezzino 1554. Nördlich von Island, das an der richtigen Stelle eingetragen ist, erstreckt sich das Eismeer. Von Grönland ist Schöner nur der Name, nicht aber die Lage bekannt.

Der kalifornische Geograph Chet Van Duzer stellte kürzlich die These auf, dass die Eintragung der Arktis und der Antarktis bei Johann Schöner dem Topos eines Ringkontinents folgen. Hintergrund sei die Idee von der Symmetrie zwischen der nördlichen und der südlichen Hemisphäre. Schöner zeichnete auf dem Frankfurter Globus eine unregelmäßig runde arktische Landmasse ein, die durch eine Landbrücke mit Europa verbunden ist. Die Landmasse ist bis auf dieses Gebiet von Wasser umgeben. Geradezu spiegelbildlich umschließ an der Antarktis ein Ring von Land ein rundes Zentrum von Wasser, das einen einzigen Ausgang zum Südpazifik hat. Der südliche Ringkontinent heißt BRASILIE REGIO. Nord- und Südpolargebiet bilden bei Schöner 1515 also eine topographische Ergänzung zueinander. Diese Darstellung stellt Schöner auf einem späteren Globus von 1533 geradezu auf den Kopf: Nunmehr besteht die Antarktis aus einer Landmasse und am Nordpol umgibt ein Ring von Land jetzt das zentrale Meer. Die Beschaffenheit dieses Nordmeeres sollte für Jahrhunderte die geographischen Diskussionen bestimmen. Die Theorie von der Existenz eines offenen Polarmeeres führte im 19. Jahrhundert geradewegs zur Begründung der modernen Polarforschung.

103 Erdglobus des Johannes Schöner. Gestell

Frühes Wissen um den Nordpol

Theodor de Bry als Verleger von Barentsz und Hudsons Polarfahrten

108 Theodor de Bry (1528–1598)
109 Theodor de Bry, »India Orientalis«

Der Zuzug Theodor de Brys (1528–1598) bedeutete eine Zäsur im Frankfurter Druckergewerbe. Als Kupferstecher baute Theodor de Bry ab 1588 einen Verlag auf, mit dem er entscheidend zur Durchsetzung des Kupferstiches anstelle des Holzdrucks als Reproduktionsmedium beitrug.

Bereits in jungen Jahren ging de Bry aus Glaubensgründen von seiner südniederländischen Heimat nach Straßburg, wo er als Goldschmied und Kupferstecher arbeitete. Mit seinen beiden Söhnen Johann Theodor (1561–1623) und Johann Israel (1572–1606) hielt er sich zwischen 1577 und 1584 in Antwerpen auf, wo er sein technisches Können im Kupfertiefdruck erwarb. 1588 wurde de Bry als Bürger in Frankfurt aufgenommen und arbeitete mit seinen beiden Söhnen zusammen. Er erwarb 1591 ein Haus in der Schüppengasse beim Stadtgraben. Drei Jahre später wurden seine Söhne Johann Theodor und Johann Israel de Bry Frankfurter Bürger. Nach dem Tod des Vaters 1598 führte Johann Theodor den Verlag fort.

Bis um 1590 enthielten die gedruckten Werke über die Neue Welt nur wenige Illustrationen. Dies änderte sich im Jahr 1590, als Theodor de Bry in Frankfurt sein 13-teiliges Werk »Amerika oder die neue Welt« begann. Die Bände sind reich mit Kupfertafeln ausgestattet, die erstmalig in der Frankfurter Werkstatt de Brys konzipiert und gestochen wurden. Sie prägten für Jahrhunderte das Bild der Neuen Welt in Europa. 1597 startete die Serie »India Orientalis« mit Berichten, die ausschließlich den Seefahrten von Europa nach Asien gewidmet waren. Die ersten und wichtigsten Kunden de Brys waren die zahlreich in Frankfurt ansässigen südniederländischen Emigranten und Kaufleute.

Deren Interesse galt den zeitgenössischen Berichten ihrer Landsleute. Die »Großen Reisen« waren beliebt, weil es um den Handel Europas mit den neuentdeckten Ländern ging. In Frankfurt selbst gab es um 1600 ein genuines Interesse an allen neuen Ländern, war doch die Kaiserstadt, basierend auf der Einwanderung südniederländischer Händler und Kaufleute, ein gerade aufblühendes Zentrum innovativer Entwicklungen in der Produktion einerseits und Drehscheibe des Handels mit überseeischen Waren andererseits. Darüber hinaus kamen die illustrierten Reiseberichte auch dem Bedürfnis vieler Leser nach Information und abenteuerlicher Unterhaltung entgegen. Neben dem hohen Interesse in Frankfurt selbst trugen die zweimal im Jahr stattfindenden großen Frankfurter Reichsmessen das Ihrige zur Distribution der de Bry'schen Druckwerke bei. Das Geschäft wurde später von Matthäus Merian (1593–1650), dem Schwiegersohn Johann Theodor de Brys, fortgeführt.

In der »India Orientalis« der Firma de Bry wurden ausschließlich fremde Texte überarbeitet, nachgedruckt und illustriert. Die Vorlagen waren überwiegend hochaktuell und stammten meist von niederländischen Berichten. Texte portugiesischer Herkunft tauchen nicht auf, da sie streng geheim gehalten wurden.

Die drei Polarfahrten des Willem Barentsz erschienen im dritten Teil der »India Orientalis« 1599 in Frankfurt auf Deutsch, 1601 folgte die lateinische Ausgabe. Thema dieser Berichtsfolge waren drei Expeditionen der Holländer, die alle mit dem Namen Willem Barentsz verbunden sind. Es war die einzige Absicht aller drei Reisen, die Mündung des Ob und einen nördlichen Seeweg nach China und zu den Gewürzinseln zu finden. Auf der ersten Reise 1594 wurde bereits die Gegend von Murmansk und die Westküste von Novaja Semlja erreicht. Die zweite Reise 1595 ging zunächst zur Bäreninsel und führte im Anschluss daran zur (Neu-) Entdeckung von Spitzbergen. Die Inseln »Svalbard« waren

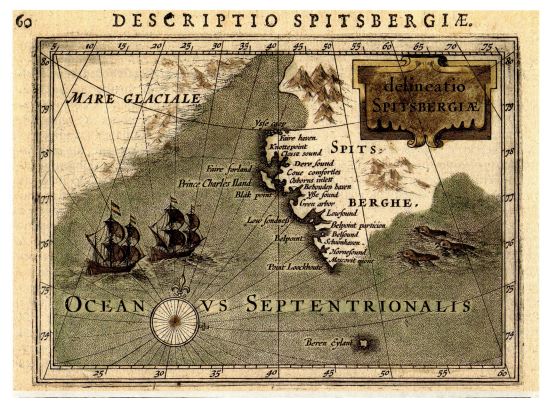

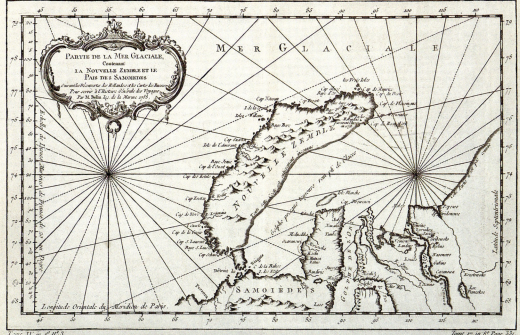

bereits 1194 von den Normannen angelaufen worden. Die weitere Fahrt wurde durch starken Eisgang behindert. Barentsz erreichte die Jugor-Straße und traf auf dem Festland mit russischsprachigen Samojeden zusammen. Auf der dritten Expedition 1696/1697 froren die Schiffe an der Nordostküste von Nowaja Semlja ein, was eine Überwinterung erforderte. Die Überwinterung vom 26. August 1596 bis zum 14. Juni 1597 war eine der erstaunlichsten Leistungen der holländischen Seefahrer im 16. Jahrhundert. Dabei starben allerdings Barentsz und ein Großteil der Mannschaft. Nur 12 Überlebende erreichten am 1. November 1597 Amsterdam.

Den populären Bericht über diese Reisen verfasste Gerrit de Veer, selbst Teilnehmer der zweiten und dritten Reise. Er erschien im Original unter dem Titel »Waerachtighe Beschryvinghe van drie seylagien, ter werelt noyt soo vreemt ghehoort, drie jaeren achter malcanderen deur de Hollandtsche ende Zeelandtsche schepen by noorden Noorweghen, Moscovia ende Tartaria, na de Coninckrijcken van Catthay ende China, so mede vande opdoeninghe vande Weygats, Nova Sembla, ende van't landt op de 80. graden, dat men acht Groenlandt tezijn, daer noyt mensch gheweest is, ende vande felle verscheurende Beyren ande ander Zeemonsters ende ondracklijcke koude, ende hoe op de leatste reyse tschip int ys beset is, ende tvolck op 76. graden op Nova Sembla een huijs ghetimmert, ende 10. maenden haer aldaer onthouden hebben, ende daer nae meer als 350. mylen met open cleyne schuyten over ende langs de Zee ghevaren«, erschienen in Amsterdam 1598 in drei Ausgaben auf niederländisch, lateinisch und französisch.

Der niederländische Bericht war die Text- und Bildgrundlage für de Brys Frankfurter Sammelband, der bereits im folgenden Jahr (1599) erschien. Der deutsche Titel lautete: »Dritter

113 Spitzbergen-Karte um 1650
112 Nowaja Semlja-Karte 1758

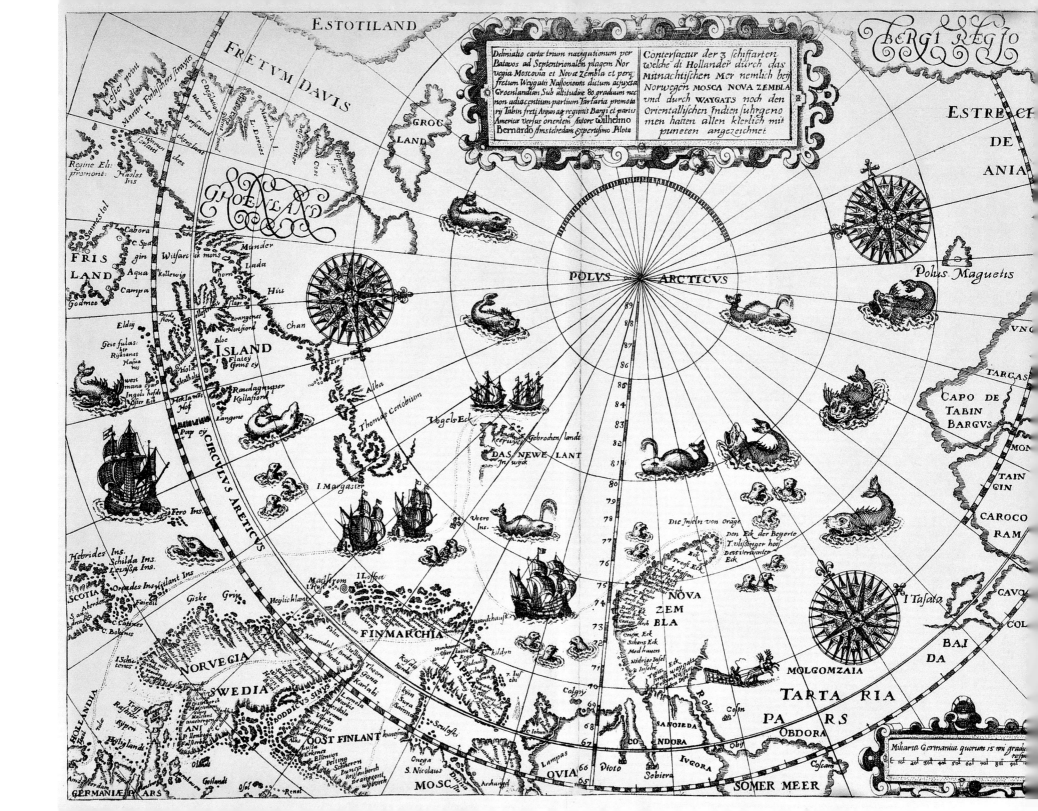

Theil Indiae Orientalis, Darinnen Drey Schifffahrten der Holländer nach obermeldten Indien/durch das Mitternächtigsche oder Eißmeer/darinnen viel unerhörte Ebentewer...« Es zeugt von den guten kaufmännischen und handwerklichen Fähigkeiten des Verlages de Bry, sich binnen eines Jahres das in Amsterdam erschienene Buch Gerrit de Veers besorgt, überarbeitet, illustriert, gesetzt, gedruckt und vertrieben zu haben.

Die Tafeln XXXVI und XXXVII gehören zur ersten und die Tafeln XXXVIII und XXXIX zur zweiten Reise von Barentsz. Alle übrigen Tafeln XL bis LIX illustrieren die dritte und berühmteste Nordmeerexpedition. Es sind Nachstiche, oft auch seitenverkehrt, der nach den Angaben Gerrit de Veers gestochenen niederländischen Vorlagen. Die Kupferstiche haben ein weitgehend einheitliches Format von ca. 17,5 cm Breite und ca. 14 cm Höhe. Beigefügt als Tafel LIX ist eine Karte von Nowaja Semlja mit der Route der Rückreise nach der Überwinterung. Sie hat die Maße 24,1 x 17,6 cm.

Eine zweite Karte stellt das Gebiet innerhalb des nördlichen Polarkreises dar. Darauf hat de Veer die Fahrtroute vom Auslaufen in Amsterdam über Spitzbergen nach Nowaja Semlja und dort die Küste entlang bis zum Ort der Überwinterung eingetragen. Diese Karte des Polarkreises misst 36,1 x 27,6 cm. Es wird angenommen, dass sie eine Skizze von Willem Barentsz selbst zur Grundlage hatte. Jodocus Hondius wiederum kupferte diese Karte für seine 1598 erschienene »Tabula Geographica« ab. Im befahrenen Meer tummeln sich Robben und Walfische. Weiter entfernt im unerschlossenen Osten finden sich einige Seeungeheuer. Vor der Meerenge von Anian (Beringsee) liegt in Form einer Insel der magnetische Nordpol. Dass geographischer und magnetischer Nordpol nicht identisch waren, war schon seit längerem bekannt.

Die Entdeckung des magnetischen Nordpols im Norden Kanadas erfolgte im Jahr 1831 durch James Clark Ross. Die Karte zeigt keinerlei Eintragung von Packeis, so dass der Betrachter davon ausgehen könnte, dass das Nordpolarmeer im Prinzip befahrbar ist. Ebenso, dass eine Umsegelung Russlands bis zur Enge von Anian und dann hinab nach China und Japan möglich wäre.

Von dem Nordmeerfahrer Henry Hudson handelt ein kleiner Abschnitt im 10. Teil der »India Orientalis, erschienen bei Johann Theodor de Bry, Frankfurt 1613. Im Auftrag der nördlichen Niederlande unternahm Henry Hudson (* um 1550) im Jahre 1609 den vergeblichen Versuch, über Nowaja Semlja hinaus nach Asien zu gelangen. Im folgenden Jahr segelte er in englischem Auftrag in kanadische Gewässer. Nachdem der Vorrat an Nahrungsmitteln aufgebraucht war, meuterte seine Mannschaft und setzte ihn im Juni 1611 mit seinem Sohn und sieben Matrosen aus. Der nur zwei Druckseiten umfassende Bericht geht auf Jan Huyghen van Linschoten zurück. Die Tafeln enthalten Abbildungen der Insel »Wardhus« (Vardö vor Varangerhalvöa), von »Kildin«, einer Insel nördlich von Kola, der Götterverehrung der Samojeden und eine Karte van Linschotens mit den Routen von 1594 und 1595 in der Größe 33,4 cm x 13,6 cm. Da das tragische Ende Henry Hudsons gerade in aller Munde war, fügte de Bry eine Karte des von Hudson befahrenen Gebietes in Nordostkanada bei. Diese Karte geht auf eine englische Vorlage des Jahres 1612 zurück. De Bry druckte sie in der heutigen Größe 33,1 cm x 14,9 cm.

It is a strange thing, that in sea voyages, where there is nothing to be seen, but sky and sea, men should make diaries; but in land-travel, wherin so much is to bee observed, for the most part, they omit it; as if chance were fitter to be registered than observation.
(Bacon)

KOERSLIJN VAN DE DERDE REIS VAN WILLEM BARENTSZ. OM DEN NOORD IN 1596.
GEGRAVEERD DOOR BAPTISTA A DOETECHEM IN 1598; OVERGENOMEN DOOR JUDOCUS HONDIUS IN 1611.

Die Globen von Andreae (1717), Doppelmayr (1730 und 1792) und Klinger (1792) in der Frankfurter Stadtbibliothek

Der Reiseführer »Einige besonders zu sehende Merkwürdigkeiten des Heil. Röm. Reichs Wahl- und Handelsstadt Franckfurt am Meyn« aus dem Jahr 1749 berichtet, dass in der Stadtbibliothek zwei Globen aufgestellt sind. Neben dem erwähnten Schöner-Globus von ca. 1515 dürfte dies der eindrucksvolle Andreae-Globus sein. Die Kugel hat einen Durchmesser von 48 cm bei einer Höhe von 92 cm mit Gestell. Dieser Globus trägt eine Kartusche mit Frankfurter Stadtwappen. Darin findet sich eine handschriftliche Widmung des Herstellers Johann Ludwig Andreae an die Bürgermeister und Räte der freien Republik Frankfurt als Auftraggeber eingeklebt; sowie der Vermerk, dass er diesen Erdglobus im Jahre 1717 in Nürnberg hergestellt habe.

Der erste Meridian geht zeitüblich durch die Insel Hierro (= Ferro, westlichste und kleinste der Kanarischen Inseln). Eingezeichnet sind auf dem Globus die seit 1595 bekannten Inseln Spitzbergen und Nowaja Semlja und das sie umgebende Nordmeer. Um den Südpol herum befindet sich eine große Landmasse, die TERRA MAGELLANICA AUSTRALIS INCOGNITA. Die Wasserflächen auf dem Globus sind mit exotischen Schiffen und Walfangszenen belebt.

Auf dem Andreae-Globus ist der Nordpol im europäisch-sibirischen Bereich als Eismeer eingetragen. Eine Nordostpassage ist nicht möglich, weil im asiatischen Osten bei der (heutigen) Beringstraße Land und Meer ineinander überzugehen scheinen. Über den Nordpazifik gibt es noch keine genauen Vorstellungen. Die Beringstraße, vormals bekannt als Straße von Anian, und Alaska sind noch unentdeckt und unbekannt.

Bei der Eintragung des europäischen Polarmeeres zeigt sich Andreae als weit hinter seiner Zeit zurück. Grönland ragt als Landmasse bis fast an den Nordpol heran. Auf Westgrönland verzeichnet er nur den Horne Sund, nördlich davon Sr Dudley Digs C und weiter nördlich das Westerholm fretum. Island erscheint sehr groß und Grönland liegt falsch dazu angeordnet. Die Insel Jan Mayen erscheint extrem überdimensioniert. Auch Spitzbergen ist viel zu groß. Eingetragen sind I Beren (Bäreninsel), I Hopen, Horn Sund, Syd Hock, Nord Hock und die I Danois (Däneninsel), nördlich des Archipels dann das MARE GLACIALE. Östlich von Spitzbergen liegt in Nord-Süd-Lage eine Insel Nova Frieslandia, im Süden davon I Ka.elmaens, weiter östlich ein Terra Massyn, bevor Nowaja Semlja erscheint. In der Barentssee liegen die Inseln I Hoir und I Wit.in. Bessere Darstellungen dieser Regionen gab es schon seit über 80 Jahren. (Hayes 2003, S. 25 Karte 36)

Um die Mitte des 18. Jahrhunderts wurde für die Frankfurter Stadtbibliothek offenbar ein weiterer, recht kleiner Globus

111 Nordpolarkarte 1611
114 Spitzbergen-Karte 1744 (Abb. rechts)

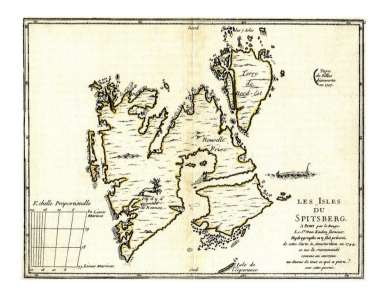

Frühes Wissen um den Nordpol

106 Großer Erdglobus des Johann Gabriel Doppelmayr
105 Kleiner Erdglobus des Johann Gabriel Doppelmayr

erworben. Seine Kugel hat einen Durchmesser von nur 20 cm. Der Globus stammt von Johann Gabriel Doppelmayr (1671 – 1750), Professor am Nürnberger Gymnasium und Bearbeiter und Übersetzer von Bions »Traité de la construction et des principeaus usages des instruments de mathematique«. Die Karte des Globus hat der Nürnberger Kupferstecher Johann Georg Puscher im Jahre 1730 gestochen. Im Bereich der europäischen Arktis sind Spitzbergen und Jan Mayen richtig eingetragen. Nowaja Semlja erstreckt sich unförmig in Ost-West Richtung. Südgrönland ist durch den Frobisher-Kanal von der nördlichen Hauptinsel abgetrennt. Im Nordatlantik liegt noch die fiktive Insel Friesland. Ausweislich dieser Karte ist die Nordostpassage möglich, denn es ist die sibirische Nordküste eingetragen. Nördlich davon erstreckt sich das Meer. Die Beringstraße existiert in Form eines »Fretum Vries« (Friesen-Straße) genannten größeren Kanals, an dessen Ostseite sich eine Andeutung von Alaska befindet. Im Bereich Alaska/Nordkanada befindet sich mangels jeglicher Kenntnis des Gebietes die Kartusche des Globushändlers.

Es ist der Aufmerksamkeit Reinhard Glasemanns zu verdanken, dass uns eine Anzeige für Globen aus dem Frankfurter Staatsristretto vom 14. Januar 1792 bekannt ist. Darin wirbt Herr Wolfgang Paul Jenig für eine achtzollige Weltkugel des Prof. Doppelmayr, auf der unter anderem die neuesten Reisen von Cap. Cook eingetragen seien. Ein Exemplar dieses Globus wurde offenbar daraufhin vom Rat der Stadt Frankfurt erworben.

Auf dem Globus ist die Arktis ein unbekanntes Gebiet, das im sibirischen Bereich als »MARE ARCTICUM« gekennzeichnet ist. Insgesamt ist die Darstellung des Nordpolargebietes eher veraltet und detailarm. Im nördlichen Skandinavien sind nur »LAPONIA« und »Kola« (später: Murmansk) eingetragen. Östlich des Nordkaps liegt »Warthus« (Vardö). Vor den Lofoten ist der »Maelstrom« eingetragen, ein weithin bekannter gefährlicher Strudel in diesem Gebiet. Bei Grönland wird nördlich des 80. Breitengrades offen gelassen, auf welche Weise es sich fortsetzt. Die Ostküste Grönlands enthält keine geographischen Einzelheiten. Südlich von Island hat sich die nicht existierende Insel »Friesland« erhalten, wogegen Jan Mayen korrekt eingezeichnet ist. Spitzbergen in seinen Umrissen liegt auf dem Globus korrekt. Eingetragen sind dort »Vorland« (= Prinz Karl Vorland), die Bäreninsel und die Insel Hopen, »N. Osterland« (Nordostland), »Rijkijse Eyl« (= Ryke Ises Inseln östlich von Steinneset) und »Staaten Vorland« (= Edgeöya). Nördlich von Spitzbergen liegt ein unklares Gebiet namens »Po. Purcha«. Die Bezeichnung »Point Purchas« gilt gemeinhin dem Nordkap Spitzbergens.

Völlig unzulänglich und veraltet ist die Darstellung der Beringsee und von Novaja Semlja. Die Inseln sind nur schematisch und falsch eingetragen, mit den wenigen Bezeichnungen »Waigatz Fret« (= Straße von Waigats), einer Insel »Hock« mitten in der Barentssee, dem »Admiralitätshok« (= Admiralitäts-Halbinsel) als Westspitze von Novaja Semlja, einer nicht existierenden Insel als »Ys Hock« vorgelagert und »Ys Cap« als Nordspitze der Insel.

Ganz anders und deutlich präziser sieht es am Beringmeer aus. Hier schlugen sich die Ergebnisse der beiden Kamtschatka-Expeditionen Vitus Berings und die Reise Cooks von 1778/1779 kartographisch gut nieder. Einzelheiten in den Nordwestgebieten zwischen Alaska und Grönland sind, dem Kenntnisstand der Zeit entsprechend, kaum verzeichnet. Als nördlichster Punkt im Bereich des westlichen Kanada findet sich die Mündung des Coppermine River in den Coronation Gulf (»La Mer«) mit den südlich davon gelegenen Seen, was der hier eingetragenen Reise des Briten Samuel Hearne von 1772 zu verdanken ist. Im polaren Kanada ist es der Jones Sund zwischen Devon Island und Ellesmere Island. Über die nördliche Baffinbay herrschen noch unklare Vorstellungen.

Zeitgleich mit dem Doppelmayr-Globus, und somit ebenfalls 1792 in Nürnberg, ist der Klinger-Globus entstanden.

Johann Georg Klinger (1764 – 1806) war Kupferstecher, Kartograph und Verleger in Nürnberg. Er verfertigte seit 1790 Globen, die von seinen Nachfolgern bis 1840 jeweils aktualisiert herausgegeben wurden. Der Globus ist in nahezu allen Bereichen deutlich moderner und aktueller als derjenige von Doppelmayr.

Die Arktis ist bei Klinger ein Eismeer. Das nördliche Skandinavien, Island und Jan Mayen liegen an der richtigen Stelle, und korrekterweise fehlt die Insel »Friesland« ganz. Auf Grönland sind vor allem Landmarken südlich des Polarkreises eingetragen. Im Nordosten der Insel sind drei Landsichten vermerkt: Gael Hamkes visa 1654, Terra Edam visa 1655 und Terra visa A. 1670. Zwischen Nordgrönland und Spitzbergen ist die Route der Expedition von Constantine John Phipps, Lord Mulgrave (1744 – 1972) eingetragen, der am 27. Juli 1773 nördlich der Mossel-Bai 80 Grad 48´ nördliche Breite erreichte (Huiusque pervenito Capt Phipps A 1773). Im Süden Spitzbergens sind das Südkap, die Bäreninsel, Hopen und Stats Vorland (Edgeöya) genannt. Nördlich davon liegen die Insulae Nord Ost Land. Östlich davon ist das Terra quam vidit Capt Gillis An 1707. Jenseits davon, über die Barentssee hinweg ist Nowaja Semlja detailreich eingetragen. Insgesamt ist bei Klinger eine sehr aktuelle Eintragung des europäischen Nordpolarmeeres festzustellen.

Das weitgehend unbekannte Gebiet der Antarktis scheint landfrei verzeichnet zu sein. Eingetragen sind einzelne Inseln, deren Entdeckung auf die Reisen von James Cook zurückgeht.

107 Erdglobus des Johann Georg Klinger 1792

»Zwei Grönländer« im Prehn'schen Kabinett

Der Frankfurter Konditor Johann Valentin Prehn (1749–1821) begann um 1780 mit dem Sammeln von Kunst, Zeugnissen der Vergangenheit und Objekten der Natur. Die finanzielle Grundlage für seine Sammeltätigkeit bot seine »Conditorey-Waarenhandlung« in guter Lage auf der Zeil. Seine private Sammeltätigkeit wird bereits 1790 bei einem Kunstschriftsteller erwähnt. Die nicht-professionelle künstlerische Beschäftigung Prehns, der zeitgenössische positiv zu wertende Begriff dafür lautet »Dilettantismus« (Italienisch: il diletto = die Freude), führte zu einer ansehnlichen Universalsammlung. Unter anderem besaß er 300 großformatige Ölgemälde, 3600 Graphiken und römische Bodenfunde. Eine Besonderheit von Prehns Sammlung ist »Das Kleine Gemäldekabinett«. Dieses enthält in 32 Klappschränken etwa 800 kleinformatige Ölgemälde. Bei diesen kleinen Gemälden handelt es sich um Originale des 17. und 18. Jahrhunderts, um Gemäldekopien nach Kupferstichen und um verkleinerte Reproduktionen von bekannten Originalen. In kleinem Format holte sich der Konditor Prehn eine Gemäldegalerie ins eigene Haus. In der 25. Abteilung dieses Gemäldekabinetts sind Bilder zum Thema »Natur« und »Ethnologie« zusammengestellt. In der untersten Reihe steht – rechts – das Bild einer Dame mit einem Zwerg als Kammerdiener – links – dem Bild zweier ganzfigurig dargestellter Grönländer gegenüber (Kat.-Nr. 118).

Bei den Dargestellten handelt es sich um Pooq und Qiperoq, zwei Eskimos aus dem Gotdhabfjord in Westgrönland. Dort war seit 1721 der dänische Missionar Hans Egede tätig. Pooq hielt sich 1723 in Egedes Missionsstation auf und erlernte das Schreiben und Lesen. Egede hatte den Wunsch, Grönländer nach Dänemark zu bringen, damit sie dort Sprache und Lebensweise der Dänen erlernten und nach ihrer Rückkehr nach Grönland als Vermittler zu den misstrauischen Einheimischen fungieren sollten. Üblicherweise wurden Eskimos für diese Zwecke geraubt, aber Pooq war bereit, diese Reise freiwillig zu unternehmen. Ihn begleitete sein älterer Reisegefährte Qiperoq. Anfang September 1724 erreichten sie die norwegische Stadt Bergen. Sofort wurde

117 Grönlandkarte von 1683

der Zweck ihres Aufenthalts verändert. Nicht mehr die geistliche Ausbildung stand im Vordergrund, sondern der Werbeeffekt der beiden Eskimos für die finanziell schwache grönländische Handelskompanie. Pooq und Qiperoq wurden König Frederik IV. und dem Adel vorgeführt. Höhepunkt war ein regattaähnlicher grönländischer Festzug in den Kanälen Kopenhagens am 9. November 1724. Mittendrin paddelten Pooq und Qiperoq in ihren Kajaks und erlegten eigens für sie ausgesetzte Enten mit ihren Vogelspeeren. Tatsächlich subventionierte der König die Gesellschaft mit 50.000 Reichstalern. Auf dem Rückweg verstarb Qiperoq am 11. Februar 1725 in Bergen. Pooq war der erste Eskimo, der eine Reise nach Europa überlebte. Alle vorangehenden Eskimos waren in der Regel an Infektionskrankheiten gestorben.

Zurück in Grönland verfasste Pooq nach Landessitte einen Gesang über seinen Aufenthalt im Land der bärtigen Menschen. Sein Text wurde zur Basis der ersten grönländischen Grammatik und des ersten grönländischen Buches. Pooq heiratete, ließ sich taufen und bekam zwei Kinder. Die ganze Familie reiste 1728 nochmals nach Grönland und wurde wieder dem König vorgestellt. Anfang 1729 starben freilich alle in Kopenhagen an den Blattern.

Der Aufenthalt von Pooq und Qiperoq 1724 in Kopenhagen war eine Sensation. Daher entstanden nicht weniger als acht verschiedene Ölgemälde, welche die Eskimos in ihrer Landestracht zeigten. Zwei der Gemälde sind von Bendix Grodtschilling signiert. Eines davon ist ein fast in Lebensgröße gemaltes Doppelporträt der beiden Grönländer, das sich heute im Nationalmuseum in Kopenhagen befindet. Qiperoq ist für die Renjagd im Landesinneren mit Pfeil und Bogen, Pooq ist für die Jagd auf Wasservögel vom Kajak aus mit Vogelspeer ausgestattet. Beide tragen unterschiedliche knielange Männeranoraks. Das Gemälde ist höchst detailliert gemalt und bildet eine wertvolle Quelle für

118 Grönländer 1724

die Ethnographie (Traeger 1995). Zwischen den Beinen steht zu lesen »Keperock AEtatis 34« und »Pock AEtatis 22« sowie die Signatur »B Grodtschilling Pinxit A:1724«. Bendix III. Grodtschilling (1686 – 1737) war 30 Jahre lang königlicher Kunstkammerverwalter, ein anerkannter Naturalienkenner und überdies ein begabter Maler.

Eine Miniaturkopie dieses Gemäldes hat der Frankfurter Konditormeister Johann Valentin Prehn entweder auf dem Markt erworben oder extra in Auftrag gegeben. Die Miniaturkopie entstand gewiss erst Jahrzehnte später als das Original in der zweiten Hälfte des 18. Jahrhunderts. Sie enthält keine neuen ethnographischen Details, sondern hält sich präzise an die Vorlage. Auch kleinste Details wurden übernommen. Die zeitgenössischen Ölbilder reflektieren wohl auf einen Käuferkreis im Umfeld des nordischen Adels. Der erste überlebende Grönländer auf dem europäischen Kontinent kam durch Prehn einem bürgerlichen Publikum in Mitteleuropa zur Kenntnis. Wurden die Grönländer in ihrer Wunderhaftigkeit auch einem Zwerg gegenübergestellt, so waren sie für Frankfurter Publikum am Ende des Alten Reiches doch mehr: Mit Pooq und Qiperoq rückt ein neues Stück unbekannter Welt anschaulich in das Blickfeld der Menschen; bald darauf entwickelten sich gerade in Frankfurt gelehrte Gesellschaften, welche sich der naturwissenschaftlichen, geographischen und künstlerischen Erschließung der Welt widmeten.

104

101 Erdglobus des Johannes Schöner
*Bamberg um 1515 / Pappmaché, Papier, Dm 26 cm /
Historisches Museum Frankfurt, Inv.-Nr. X 14610
Literatur: Glasemann1999, S.13 f.*

102 Erdglobus des Johannes Schöner
*Darstellung des arktischen Gebietes / Historisches Museum
Frankfurt, Inv.-Nr. X 14610*

103 Erdglobus des Johannes Schöner
*Bamberg um 1515 / Gestell, Holz, H 39 cm / Historisches Museum
Frankfurt, Inv.-Nr. X 14610*

104 Erdglobus des Johann Ludwig Andreae
*Nürnberg 1717 / Holz, Messing, Pappmaché, Gips, Papier.
Dm 48 cm, Höhe mit Gestell 92 cm / Historisches Museum Frankfurt,
Inv.-Nr. X 14608
Literatur: Glasemann 1999, S.22 f.*

105 Erdglobus des Johann Gabriel Doppelmayr
*Gestochen von Georg Puschner, Nürnberg 1730 / Pappmaché, Gips,
kolorierte Kupferstiche, Holz, Messing. Dm 20 cm, Höhe mit Gestell
28,7 cm / Historisches Museum Frankfurt, Inv.-Nr. X14607
Literatur: Glasemann 1999, S.23 f.*

106 Erdglobus des Johann Gabriel Doppelmayr
*Gestochen von Georg Puschner, Ausgabe von Wolfgang Paul Jenig.
Nürnberg 1792 / Pappmaché, Gips, kolorierte Kupferstiche, Holz,
Messing. Dm 32 cm, Höhe mit Gestell 45 cm / Historisches Museum
Frankfurt, Inv.-Nr. X 27575
Literatur: Glasemann 1999, S.25 f.*

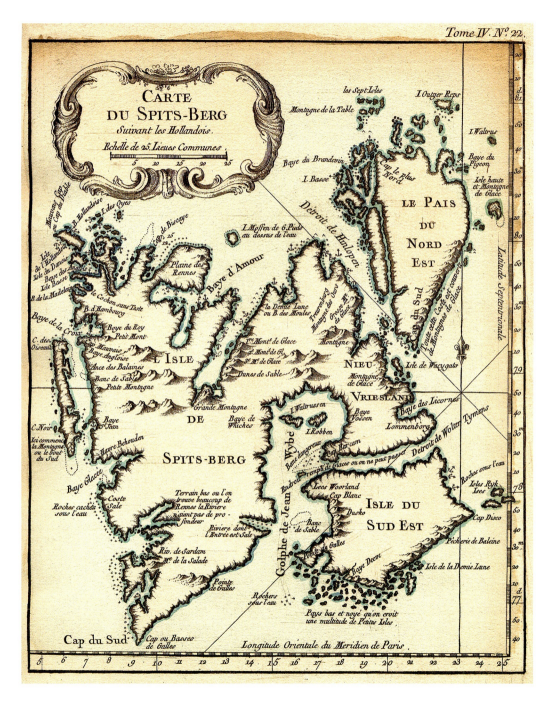

107 Erdglobus des Johann Georg Klinger
Nürnberg 1792 / Holz, Papier, Messing. Dm 32 cm, Höhe mit Gestell 55 cm / Historisches Museum Frankfurt, Inv.-Nr X 4372 Literatur: Glasemann 1999, S.28 f.

108 Theodor de Bry
Theodor de Bry, Frankfurt um 1600 / Kupferstich, H 19 cm, B 15,5 cm / Historisches Museum Frankfurt, Inv.-Nr. C 12393
De Bry war Kupferstecher und Verleger von Expeditionsberichten und Reiseliteratur.

109 Theodor de Bry, »India Orientalis«
Band 1, Frankfurt 1599, Reprint Leipzig und Weimar 1979 / Privat
Kupferstiche mit Szenen von der dritten Polarfahrt des Willem Barentsz 1596 – 1597

110 Nordpolarkarte 1599
Karte aus Theodor de Bry, »India Orientalis«, mit Eintrag der Fahrtroute Barentsz nach Spitzbergen (»DAS NEWE LANT«) und Nowaja Semlja. Band 1, Reprint Leipzig und Weimar 1979 / H 36,5 cm, B 28 cm / Privat

111 Nordpolarkarte 1611
Jodocus Hondius, TABULA GEOGR. in qua admirandae navigationis cursus et recursus designatur. Koerslijn van de derde Reis van Willem Barentsz om den Noord in 1596. Gegraveerd door Baptista a Doetechem in 1598; overgenomen door Judocus Hondius in 1611. Reproduktion um 1860. M ca. 1:20.000.000 / H 32 cm, B 39 cm / Privat

115

112 Nowaja Semlja-Karte 1758

A. F. Prévost, Paris 1738 / Kupferstich, H 25,5 cm, B 36 cm, entnommen aus: Partie de la Mer glaciale, contenant la nouvelle Zemble et le pais des Samoiedes, von M. Bellin, Ing. de la Marine. Kupferstich aus A.F. Prévost d`Exlies, »L'histoire Generale des Voyages« Band XV in 4° Nr. 3, Paris 1758, Band 17 in 8° S.331. Mit Eintrag des Überwinterungsplatzes Barentsz von 1596 / Privat

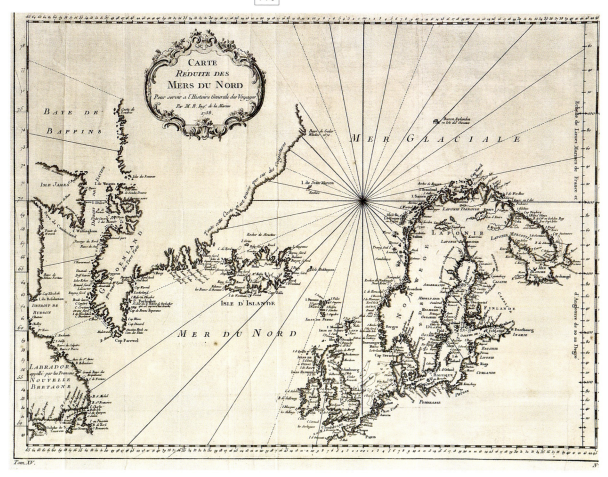

116

113 Spitzbergen-Karte

Anonym, Niederlande, um 1650 / Kolorierter Kupferstich, H 11 cm, B 18 cm. Delineatio spitsbergiae / Privat

Spitzbergen-Darstellung der Westküste mit zwei Segelschiffen, im Osten drei Robben, im Süden die Bäreninsel

114 Spitzbergen-Karte 1744

Le Rouge, Paris 1744 / Kupferstich, gelb randcoloriert, H 24 cm, B 34,5 cm. Les Isles du Spitsberg, von le Rouge in Paris 1744, nach van Keulen in Amsterdam. Maßstab in Lieues Marines / Privat

115 Spitzbergen-Karte um 1770

Anonym, Niederlande, um 1770 / Kupferstich, blau randcoloriert, H 32 cm, B 23 cm. Carte du Spits-Berg. Suivant les Hollandois. Vgl. Kat.-Nr. 112. Hergestellt für Band IV Nr. 22 / Privat

116 Nordpolar-Karte 1758

A. F. Prévost, Paris 1758 / Kupferstich, H 36,5 cm, B 48 cm. Carte Réduite des Mers du Nord, par M.B. Ingenieur de la Marne 1758. Aus A.F. Prévost d'Exlies, »L'histoire Generale des Voyages« Band XV. Eingetragen sind Skandinavien und die Bäreninsel, Island und Jan Mayen, Grönland bis 76'N, die Davis-Straße und die Baffin-Bay sowie Labrador / Privat

117 Grönlandkarte von 1683

A. Mallet, Paris 1683 / Kupferstich H 20,5 cm, B 13,5 cm. Aus: A. Manesson Mallet, Description de l'univers, Paris 1683 (= Beschreibung des gantzen Welt-Kreises, Frankfurt 1684), Abbildung 111 / Privat

Im Zentrum liegt Cumberland Island, umgeben von der Baffin Bay und der Davis-Straße. Östlich davon ist Südgrönland dargestellt.

118 Grönländer 1724
Anonym, 18. Jahrhundert / Öl auf Holz, H 20,8 cm, B 15 cm. Die zwei Grönländer Pooq und Quiperoq. Nach Bendix Grodtschilling III (1686 – 1737) / Historisches Museum Frankfurt, Inv.-Nr. Pr 393; M 626

119 Eisbär (Ursus maritimus)
Präparat, Arktis, 19. Jahrhundert / H 187 cm / Naturmuseum Senckenberg, Frankfurt

Der Eisbar bewohnt die nördlichen Polarregionen rings um den Nordpol. Erwachsene Tiere haben eine Kopf-Rumpf-Länge von etwa 1,90 bis 2,60 m bei einem Gewicht von 150 bis 300 kg. Ihr gelblich-weißes Feld gilt als ideale Tarnung. Eisbären sind Einzelgänger mit einem Jagdrevier von etwa 150 km im Radius. Ihre bevorzugte Jagdbeute sind Robben.

120 Polarfuchs (Alopex lagopus)
Präparat, Arktis, 19. Jahrhundert / Schulterhöhe 35 cm, Länge ohne Schwanz 57 cm / Naturmuseum Senckenberg, Frankfurt

Der Polarfuchs ist zirkumpolar an der nördlichen Eisgrenze beheimatet. Er lebt von der Jagd auf Lemminge und Nagetiere. Die Schulterhöhe beträgt 30 cm bei ca. 5 kg Gewicht. Die Farbe des Pelzes wechselt von braun im Sommer zu weiß im Winter.

121 Trottellumme (Uria aalge)
Präparat, Arktis, 19. Jahrhundert / Naturmuseum Senckenberg, Frankfurt

Lummen sind durchschnittlich 42 cm groß und 1 kg schwer. Ihr Brutgebiet sind die Küsten der nördlichen Ozeane und des Eismeers. Sie sind oberseits schwarz und unterseits weiß gefärbt. Im Winterkleid verstärkt sich die weiße Färbung. Lummen brüten kolonieweise auf Felssimsen. Das Weibchen legt nur ein Ei.

122 Papageientaucher (Fratercula arctica)
Präparat, Arktis, 19. Jahrhundert / Naturmuseum Senckenberg
Der Papageientaucher gehört zur Familie der Alkenvögel und ist in der nordatlantischen Arktis verbreitet. Er hat ein schwarzweißes Federkleid und einen dicken bunten Schnabel. Die Tierart lebt mit Lebenspartnern in Brutgemeinschaften.

123 Dreizehenmöwe (Rissa tridactyla)
Präparat, Arktis, 19. Jahrhundert / Naturmuseum Senckenberg, Frankfurt
Die bis zu 40 cm große Dreizehenmöwe ist der häufigste Vogel im Nordatlantik. Kopf, Hals und Unterseite sind grau gefärbt, Rücken und Flügel sind ebenso grau. Sie sind streng monogam und brüten in Kolonien auf Klippen und Felsen.

124 Vier Polarhunde mit Schlitten
Präparate, Arktis, 20. Jahrhundert / Schulterhöhe / Länge ohne Schwanz: Hund A 60 / 110 cm; Hund B 65 / 115 cm; Hund D 60 / 110 cm; Hund D 63 / 110 cm / Naturmuseum Senckenberg, Frankfurt

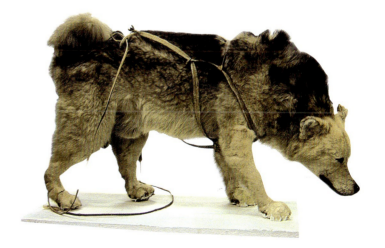

Frühes Wissen um den Nordpol

Die Nordfahrt des Georg Berna 1861

Das Personal

In der Frankfurter Paulskirche tagte ab dem 18. Mai 1848 die erste gewählte deutsche Nationalversammlung. Die Paulskirchenversammlung beschloss am 14. Juni 1848, für den Aufbau einer bewaffneten Flotte sechs Millionen Taler bereitzustellen. Ihr Zweck war der Schutz der deutschen Küsten – vornehmlich gegen Dänemark. Die Bundesflotte bestand aus zwei Segel- und drei Dampffregatten, sechs Dampfkorvetten und 27 Ruderkanonenbooten. Die Mannschaften umfassten knapp 1000 Mann, darunter ca. 60 Offiziere. Sie unterstanden Konteradmiral Karl Rudolf Bromme (1804 – 1860). Die einzige Bewährungsprobe der Flotte war ein Seegefecht am 4. Juni 1849 vor Helgoland gegen dänische Schiffe. Der Deutsche Bundestag zu Frankfurt beschloss am 2. April 1852 die Auflösung der deutschen Bundesflotte. Die Schiffe, darunter die 448 Tonnen verdrängende Dampfkorvette »Frankfurt«, wurden versteigert.

    In der Buchgasse zu Frankfurt am Main bestand gegen Mitte des 18. Jahrhunderts die Seidenwarengroßhandlung »Berna Gebrüder & Co« mit weiteren Niederlassungen in Mainz und Lyon. Am 5. September 1758 verkündete die Firma an der Börse die Verlegung des Lagers in die Neue Kräme. David Berna betrieb das Geschäft in Mainz. Johann Anton Berna heiratete 1772 die Tochter des Frankfurter Weinhändlers Peter Schwendel und erwarb das Frankfurter Bürgerrecht. Seine Seidenhandlung befand sich im Haus »Zum Birnbaum«, Neue Kräme 28. In Lyon

201 Der Polarfahrer Georg Berna (1836 – 1865)

betrieb er eine Filiale unter dem Namen »Berna Frères & Co.«. Dort verstarb er im Jahr 1819. Geschäftsinhaber wurde sein ältester Sohn David, der bis 1835 lebte. Schon im folgenden Jahr starb dessen einziger Sohn Johann Anton, der mit Sofie von Guaita verheiratet war. Deren gemeinsamer Sohn und erst wenige Monate alter Erbe war Georg Berna.

Georg Friedrich David Anton Berna (30. Juni 1836 – 18. Oktober 1865) studierte die Rechte und wurde österreichischer Generalkonsul für das Großherzogtum Hessen. 1860 erwarb er Schloss und Hofgut Büdesheim in der Wetterau von den Freiherrn von Edelsheim. Er wollte daraus einen landwirtschaftlichen Musterbetrieb machen und investierte große Summen in dieses Vorhaben. Im Jahr 1861 erfüllte er sich einen Lebenstraum. Er trennte sich nach eigenen Worten von allem, was ihm auf Erden lieb und teuer war und entschloss sich zu einer außergewöhnlichen Reise. 1861 führte der die Nordlandfahrt durch, von seinen Reisegefährten liebevoll als »Commodore« tituliert.

Georg Berna war kein langes Leben beschieden. Zwei Jahre nach der abenteuerlichen Reise, im Sommer 1863 lernte Georg Berna die junge Marie Christ (1846 – 1915) kennen. Das Paar heiratete am 14. Juni 1864. Die Ehe dauerte nur ein Jahr, da Georg Berna schon bald in Büdesheim an Diphterie starb.

Das Augenmerk der Nordfahrt sollte der Naturforschung gelten. Daher wandte sich Georg Berna Anfang März 1861 an den aus Gießen stammenden Professor Carl Vogt in Zürich. Er bot Vogt an, die Reise sowohl als Zoologe zu begleiten als auch, sprachmächtig wie er als alter Revolutionär war, eine Reisebeschreibung anzufertigen. Carl Vogt (1817 – 1895) war zu dieser Zeit bereits ein berühmter Gelehrter und Politiker. Er hatte Chemie bei Justus von Liebig in Gießen und Medizin und Anatomie in Bern studiert. In Neuenburg/Schweiz führte er erste Untersuchungen an fossilen Fischen durch. Weiterführende Studien erfolgten in Paris. 1846 bekam er den Ruf auf den Lehrstuhl für Zoologie der Universität Gießen. Mit Beginn der 1848er-Unruhen wurde er Anführer der Gießener Bürgergarde und für Oberhessen als Abgeordneter in die Paulskirchenversammlung gewählt. In der Frankfurter Paulskirche wurde er neben Robert Blum Wortführer der gemäßigten Linken und kompromissloser Demokrat. 1849 war er Mitglied des Rumpfparlaments in Stuttgart und einer der Reichsregenten, wobei er als Außenminister einer demokratischen Reichsregierung vorgesehen war. Wie so viele Demokraten seiner Zeit floh er vor dem preußischen Militär nach Bern. 1852 erhielt er die Professur für Zoologie in Genf, welche er bis zu seinem Tod 1895 innehatte. 1861 erfolgte die Teilnahme an der Nordland-Fahrt auf Einladung Dr. Georg Bernas. Diese Fahrt beschrieb er später als das Erlebnis mit den schönsten Erinnerungen seines Lebens. Im gleichen Jahr, 1861, nahm er die Schweizer Staatsbürgerschaft an. In der Schweizer Politik war Carl Vogt Anhänger der »Schweizer radikalen Partei«. Als Befürworter der Politik Napoleons III. war er im Krieg von 1870/1871 Anhänger der Franzosen und dementsprechend Gegner der aggressiven preußischen Politik. Seine politische Karriere in der Schweiz setzte er als Mitglied im großen Rat des Kantons Genf fort, er wurde in den Schweizer Ständerat und von 1878 – 1880 sogar in den Schweizer Nationalrat gewählt.

Bekannt ist die innige Feindschaft zwischen Carl Vogt und Karl Marx, welcher gegen ihn die Schrift »Herr Vogt« (London 1860) verfasst hat. Marx bezeichnet Vogt darin wegen seiner Leibesfülle als »abgerundete Natur«, des weiteren als »Reichsfalstaff«, als »Karl den Kühnen«, als »Bettelvogt«, als »Cicero von der bunten Jacke«, als »Shunk« (=Skunk/Stinktier), »Possenreißer«, »besoldeten Bonapartisten«, »Affen-Vogt«, »Vulgärmaterialist und kleinbürgerlicher Demokrat«, »Parlamentsclown«, »kleinuniversitärer Bierpolterer« und vieles mehr.

203 Carl Vogt, Karikatur 1848
228 Karl Marx, Herr Vogt, Oxford 1860

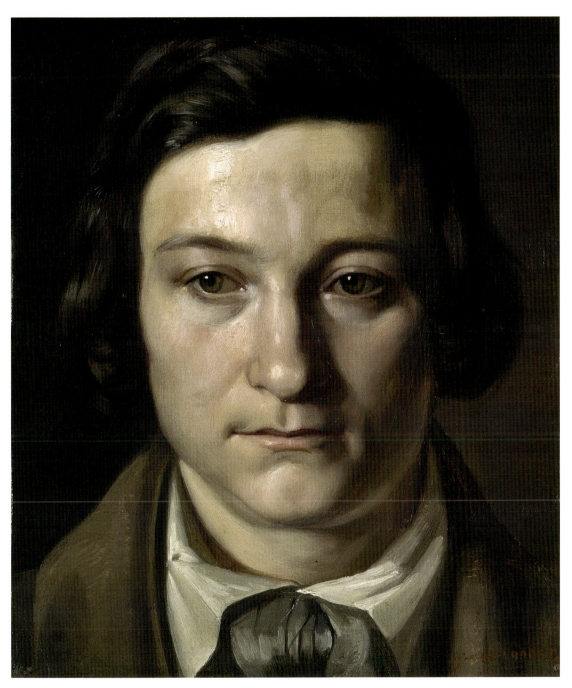

Carl Vogt schlug vor, auf die Nordfahrt noch Amanz Gressly und Alexander Herzen mitzunehmen. Amanz Gressly (1814 – 1865) war der führende Schweizer Geologe seiner Zeit. Er hatte in Straßburg studiert. Vogt hatte Gressly 1839 in Neuchâtel kennen gelernt. Sommers war Gressly meist im Jura geologisch unterwegs, übernachtete bei den nächsten Bauern, bekam von diesen noch einen Zehrpfennig, den er in der nächsten Kneipe politisierend vertrank. Körperpflege war seine Sache nicht. Als er Vogt erstmals vorgestellt werden sollte, wurde er vorher erst einmal zum Waschen geschickt. Vogt dazu in seiner Autobiographie: »Als ich später Greßly auf meiner Nordfahrt mitnahm, musste ich es genauso machen.« Nach Feldstudien in den Vogesen war Gressly Assistent des Neuenburger Geologieprofessors Louis Agassiz. 1838 – 1841 erschien sein grundlegendes Werk über den Solothurner Jura, womit er als Begründer der Paläoökologie galt. Nach ihm wurde im Jahre 1857 der Gresslyosaurus benannt. Er war geologischer Berater beim Schweizer Eisenbahnbau und bereiste 1859 das Mittelmeergebiet. In seiner sehr schweizerischen Art und mit seinen bizarren Gewohnheiten war er das Faktotum der Nordlandreise. Seine letzten Jahre verbrachte er in einer psychatrischen Klinik. Noch Jahrzehnte nach seinem Tod war Gressly im Jura eine populäre Figur. Seit 2004 vergibt die Schweizerische Paläontologische Gesellschaft die Amanz Gressly-Auszeichnung für besondere Leistungen in ihrem Fach.

Dr. Alexander (Sascha) Herzen begleitete die Reise als Arzt. Hochberühmt war sein in London lebender Vater Alexander Herzen (1812 – 1870), ein politischer Schriftsteller und sozialistischer Revolutionär. Der Sohn eines russischen Gutsbesitzers und einer Mutter aus Stuttgart bewegte sich zwischen 1852 und seinem Tod 1870 zwischen London, Paris und Genf, unermüdlich einen Sozialismus verbreitend, der auf der freien Entfaltung des

204 Der Maler Heinrich Hasselhorst (1825 – 1904)

4 Uhr nachmittags. Endlich! Als wir um halb 3 mitten im Essen waren, ruft plötzlich der Kapitän: »Jan Mayen! Schnell! Wir stürzten wie Blutvergießer aufs Deck« (Vogt)

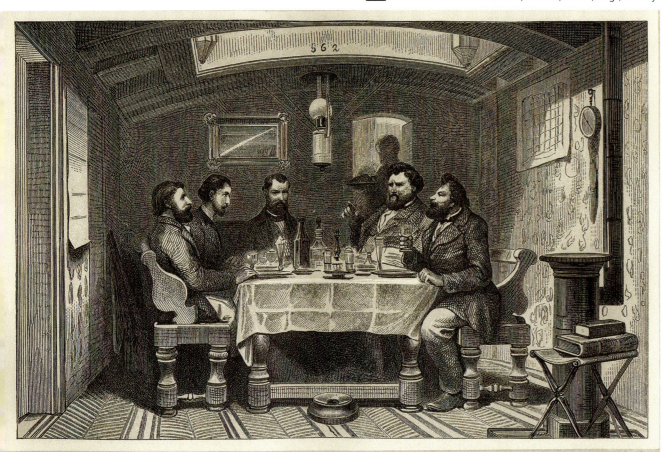

206　An Bord 1861: Hasselhorst, Herzen, Berna, Vogt, Gressly

Individuums beruht. Alexander Herzen senior war der bedeutendste Vertreter der revolutionären Intelligenz Russlands und gilt als »Vater des russischen Sozialismus«. Im Verlauf der Reise kam im norwegischen Hammerfest Alexander Herzen junior ins Gespräch mit russischen Seeleuten, die ihn aufgrund der Schriften seines Vaters verehrten.

Georg Berna seinerseits ersuchte den Maler Heinrich Hasselhorst mitzukommen, um »uns mit seiner Kunst bleibende Andenken zu verschaffen.« Heinrich Hasselhorst (4. April 1825 – 7. August 1904) studierte seit 1842 an der Städel-Schule Malerei bei Jakob Becker und Moritz von Schwind. 1848 lithografierte er die Porträts der Paulskirchenabgeordneten. 1852 erfolgte ein Studienaufenthalt in Paris und seit 1855 in Rom. 1860 nach Frankfurt zurückgekehrt, wurde er Zeichenlehrer am Städel. Im Frühjahr 1861 ereilte ihn der Ruf des befreundeten Georg Berna, die geplante Nordlandreise zu begleiten und zeichnerisch zu dokumentieren.

In der Tat illustrierte Hasselhorst den 1863 in Buchform erschienenen Reisebericht mit 50 Holzstichen und neun Farblithografien. Daneben sind neun Ölgemälde mit Themen dieser Reise bekannt, darunter zwei Supraporten im Historischen Museum Frankfurt. Hasselhorst wurde 1888 zum Professor ernannt. Er beeinflusste mit seiner Lehrtätigkeit eine ganze Generation Frankfurter Maler. Mit seinen Historienbildern und Volksszenen wurde er der klassische Maler des alten Frankfurt. Seine letzte Ruhestätte fand Heinrich Hasselhorst auf dem Frankfurter Zentralfriedhof.

Die Reise

Georg Berna charterte in Blankenese den Schoner »Joachim Hinrich« für eine Fahrt entlang der norwegischen Küste zum Nordkap, nach Jan Mayen und Island, und sorgte für die Proviantierung. Die Mannschaft des Zweimasters bestand aus Kapitän Hans Stehr aus Blankenese und sieben weiteren Personen. Kapitän Stehr war stolz darauf, dass er im Jahre 1848 kurzzeitig unter der schwarz-rot-goldenen Flagge mit dem (hamburgischen) Nesselblatt gesegelt war. Bei der Mannschaft handelte es sich um den Holsteiner Steuermann Johann Heinz, den Norweger Friedrich als ersten Matrosen, den Dänen Jan als zweiten Matrosen, den Norweger Johann als dritten Matrosen, den Holsteiner Paul als Jungmatrosen, den Holsteiner Hans als Koch und schließlich die sächsisch-altenburgische »Landratte« Eduard als Küchenjunge. Das Dienstpersonal bestand aus dem böhmischen Jäger Hubert, dem Koch aus Berlin, dem Stewart aus Hamburg und dem Bäcker aus Mecklenburg. Die Reise begann am 29. Mai 1861 in Hamburg. Die Schilderung der Reise und das Erstellen eines Buchmanuskripts besorgte Carl Vogt, die Illustrationen dazu erstellte Heinrich Hasselhorst.

Am 2. Juni erreichte die Expedition die norwegische Küste bei Stavanger und am 8. Juni legte das Schiff in Bergen an, zu dieser Zeit eine Stadt von 25 000 Einwohnern. Nach einigen Tagen Aufenthalt ging es weiter nach Norden. Am 14. Juni kam Molde in Sicht und am 20. Juni legte die »Joachim Hinrich« vor Näs an. Bei stechender Sonne und schwüler Hitze wurde am 26. Juni die Stadt Trondheim erreicht, die erst am 4. Juli verlassen wurde. Am folgenden Tag passierte die Expedition den Polarkreis. Vier Tage später, am 8. Juli, konnte Hasselhorst erstmals die Mitternachtssonne erleben und zeichnerisch festhalten. Am 20. Juli verließ die Reisegesellschaft Tromsö. Via Hammerfest wurde das Nordkap erreicht. Die fünf Reisenden und der Kapitän erkletterten diese nördlichste Kuppe des europäischen Festlandes in vierstündigem Klettermarsch. Denn, wie Carl Vogt sagt, »wer in Norwegen gewesen und das Nordkap nicht bestiegen hat, ist in Rom gewesen, und hat den Papst nicht gesehen.« Auf dem Aussichtspunkt wurde ein ausgiebiges Picknick mit Bier, Champagner, Schinken und Mettwurst begangen.

Vom Nordkap ging es weiter in Richtung auf die kleine sturmumtoste Insel Jan Mayen. Die äußerst schwierige Landung auf dieser Insel ist die herausragende Leistung dieser Reise. Die Forscher konnten zweimal unter dramatischen Umständen an der Südküste landen und die geologische Struktur der Insel erkunden. Damit war die Grundlage der wissenschaftlichen Erschließung dieser Insel gelegt. Jan Mayen ist eine 373 km^2 große Insel, ca. 650 km nordöstlich von Island in der Grönlandsee gelegen. Heute ist die Insel ein exterritoriales Gebiet Norwegens. Die Länge der Küstenlinie beträgt etwa 124 km. Das Klima der Insel ist – vom Golfstrom etwas gemildert – überwiegend rauh, das ganze Jahr über sind häufig starke Winde und Stürme zu beobachten, im Winter ist Jan Mayen von Pack- und Treibeis umgeben. Der 2277 m hohe und nördlichste Vulkan der Welt, der Beerenberg, zeigte 1984 / 1985 nach langer Ruhezeit wieder Aktivitäten. Henry Hudson entdeckte die Insel 1607 auf seiner ersten von vier Fahrten durch das Nordpolarmeer. Diese Fahrten dienten der Entdeckung einer direkten Seeverbindung von Europa nach China. Die Insel bekam ihren Namen 1614 nach dem niederländischen Walfangkapitän Jan Jakobs May van Schellinkhout. In den folgenden Jahrhunderten wurde die Insel nur gelegentlich von Robbenjägern besucht.

Die Insel kam am 19. August 1861 gegen 3 Uhr nachmittags in Sicht. In einer Nebellücke war die Schneekuppe des Beerenberges zu erkennen, ähnlich dem linken Abhang des Mönchs

230 Reisepass von Heinrich Hasselhorst

bei Interlaken, wie Vogt schrieb. Die Reisenden erlebten die Küste eisfrei, was angeblich nur alle 20 Jahre einmal vorkam. Am Mittwoch, den 21. August versuchten alle, ausgenommen Hasselhorst, mit vier Ruderern und dem Kapitän im großen Boot östlich des Beerenberges zu landen. Nach zwei Stunden des Ruderns, unablässig von Sturmvögeln attackiert, waren sie nahe dem Land. Doch befand sich das Boot unter steilen, 1000 Fuß aufragenden Lavafelsen, gegen welche die See mit gewaltigen Wogen brandete. Eine Landung war hier unmöglich. Man ruderte noch drei Stunden die Küste entlang, spähend, diskutierend, fluchend und schimpfend ob der Unmöglichkeit der Landung. Das Rückrudern beschrieb Vogt als ein Bild, das malerischer Ausführung wert sei: »Der Kapitän wütet als rasender Roland gegen die Sturmvögel, Berna beugt sich über Bord und würgt krampf-

207 Das Forschungsschiff »Joachim Hinrich« (Abb. links)

215 Jan Mayen-Karte von 1748

214 Jan Mayen-Karte von 1693

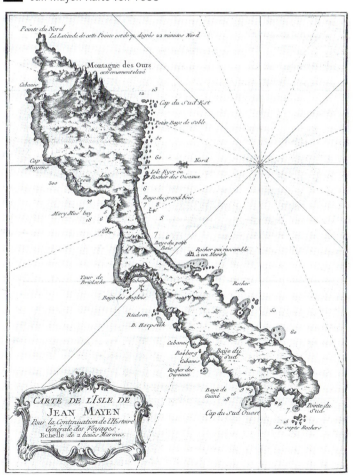

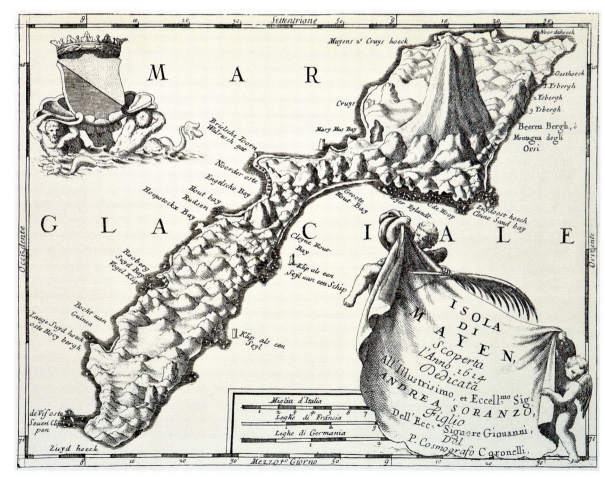

Die Nordfahrt des Georg Berna 1861

haft dem Neptun Opfer herauf, Herzen mit aufgerichtetem Kamelhals und Stielaugen fuchtelt ziellos mit der Flinte in der Luft, Greßly umklammert vor Todesangst und Kälte schnatternd seinen Sitz und Vogt in Pelzrock und Pelzstiefeln mit Doppelflinte kniet vorne im Boot. In dieser heiteren Stimmung kann die Gesellschaft wieder zurück an Bord.«

Am 22. August wurde bei vergleichsweise gutem Wetter weiter südöstlich der nächste Landungsversuch unternommen. Im kleinen Boot gelang Vogt und Berna mit dem Steuermann und zwei Matrosen die Landung an einer kleinen halbkreisförmigen, durch Lava gebildeten Bucht. Mit sportlichem Schwung sprangen alle, auch der über zwei Zentner schwere rundliche Carl Vogt, in das Wasser vor dem Uferstreifen und zogen das Boot den Strand hinauf. Wegen dieser sportlichen Leistung wurde der 80 Schritt messende Landungsplatz die »Turnbucht« genannt. Vogt und Berna verließen die Bucht bergauf entlang einer Fuchsfährte. Beide waren entsetzt von der Trostlosigkeit der Vegetation. Sie sahen kleine elende, auf den Boden gedeckte Pflänzchen, darunter vier Steinbrecharten, Sauerampfer, Löffelkraut, Eisranunkel und verschiedene Moose und Flechten. In nördlicher Richtung bestiegen Vogt und Berna einige kleinere Seitenkrater am Südhang des Beerenberges. Berna entdeckte einen großen kreisrunden Krater von etwa 500 Fuß Tiefe und 1000 Fuß Durchmesser. Von dort beschrieb Vogt eine großartige Aussicht bei klarem Wetter. Berna skizzierte einige Ansichten und Vogt nahm die Richtung einiger Hauptpunkte mit dem Kompass. An den Strand zurückgekehrt feierten die beiden Forscher ihren gelungenen Arbeitstag mit rohem Schinken, Bier und einer Flasche Champagner, die sie auf das Wohl Jan Mayens leerten. Die leere Champagnerflasche wurde im Felsen deponiert. Ein

... und während Greßly eifrigst Gesteinsproben sammelt, spähen und streifen die übrigen nach allen Seiten in der Hoffnung, eine Beute anschleichen zu können. (Vogt 285)

einliegender Zettel trugt die Aufschrift: »Wer uns die Flasche kann wieder zeigen, Er soll sie behalten! Sie sei sein eigen!«.

Dank der vergleichsweise guten Witterung hatte die Reisegruppe aus Frankfurt und der Schweiz eine großartige Aussicht und konnte zahlreiche Gesteinsproben und botanische Funde sammeln. Nach Einschätzung Carl Vogts erreichten die fünf Republikbürger damit mehr als der französische demokratische Imperialist PlonPlon und der konstitutionelle Monarchist Dufferin. An dieser Stelle kam Carl Vogt auf seine literarische Vorlage zu sprechen, einen Reisebericht aus dem Jahre 1856: »Die Erreichung von Jan Mayen war uns jetzt schon ein Ehrenpunkt geworden und Lord Dufferins Briefe aus hohen Breitengraden, die einzige Quelle, welche wir über die ziemlich unbekannte Insel an Bord hatten, gingen von Hand zu Hand.« Es handelt sich um das Werk von Frederick Lord Dufferin, Letters from high altitudes; being some account of a voyage in the Schooner Yacht »Foam« 85 O.M. to Iceland, Jan Mayen and Spitzbergen, London 1857, 2nd Edition, Boston 1859. Darin beschreibt Lord Dufferin seine Schiffsreise nach Island, Jan Mayen und Spitzbergen. Auf Island besuchte die Reisegesellschaft Georg Bernas die gleichen Sehenswürdigkeiten wie Dufferin. Vor Jan Mayen hatte Dufferin ungleich schlechtere Bedingungen angetroffen. Am 14. Juli 1856 lag ein dichter Gürtel von Treibeis vor der ohnehin unzugänglichen Küste der Insel. Dennoch riskierte Dufferin die Anlandung in einer winzigen Bucht nahe der Nordspitze, sammelte einige Mineralien ein, benannte seinen Landeplatz mit »Clandeboye Creek« und verließ den unwirtlichen Ort. Frederick Lord Dufferin (1826 – 1902) hatte noch eine beeindruckende diplomatische Laufbahn vor sich. 1872 wurde er Generalgouverneur von Kanada, dann britischer Botschafter in St. Petersburg und in Istanbul. Den höchsten Punkt seiner Karriere erlebte er von 1884 bis 1888 als Vizekönig von Indien. Danach war er

220 Der Beerenberg auf Jan Mayen
217 Die Küste von Jan Mayen

noch britischer Botschafter in Italien und in Frankreich, bis er sich 1896 in den Ruhestand verabschiedete.

Bei »PlonPlon« handelt es sich um Prinz Napoleon Joseph Charles Paul Bonaparte (1822–1891), vierter Sohn von Jerome Bonaparte und damit Vetter Kaiser Napoleons III. Prinz Napoleon bewegte sich mit seiner Jacht »La Reine Hortense« ebenfalls in nördlichen Breiten. Dabei war er mehrmals mit Lord Dufferin zusammengetroffen und hatte dessen Schoner »Foam« auch einmal freundlich hilfreich ins Schlepptau genommen. Prinz Napoleon versuchte am 10. und 11. Juli eine Landung auf Jan Mayen, musste aber, da die Insel vollständig von Eis blockiert war, unverrichteter Dinge wieder abfahren.

Der Tag nach Carl Vogts und Georg Bernas Inselexkursion war ein kalter Nebeltag. Eine Landung war unmöglich, da die Küste und die Position des Schiffes zu ihr nicht sichtbar auszumachen waren. Ein Tag später, am 23. August, lichteten sich die Nebel gegen Mittag und zeigten eine günstige Position des Schiffes nur eine englische Meile vor einer küstennahen Sand-

208 Frederick Lord Dufferin (1826–1902)
209 Expeditionsbericht 1856
210 Frederick Lord Dufferin, Brief 1879

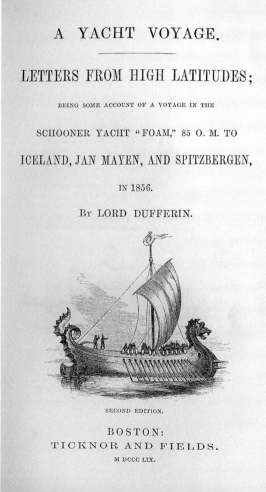

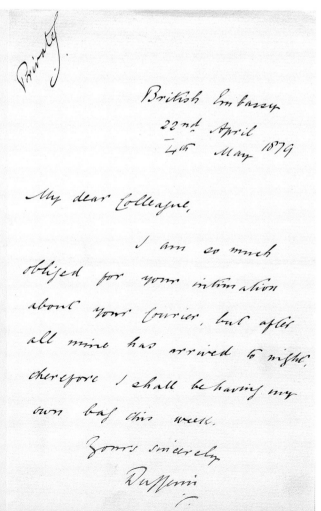

bank an. Diesmal wurde das große Beiboot zur Landung benutzt. Allein Carl Vogt blieb, schwer erkältet von seinem heroischen Landgang, auf dem Schiff zurück. Dank einer Sandbank und erneuter Turnübungen kamen alle wohlbehalten an Land an. Am Strand, insbesondere an der Flutlinie, hatten sich gewaltige Mengen von Treibholz aufgeschichtet. Die Sandbank und der Boden der Süßwasserlagune bestanden aus schwerem schwarzem Sand. Die Reisenden stiegen die Insel nach Norden herauf und erreichten schon bald an dieser schmalen Stelle den Kamm des niedrigen Gebirges. Der Ozean war völlig frei und nirgends zeigte sich eine Spur von Eis. Im Norden erblickten sie eine Bucht, bei der es sich nach der Karte Scoresbys um die Marie-Muß-Bucht handeln musste. Die südliche Bucht trägt bei Scoresby den naheliegenden Namen »Große Holzbucht«. William Scoresby der jüngere hatte Jan Mayen in den Jahren um 1817 herum mehrmals besucht. In der Nordbucht lagen Walfischknochen in gewaltiger Zahl, Wirbel, Rippen und Schädelknochen. Die Jäger bemühen sich inzwischen, Füchse, Enten und Möwen zu erlegen. Gressly sammelte eifrig Gesteinsproben und Pflanzen. Dank der guten Witterung kehrten die Forscher ungefährdet mit ihren Funden zum Schiff zurück.

Am 24. August bestand eigentlich die Absicht, noch einmal in der Nähe der Südspitze der Insel an Land zu gehen. Aber das Wetter lieferte eine Brise aus Nordost, die für die Weiterfahrt äußerst günstig war. Mit Widerstreben sagten die Reisenden Jan Mayen Lebewohl und steuerten gerade vor dem Wind weg nach Süden gen Island. Zum ersten Mal seit längerer Zeit erlebten die Teilnehmer der Nordlandexpedition wieder eine richtige, das heißt dunkle Nacht. Am 28. August geriet das Schiff gegenüber der Südostspitze Islands in einen Sturm. Am 1. September lief die »Joachim Hinrich« schließlich in Reykjavik ein.

Von der Hauptstadt aus unternahmen die fünf Reisenden einige Exkursionen in das Innere Islands. Wichtigstes Reiseziel ist das berühmte Tal von Thingvalla mit seinen eindrucksvollen Schluchten, Spalten, Höhlen und Lavaströmen. Die Wissenschaftler beschäftigten sich intensiv mit Steineklopfen und Zeichnen, je nach ihren Vorlieben. Ein eindrucksvolles Erlebnis war der große Geysir. Etwa alle drei bis vier Stunden schoss eine siedend heiße braune Wasserfontäne etwa 30 m hoch empor.

Am 16. September um 10 Uhr morgens erfolgte bei gutem Wind die Ausfahrt aus Reykjavik. Es folgte eine lange Woche voll Ungemach mit schlechtem Wetter, widrigen Winden, hohem Seegang und, so Vogt, katzenjämmerlicher Seekrankheit. Am 23. September tobte zu allem Überdruss ein entsetzlicher Sturm. Die See überschwemmte die Kajüten, niemand hatte mehr einen trockenen Faden am Leib. Am 1. Oktober kam endlich Land in Sicht. Es war die hohe Küste von Irland bei Londonderry. Die Reise endete am 1. Oktober im schottischen Greenock. Die »Joachim Hinrich« lief unter dänischer Flagge, freilich wehte vom Hauptmast die Flagge der Freien Stadt Frankfurt und auf dem Vordermast die Schweizer Flagge, da die Teilnehmer aus diesen beiden Republiken stammten. Sowohl die Frankfurter als auch die Schweizer Flagge waren bis dato in den höheren Breitengraden relativ selten präsent gewesen, vermerkte Carl Vogt heiter ironisch.

Der Reisebericht von 1861 hat einen größeren wissenschaftlichen Anhang, der die Geologie Norwegens, Islands und Jan Mayens behandelt. Mit der Analyse der basaltischen Gesteine Jan Mayens durch die Berna-Expedition beginnt die wissenschaftliche Erforschung dieser unwirtlichen Insel im nördlichen Eismeer. Die Ergebnisse dieser Unternehmung waren noch von großem Nutzen für die vom Juli 1882 bis August 1883 auf Jan Mayen betriebene österreichische Forschungsstation des Ersten Internationalen Polarjahres.

225 Expeditionsbericht der Frankfurter Nordfahrt von 1861

218 Thingvalla auf Island

201 Der Polarfahrer Georg Berna (1836 – 1865)
Heinrich Hasselhorst, Frankfurt um 1861 / Kreidezeichnung, hochoval, H 63 cm, B 49,4 cm / Historisches Museum Frankfurt, Inv.-Nr. C 49710

202 Carl Vogt (1817 – 1895)
Tr. Kühner, 1848 / Stahlstich nach einer Fotografie von Vogels, H 20 cm, B 14,5 cm / Privat
Chemiker, Geologe, Politiker, Paulskirchenabgeordneter und Gründungsrektor der Universität Genf

203 Carl Vogt
J. B. Scholl und K. Engel, Frankfurt 1848 / Satirische Kreidezeichnung als Hampelmann, H 35 cm, B 24 cm / Historisches Museum Frankfurt, Inv.-Nr. C 16918

204 Der Maler Heinrich Hasselhorst (1825 – 1904)
Heinrich Hasselhorst, Frankfurt um 1860 / Selbstporträt. Öl auf Leinwand, H 28 cm, B 25 cm / Historisches Museum Frankfurt, Inv.-Nr. B 86:146

205 Der Geologe Armanz Gressly (1814 – 1865)
Anonym, Schweiz um 1860 / Aus: Fritz Lang, Amanz Gressly und die geologischen Forschungen seiner Zeit, Solothurn 1873 / Übermittlung: Pascal Tschudin, Lausanne

206 Hasselhorst, Herzen, Berna, Vogt, Gressly.
Heinrich Hasselhorst, Frankfurt 1863 / Stich aus dem Expeditionsbericht Vogt 1863, S.6, H 11,4 cm, B 17,6 cm / Historisches Museum Frankfurt, Inv.-Nr. Bibliothek 9.2.1

207 Das Forschungsschiff »Joachim Hinrich« aus Blankenese
Heinrich Hasselhorst, Frankfurt 1861 / Aquarell, H 20,5 cm, B 25,5 cm / Historisches Museum Frankfurt, Inv.-Nr. C 42469

208 Frederick Lord Dufferin (1826 – 1902)
Anonym, Großbritannien 1850 / Porträt im Alter von 24 Jahren: Lichtdruck aus: Harold Nicolson. Rose und Sporn. Porträt eines Vizekönigs, Berlin 1938 / Privat

209 Expeditionsbericht 1856.
Frederick Dufferin, Boston 1859 / Frederick Lord Dufferin, Letters from high altitudes; being some account of a voyage in the Schooner Yacht »Foam« 85 O.M. to Iceland, Jan Mayen and Spitzbergen in 1856., Boston, 2. Aufl., 1859, 406 Seiten / Privat

210 Frederick Lord Dufferin (1826 – 1902)
Frederick Dufferin, St. Petersburg 1879 / Papier, H 20,5 cm, B 13 cm / Privat
Zwei Briefe von 1879 als Britischer Botschafter in St. Petersburg an den Hessisch-Darmstädtischen Residenten Baron von Alvensleben. 1884 – 1888 war Dufferin Vizekönig von Indien.

211 Terrestrisches Fernrohr

Willson, London, frühes 19. Jahrhundert / Holz, Messing, Glas, Länge geschlossen 27,8 cm, ausgezogen 93,7 mm / Historisches Museum Frankfurt, Inv.-Nr. ON72
Literatur: Glasemann 1999, S. 131f.

212 Seekartenzirkel

England (?), 17./18. Jahrhundert / Stahl, Länge 19,5 cm / Historisches Museum Frankfurt, Inv.-Nr. X 14574
Literatur: Glasemann 1999, S. 141.

213 Schiffskompaß

Italien, 18. Jahrhundert / Messing, Magneteisen, Glas. Durchmesser der Dose 9,4 cm, Länge 23,5 cm / Historisches Museum Frankfurt, Inv.-Nr. X 19979
Literatur: Glasemann 1999, S. 140.

214 Jan Mayen-Karte von 1693.

Andrea Soranzo, Venedig 1693 / Reprint eines Kupferstiches, H 23 cm, B 31 cm, Isola de Mayen, scoperta l'anno 1614, dedicata all'illustrisimo et Ecell.mo Sig. Andrea Soranzo, figlio dell'Ecc. Signore Giouanni, Dal P. Cosmografo Coronelli, 1693 / Privat

215 Jan Mayen-Karte von 1748

A. F. Prévost, Paris 1748 / Kupferstich, H 23 cm, B 17,5 cm, Carte de l'Isle de Jean Mayen. Mit Maßstab in Lieues Marines, Kupferstich aus »L'Histoire générale des voyages«, Band 14, Paris 1748 / Privat

Die Nordfahrt des Georg Berna 1861

216 Karte von Jan Mayen
Carl Vogt, Frankfurt 1863 / Stich aus dem Expeditionsbericht Vogt 1863, Seite 286, H 11,4 cm, B 18,7 cm / Historisches Museum Frankfurt, Inv.-Nr. Bibliothek 9.2.1

217 Die Küste von Jan Mayen
Heinrich Hasselhorst, Frankfurt 1862 / Öl auf Leinwand, H 58 cm, B 273 cm / Historisches Museum Frankfurt, Inv.-Nr. B 61:07
Beide Bilder (Nr. 217 und 218) wurden 1861 / 1862 für den Speisesaal der Wohnung Georg Bernas in Schloss Büdesheim als Supraporte angefertigt. Es handelt sich um Geschenke der Frau Sommerhoff-von Buttlar von Schloss Büdesheim an das Historische Museum Frankfurt am 28.8.1961.

218 Thingvalla auf Island
Heinrich Hasselhorst, Frankfurt 1862 / Öl auf Leinwand, H 58 cm, B 267 cm / Historisches Museum Frankfurt, Inv.-Nr. B 61:08

219 Eisenfunde von Jan Mayen
Europa, 17. / 19. Jahrhundert / Eisen mit Oxydation, Maße: Nr. 387: L 9 cm, H 9 cm; Nr. 386a: L 27,4 cm; Nr. 386b: L 21,7 cm; Nr. 386c: L 28,1 cm / Museum der Weltkulturen, Inv.-Nr. E 386a – c (Nägel); E 387 (Haken). Überwiesen vom Senckenbergmuseum am 31.10.1904.
Drei Nägel und ein Haken. Von der Berna-Expedition 1861 am südöstlichen Strand auf Jan Mayen von angeschwemmten Schiffstrümmern aufgelesen

221   222

220 Der Beerenberg auf Jan Mayen

Theodor Lerner, Jan Mayen um 1895 / Foto, H 8,1 cm, B 13,8 cm / Naturmuseum Senckenberg, Frankfurt

221 Vogelberg und Treibholz auf Jan Mayen

Anonym um 1900 / Holzstich, H 10 cm, B 12,5 cm / Privat

222 Steilküste von Jan Mayen

Anonym um 1900 / Holzstich, H 10 cm, B 12,5 cm / Privat

223 Island 1665.

Johann Blaeu, Amsterdam 1665 / Kupferstich, koloriert, H 43,5 cm, B 57 cm, TABVLA ISLANDIA, auctore Georgio Carolo Flandro, aus dem »Atlas Maior« des Joan Blaeu, Amsterdam 1665. Reprint Köln 2005 / Privat

224 Der Kleine Geysir auf Island.

Heinrich Hasselhorst, Frankfurt 1863 / Lithografie aus Vogt 1863, H 17,8 cm, B 11,7 cm / Historisches Museum Frankfurt, Bibliothek, Inv.-Nr. 9.2.1

Die Nordfahrt des Georg Berna 1861

225 Expeditionsbericht der Frankfurter Nordfahrt von 1861
Carl Vogt, Frankfurt 1863 / Buch, Nord-Fahrt entlang der Norwegischen Küste, nach dem Nordkap, den Inseln Jan Mayen und Island, auf dem Schooner Joachim Hinrich unternommen während der Monate Mai bis Oktober 1861 von Dr. Georg Berna, in Begleitung von C. Vogt, H. Hasselhorst, A. Gressly und A. Herzen, Frankfurt am Main, In Commission bei Carl Jügel, 1863 / Historisches Museum Frankfurt, Bibliothek, Inv.-Nr. 9.2.1

226 Zwei liegende Eisbären
Heinrich Hasselhorst, Frankfurt um 1862 / Bleistiftzeichnung, H 9,8 cm, B 18,2 cm / Historisches Museum Frankfurt, Inv.-Nr C 48743

227 Porträt der Marie Berna (1846 – 1915)
Heinrich Hasselhorst, Frankfurt 1861 / Zeichnung, Hochoval. H 54,4 cm, B 45,4 cm / Historisches Museum Frankfurt, Inv.-Nr. C 49711

228 Karl Marx, Herr Vogt

Karl Marx, London 1860 / Buch, Neuausgabe Moskau 1941 / Privat
Politische Streitschrift von Karl Marx gegen Carl Vogt

229 Julius Payer an Heinrich Hasselhorst

Julius Payer, Paris 1884 / Brief, Umschlag H 9 cm, B 12 cm, Brief H 11 cm, B 18 cm.
Mit Poststempel Paris 4. Jan. 1884, Frankfurt-Sachsenhausen 9. Jan. 1884 / Polarpostsammlung Siegfried Nicklas, Frankfurt
Payer übermittelt seinem Lehrer Neujahrsgrüße und berichtet von einem Zusammentreffen mit einem Sohn Carl Vogts.

230 Reisepass von Heinrich Hasselhorst

Frankfurt 1860 / Druck von C. Naumann Druckerei, Frankfurt am Main. H 40,4 cm, B 24,6 cm. Reisepass No. 1315 der Freien Stadt Frankfurt, gültig für Schweden, Norwegen, Island, Schottland und England, ausgestellt am 4. Mai 1861 / Historisches Museum Frankfurt, Inv.-Nr. C 48678

227

229

Die Nordfahrt des Georg Berna 1861

Der Beginn deutscher Polarforschung

Das offene Polarmeer?

Der englische Philosoph Roger Bacon (1214 – 1294) gilt als einer der ersten Verfechter empirischer Theorien im Hochmittelalter. Das von einem Landring umgebene Meer der Arktis war nach seinem 1266 erschienenen Hauptwerk »Opus Maius« (Ed. J.H. Bridges, Frankfurt 1964, Vol. 1, 291 – 293) das Quellgebiet gewaltiger Wassermassen, da ja in der Kälte des Nordens das am Äquator verdampfte Wasser wieder kondensiert. Eine große Verbreitung fand der Gedanke des offenen Polarmeeres, aus dem das Wasser in vier symmetrisch angeordneten Meeresarmen nach Süden fließt, wie auf den Nordpolarkarten Gerhard Mercators (1512 – 1594) seit 1569. Die Theorie der vier vom Pol abfließenden Flüsse geht auf die »Inventio fortunata« des Oxforder Franziskanermönch Nicolaus de Linna (Lynn) zurück. Darin beschreibt Lynn eine eigene Arktisreise von mehreren Jahren ab 1360 mit den nördlichen Inseln vom 53. Grad bis zum Nordpol. Die mögliche Durchfahrt zwischen Sibirien und Alaska erschien in der Kartographie erstmals 1508 auf einer Karte des Johannes Ruysch. Diese postulierte Meerenge wurde im 16. Jahrhundert die »Straße von Anian« genannt, einer Bezeichnung Marco Polos für eine freilich andere Meerenge folgend. Mit den Karten Gerhard Mercators war die These eines eisfreien Nordpols nachhaltig in der Welt.

Der erste Vorschlag zur Durchführung einer Polarexpedition stammt von Robert Thorne, einem Kaufmann aus Bristol, der lange in Sevilla lebte. Er schrieb im Jahre 1527 einen hochvertraulichen Brief an König Heinrich VIII. von England mit dem Inhalt, dass die Gewürzinseln direkt am Nordpol vorbei in relativ kurzer Entfernung zu erreichen seien. Die südliche Route war bekanntlich von Portugiesen und Spaniern beherrscht und den Engländern verschlossen. Thorne ging davon aus, dass das Nordpolarmeer eisfrei und damit befahrbar sei. Darauf stützten sich im Folgenden Henry Hudson bei der Suche nach der Nordwestpassage und Willem Barentsz bei der Suche nach der Nordostpassage nach Japan und China.

302 Nordpolarkarte nach Mercator 1595

Doch regelmäßig stießen Fahrten nach Norden früher oder später an Packeis und mussten umkehren, wie etwa Constantine John Phipps 1773 auf 80° 30' nördlich von Spitzbergen. Dennoch hielt sich hartnäckig die Auffassung, dass das nördliche Polarbecken nur von einem Eisgürtel umgeben ist, hinter dem es schiffbar sei. Eine angebliche Reise des Bartholomäus de Fonte von 1640 belegte angeblich diese These. Von Japan ausgehend, führte seine Route durch die Bering-Straße, passierte das nördliche Kanada irgendwo auf dem Weg der Nordwestpassage, ging westlich an Spitzbergen vorbei und endete schließlich in Porto. Die Reise wurde erstmals 1708 auf einer Karte dargestellt. Das Ganze beruhte auf einer literarischen Fiktion. Die Durchfahrung des Polgebietes durch de Fonte erfand 1708 der Londoner Verleger James Petiver in seinem Magazin »Monthly miscellany, or memoirs for the curious«. Tatsächlich war de Fonte 1640 nur entlang der amerikanischen Westküste von Nordamerika entlanggesegelt, bis zu einer Höhe von vermutlich 53° N. Nichtsdestoweniger publizierte 1752 der französische Geograph Philippe Buache die angebliche Polüberquerung aufgrund von Angaben seines aus Russland heimgekehrten Neffen Joseph Nicolas de l'Isle in Form einer Karte.

Um die Mitte des 19. Jahrhunderts herum erlebte die Idee vom offenen Polarmeer eine wahre Renaissance. Für seine Existenz wurden wissenschaftliche Gründe geltend gemacht: Der Golfstrom bringe viel warmes Wasser, das zwischen Spitzbergen und Nowaja Semlja hindurch fließt und den östlichen Teil der Arktis eisfrei hält. Salziges Meerwasser könne nicht gefrieren, sondern nur das küstennahe Süßwasser. Aus diese Weise bilde das süßwasserhaltige Küsteneis einen Ring um die Arktis. Meteorologische Messungen belegten die Wirkung eines temperaturausgleichenden Wasserkörpers im Norden. Der immerwährenden Sonne des arktischen Sommers wurde zugetraut, das Polareis zum Schmelzen zu bringen. Schließlich hätten Expeditionen in Sibirien und Amerika an ihren vorgeschobensten Punkten immer noch offenes Wasser im Norden gesehen.

Die wissenschaftliche Begründung des offenen Polarmeeres geht auf den bedeutenden amerikanischen Seeoffizier Matthew Fontaine Maury (1806 – 1873), den Vater der wissenschaftlichen Ozeanografie, zurück. In seiner »The physical geo-

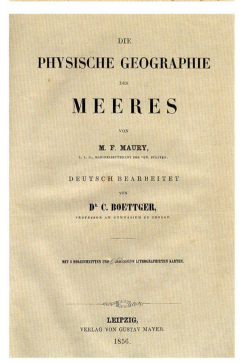

303 Polarkarte 1753 (Abb. links)

305 Maurys Oceanographie, 1856

304 Dr. Isaak Hayes (1832 – 1881)

*Eine höchst bedeutungsvolle Tatsache ist die, dass die Seefahrer und Reisenden, die von allen die höchste Polhöhe erreicht haben, ... nachdem sie eine gewisse Stauung des Treibeises, welche man Eisbarrière zu nennen pflegt, durchbrochen hatten, vollkommen übereinstimmend ein verhältnismässig eisfreies und schiffbares Meer fanden.
(Petermann, 7)*

309 Laterna Magica (Abb. links)
306 Roman: Kurd Lasswitz, Auf zwei Planeten

graphy of the sea, 1855« (»Die physikalische Geographie des Meeres, Leipzig 1856«) analysierte er das Wesen und den Einfluss des Golfstromes auf die klimatischen Verhältnisse im Nordatlantikgebiet. Er glaubte, »das offene Meer im arktischen Ozean« nachweisen zu können. Maurys Werk hat die Forschungsreisenden und Entdecker seiner Zeit, vor allem auch Carl Weyprecht, entscheidend geprägt. In engem Zusammenhang damit steht die kartographische Darstellung des offenen Polarmeeres, die der zu dieser Zeit noch in England tätige Geograph August Petermann 1852 gezeichnet hat. (Hayes 2003, Karte 153)

Da das offene Polarmeer in der Theorie existierte, ist es von mehreren Expeditionen angeblich auch gesichtet worden, zumindest schemenhaft in weiter Ferne. Elisha Kent Kane machte es auf seiner Expedition der Jahre 1853 bis 1855 im Nordwesten Grönlands aus. Bis auf 80° 10' stellte er 1853 und 1854 solides Eis fest. Nördlich davon im Kennedy Channel notierte er für 1854 »Open Water« und ebenso auf knapp 82° N im später so genannten Hall Basin. Isaac Israel Hayes glaubte, an ähnlicher Stelle am 18. Mai 1861 auf 81° 35' N im Norden die offene Polarsee gesehen zu haben. Entsprechend lautet der Titel seines Expeditionsberichts. Hayes stand in Verbindung mit August Petermann, der, nach Rücksprache mit Hayes, der Frage der Schiffbarkeit des offenen Polarmeeres im August 1865 eine ganze Monographie widmete.

August Petermann hatte 1863 in seiner eigenen Zeitschrift, den »Geographischen Mitteilungen«, die Meinung vertreten, dass nicht nur der Nordpol, sondern auch der Südpol im Inneren eisfreie Polarmeere wären. Ringförmig läge um beide Pole ein dichter Packeisgürtel, an dem bisherige Expeditionen immer gescheitert seien. Petermann war sich sicher, dass ein geeigneter Schraubendampfer zur rechten Jahreszeit den polaren Eisgürtel durchstoßen könne und in 2 bis 3 Monaten zum Nordpol und zurückkäme. Den Südpol hätte der britische Robbenschläger Weddell 1823 von seinem südlichsten Punkt gar in 4 Tagen erreicht, hätte er ein Dampfschiff gehabt.

Auf der Frankfurter Geographenversammlung von 1865, welche die Geburtsstunde der deutschen Polarforschung darstellt, sollte das offene Polarmeer eine Hauptrolle spielen.

Die »Isbjörn«-Vorexpedition von Carl Weyprecht und Julius Payer im Sommer 1871 schien die These Petermanns zu bestätigen. Beide erreichten fast 79° N, und glaubten, nördlich davon segelbare Meeresflächen zu erahnen. Darauf basiert ein Artikel Petermanns mit dem Titel »Die Entdeckung eines offenen Polarmeeres«, worin freilich der Wunsch die Erkenntnis leitet. Gleichzeitig erschien 1872 eine Karte von Silas Bent mit gleicher Zielrichtung (Hayes, Map 202). Die daraus resultierende große österreichisch-ungarische Polarexpedition entdeckte zwar 1873 das Kaiser Franz Josef-Land, nicht aber das offene Polarmeer. Dennoch war für Petermann das offene Polarmeer nicht so schnell verschwunden. Bei seiner Kartierung der Nares-Expedition von 1875 – 1876 erscheint hinter dem Packeis bei 84° N zum beinahe letzten Mal die offene See. Dabei hatte George Nares

Der Beginn deutscher Polarforschung

314 Gründer und Führer der ersten deutschen Nordpolexpedition, Kapitän Carl Koldewey, August Petermann, Obersteuermann Richard Hildebrandt

mit der Erforschung des vermuteten Eingangs zur eisfreien Zone genau das Gegenteil nachgewiesen. In der Lincoln-See fand er festes Meereis und auch nördlich davon nichts anderes. So unhaltbar die Theorie vom eisfreien Polarmeer auch war, so sehr hat sie doch ganz wesentlich zur Erforschung der Arktis beigetragen. In Deutschland stand diese Theorie sogar am Anfang der nationalen wissenschaftlichen Polarforschung.

Einige Zeit später wurde das offene Polarmeer Gegenstand des ersten deutschsprachigen Science-Fiction-Romans. 1896 erschienen in Deutschland erste Presseberichte des Journalisten Theodor Lerner über den bevorstehenden Polarflug der Schweden Andrée, Strindberg und Fraenkel. Startplatz des Ballons war die Däneninsel im Nordwesten Spitzbergens. Aufgrund ungünstiger Windverhältnisse gelang der Aufstieg erst im Sommer 1897 und wiederum war Theodor Lerner Augenzeuge und Berichterstatter des Ereignisses. Im gleichen Jahr erschien der Roman »Auf zwei Planeten« von Kurd Lasswitz. Das Buch entstand unter dem unmittelbaren Eindruck von Andrées Polarfahrt. Mit einem vergleichbaren Ballon wie demjenigen von Andrée flogen drei deutsche Wissenschaftler zum Nordpol und entdeckten dort ein offenes Meer. Daraufhin sagte der Naturforscher Josef Saltner: »Da hat halt der alte Petermann doch recht behalten.« Der Ballon stürzte in das offene Polarmeer. Marsmenschen, die am Nordpol eine Niederlassung errichtet hatten, retteten die Ballonbesatzung. Mit einer Flotte von Luftschiffen erstrebten die Marsianer von der Nordpolstation aus die Weltherrschaft. Dieser Roman war aufgrund der Popularität polarer Forschungsreisen bis in die 1930er Jahre ein großer publizistischer Erfolg.

Die erste Versammlung Deutscher Meister und Freunde der Erdkunde am 23. und 24. Juli 1865 in Frankfurt am Main

310   Otto Volger (1822 – 1897)

Die Frankfurter Geographenversammlung von 1865 sollte in letzter Wirkung zur Einführung des Ersten Internationalen Polarjahres führen. Bis dahin gab es schon verschiedene Erkenntnisse und Aktivitäten, welche die künftige internationale Polarforschung prägen sollten. Ein Antrag Alexander von Humboldts veranlasste 1829 die Kaiserliche Akademie der Wissenschaften in St. Petersburg, erdmagnetische Stationen in verschiedenen Klimazonen des Russischen Reiches einzurichten. Seine Einflussnahme führte dazu, dass die englische Regierung erdmagnetische Stationen u. a. auf St. Helena, am Kap der Guten Hoffnung, in Australien, Ceylon und Mauritius einrichtete und die Antarktisexpedition des James Clark Ross als »naval expedition for the magnetic observations« ausrüstete. Carl Friedrich Gauß veröffentlichte 1839 die »Allgemeine Theorie des Erdmagnetismus« und arbeitete an der Verbreitung neuer Methoden und Messgeräte. Im britisch-amerikanischen Raum führte die Suche nach der 1845 verschollenen Expedition John Franklins zu einem gewaltigen Aufschwung und großer Popularisierung der Polarforschung. Das Verschwinden Franklins 1845, die zahlreichen Suchexpeditionen und die letztendliche Auffindung der Verschollenen durch McClintock 1859 war in Deutschland und Österreich sogar Gegenstand von Laterna-Magica-Vorführungen seit den 1860er Jahren. Auch der Geograph August Petermann, der 1845 bis 1853 als Kartograph in Edinburgh und London tätig war, wandte sich der Erforschung der Arktis zu.

Der aus dem Südharz stammende August Petermann wurde der Wegbereiter der Deutschen Polarforschung. Zusammen mit Matthew Maury war er auch der überzeugteste Verfechter der Theorie des offenen Polarmeeres. Als Leiter der geographischen Anstalt von Justus Perthes in Gotha war Petermann seit 1855 Herausgeber seiner monatlich erscheinenden »Mittheilungen über wichtige neue Erforschungen auf dem Gesammtgebiete der Geographie«. Zwei Persönlichkeiten hatten mit ihm vereinbart, eine geographische Versammlung zur Erörterung der deutschen Polarfahrt einzuberufen: der österreichische Admiral Bernhard Freiherr von Wüllerstorf und Urbair, der die wissenschaftliche »Novara«-Weltumseglung (1857/1859) geleitet hatte, und der Frankfurter Geologe Otto Volger. Auf Volger geht die Initiative zu dieser Versammlung zurück, die im »Freien Deutschen Hochstift« in Frankfurt stattfand.

August Petermann (1822 – 1878) erlernte ab 1839 in Potsdam die Kartographie bei Heinrich Berghaus. Die erste Anstellung als Kartograph bekam er 1845 an der kartographischen Anstalt Johnston in Edinburgh. Seit 1847 leitete er in London die geographische Berichterstattung der Wochenzeitschrift »Athenaeum«. Seine Karten und Veröffentlichungen führten 1852 zur Mitgliedschaft in der Royal Geographic Society. 1854 wurde er Redakteur an der Geographischen Anstalt von Justus Perthes in Gotha und begründete eine eigene Zeitschrift. Sein besonderes Anliegen war die Erforschung der Polargebiete und des inneren Afrika. Als höchste Auszeichnung seines Faches erhielt er 1878 die Goldene Medaille der Royal Geographic Society. Als erster Deutscher hatte diese Ehrung der Frankfurter Afrikaforscher Eduard Rüppell im Jahre 1838 erhalten. August Petermann beging 1878 in Gotha Selbstmord.

Georg Heinrich Otto Volger (1822 – 1897) war Naturwissenschaftler, Geologe, Mineraloge und Politiker. Er studierte Geologie und Mineralogie in Göttingen, wo er sich auch habilitierte. Während der Revolution von 1848 war Volger Führer einer republikanisch und sozialistisch gerichteten Gruppe. 1851 wurde er

Die »Hansa« verstand das Signal indessen falsch, setzte mehr Segel und verschwand in dem immer wieder dicht heraufziehenden Nebel, ehe es uns gelang, ihr zu folgen. So hatte denn ein verhängnisvolles Missverständnis die beiden Schiffe der Expedition getrennt – und zwar für immer! (Koldewey 171)

Professor in Zürich. Dort arbeitete er vor allem über die Geschichte der Erdbeben in der Schweiz. 1856 kehrte er nach Deutschland zurück und erhielt eine Anstellung als Geologe und Mineraloge bei der Senckenbergischen Naturforschenden Gesellschaft. Er gründete in Frankfurt das Freie Deutsche Hochstift als Akademie zur Pflege von Wissenschaft und Kunst. In dieser Funktion war Volger wesentlicher Initiator des Erwerbs von Goethes Geburtshaus in Frankfurt am Großen Hirschgraben im Jahre 1863. Volger lebte zuletzt in Bad Soden am Taunus; sein Grab befindet sich auf dem Frankfurter Hauptfriedhof.

Vizeadmiral Bernhard Freiherr von Wüllerstorf-Urbair, (1816 – 1883) begann seine Laufbahn als Schüler der Pionierkorpsschule in Tulln (Nieder-Österreich), von wo er 1833 als Marinekadett zur Kriegsmarine übertrat. 1839 wurde er Offizier (Linienschiffsfähnrich), 1848/49 Kommandant des Marinehafens von Triest und seit 1855 Berater des Marineoberkommandanten Erzherzog Ferdinand Maximilian. Von 1857 – 1859 leitete Wüllerstorf als Kommandant die Weltumseglung der Fregatte «Novara», bei der bedeutende wissenschaftliche Ergebnisse erzielt wurden. 1864 war er Kommandant der österreichischen Eskadre für die Operationen gegen die dänische Flotte in der Nordsee. In seiner Zeit als Handelsminister 1865 bis 1867 erwarb er sich Verdienste um den Ausbau des österreichischen Eisenbahnnetzes.

Otto Volger und August Petermann schrieben Regierungsstellen an, luden Zeitungen ein und verständigten alle geographischen Gesellschaften. Tagungstermine waren der 23. und 24. Juli 1865. Zwischen Einladung und der Tagung selbst lagen nur 14 Tage. Die »Frankfurter Nachrichten« berichteten erstmals am 16. Juli (S.658) von der bevorstehenden Tagung: »Die Geographen waren bis jetzt fast die einzigen Vertreter einer Wissenschaft, welche sich nicht in regelmäßigen Jahresversammlungen zusammen fanden. Auf Veranlassung des Professors A. Petermann in Gotha, eines der anerkanntesten Gewährsmänner auf dem Gebiete der Erdkunde, wird jedoch nächstkommenden 23. Juli eine Zusammenkunft von Freunden und Vertretern der Geographie und des wissenschaftlichen Seewesens im Lokale des Freien Deutschen Hochstifts allhier stattfinden. Die, wie wir hören, mit Sicherheit zu erwartende Anwesenheit von Männern wie Professor Petermann, Admiral von Wüllersdorf, Th. V. Heuglin

311 Saalbau in der Junghofstraße
313 Buch Petermann 1865

u. A. wird gewiss nicht verfehlen, auf alle Eingeladenen eine starke Anziehungskraft auszuüben.«

Fünf Tage später, am 21. Juli, schreibt die »Frankfurter Zeitung«, dass Vorträge von Petermann über die bisherigen Erfolge der Nordfahrten, von Heuglin über seine Reisen ins Innere Afrikas, von Neumayer über die Erfordernisse der maritimen Entwicklung Deutschlands sowie von Admiral von Wüllerstorf und von Prof. Hochstetter über die Novara-Expedition zu erwarten seien. Als Ziel der Versammlung nennt die Zeitung die Förderung der Erforschung der Polar-Regionen durch eine deutsche Nordfahrt. Neben der »Frankfurter Zeitung« berichteten fünf weitere Frankfurter Tageszeitungen von dieser Tagung. Persönlich anwesend waren die Verleger Heinrich Becker vom »Arbeitgeber«, Nikolaus Hadermann vom »Volksfreund«, Dr. Philipp Stay von den »Neuen Nachrichten« und der Frankfurter Journalist Friedrich Müller-Renz.

Es kamen laut Teilnehmerliste 71 Geographen aus den deutschsprachigen Ländern Mitteleuropas sowie interessierte Laien aus Frankfurt und Umgebung. Da das Goethehaus sich als zu klein für die große Versammlung erwies, tagte man im neuen Saalbaugebäude in der Junghofstraße. Die Senckenbergische Naturforschende Gesellschaft zu Frankfurt war durch ihren Vorsitzenden Dr. Joseph Wallach vertreten. Der Vorsitzende des Frankfurter Vereins für Geographie und Statistik war verreist und hatte die kurzfristige Einladung nicht mehr erhalten. Doch war der Verein mit seinem prominentesten Mitglied, dem Afrikaforscher Eduard Rüppell, vertreten. Weitere prominente Teilnehmer aus Frankfurt waren der Sächsische Bundestagsgesandte Olivier von Beaulieu-Marconnay, der Silberschmied Friedrich Hessenbach, der Entomologe und Spenglermeister Gabriel Koch, der Galvanoplastiker Georg Ludwig von Kreß, der Bildhauer August von Nordheim, der Münzwardein Friedrich Rössler und der Komponist Xaver Schnyder von Wartensee.

Darmstädter Teilnehmer waren die Geographen Eduard und Heinrich Wagner sowie Dr. Wilhelm Gottschild. Aus Hanau kamen Wilhelm Dietz, der Direktor der Handelsschule, Reallehrer Friedrich Becker in seiner Funktion als Sekretär der Wetterauischen Gesellschaft für Naturkunde und P. A. Ott. Das nahe Bockenheim war mit dem kurfürstlich-hessischen Justizamtmann Jean André Reul und dem Eisengießerei-Besitzer Friedrich Miller

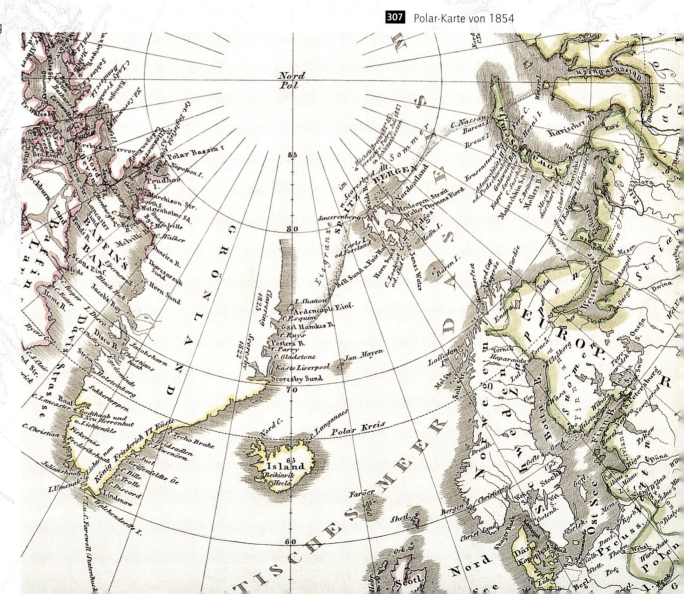

307 Polar-Karte von 1854

vertreten. Einziger Teilnehmer aus Offenbach war Reallehrer Dr. Ludwig Matthes.

Die bekanntesten Personen unter den auswärtigen Teilnehmern waren der Politiker und Industrielle Friedrich Harkort, Wilhelm von Freeden, der Leiter der Großherzoglich Oldenburgischen Navigationsschule in Elsfleth und spätere Gründer der Norddeutschen Seewarte, Dr. Karl Karmarsch, der Direktor der Polytechnischen Schule in Hannover, Dr. Ferdinand von Steinbeis, der Direktor der k. Zentralstelle für Handel und Gewerbe in Stuttgart, Wilhelm von Besobrasoff von der kaiserlichen geographischen Gesellschaft zu St. Petersburg, Andreas Ritter von Ettingshausen, k. k. Regierungsrat und Professor in Wien, und Prof. Dr. Ferdinand Ritter von Hochstetter.

Ferdinand von Hochstetter (1829 – 1884), Geologe und Naturkundler, hatte sich nach dem Studium in Tübingen und Wien 1884 für Petrographie (Gesteinskunde) habilitiert. Er nahm 1857 – 1859 an der Novara-Expedition teil, wobei er sich in Neuseeland von der Unternehmung für neun Monate zu Forschungszwecken trennte. Im August 1861 trat er in Korrespondenz mit August Petermann. Zu dieser Zeit war er schon Professor am Polytechnischen Institut in Wien. Obwohl er Protestant war, unterrichtete er 1872/1873 den Kronprinzen Rudolf in den Naturwissenschaften. 1876 wurde Hochstetter Direktor des Naturhistorischen Museums, wo er die anthropologisch-ethnographische Abteilung einrichtete. Die 1889 erfolgte Eröffnung des heutigen Museumsbaus erlebte er nicht mehr. Von 1866 bis 1882 war er auch Präsident der Wiener Geographischen Gesellschaft. Nach ihm sind der «Hochstetter-Dom», ein Berg in Neuseeland, und der «Hochstetter-Fjord» in Grönland benannt.

Einziger Protagonist der Südpolarforschung war Dr. Georg Neumayer (1826 – 1909). Dieser hatte 1854 in Australien und Tasmanien (Hobart) erdmagnetische Messungen vorgenommen und war von 1857 bis 1864 Leiter eines Observatoriums in Melbourne. Angekündigt, aber nicht anwesend als Teilnehmer und Referenten, waren Prinz Adalbert von Preußen als Ehrenpräsident, der Polarfahrer Theodor von Heuglin und Admiral von Wüllerstorf. Prinz Adalbert richtete eine schriftliche Grußadresse an die Teilnehmer.

Die Frankfurter Tagung wurde zur Geburtsstunde der wissenschaftlichen deutschen Polarforschung. Sowohl Arktis als auch Antarktis fanden ihre engagierten Fürsprecher. Auf Veranlassung Petermanns hieß das offizielle Tagungsthema: »Die Veranstaltung einer Deutschen Nordfahrt«. Dessen programmatischer Vortrag am Sonntag, den 23. Juli von 11.30 bis 13.30 Uhr über »Die Erforschung der arktischen Central-Region durch eine deutsche Nordfahrt« stand im Zentrum der Tagung. Petermann beklagte sich darin über mangelnde Unterstützung durch »unsere ersten seefahrenden Mächte, der Preußischen und Österreichischen Regierungen« und erbat Spenden für eine »Rekognoszierungsfahrt« im Meer zwischen Spitzbergen und Nowaja Semlja. Seiner Meinung nach würde das Meer dort dank des Golfstroms nicht völlig zufrieren, auch nicht im Winter, so dass man nach Durchdringen des Treibeises ein freies schiffbares Meer bis zum Nordpol hin vorfinden würde.

Auf der Tagung bildete sich ein »Nordfahrt-Ausschuß«. Ihm gehörten an, ausweislich der Liste des »Amtlichen Berichtes«, S. 51: Dr. Gräfe, gewesener Schiffskapitän aus Hamburg, Dr. Wilhelm von Freeden aus Elsfleth, Kriegsrat Haase aus Hannover, Senator Hartlaub aus Bremen, Kaufmann und Reeder John Herz aus Hamburg, Dr. Ferdinand von Hochstetter aus Wien, Dr. Liévin aus Danzig, Kaufmann H. Meyer aus Bremen, Dr. Georg Neumayer aus München, August Petermann aus Gotha, Dr. Eduard Rüppell aus Frankfurt als Vertreter der Senckenbergischen Gesellschaft, Direktor Schaub von der Hydrographischen Anstalt der Kaiserlichen Kriegsmarine in Triest, Gerard Schuirmann von der Hamburger Seemannschule aus Hamburg, der Sekretär des Commerziums in Hamburg, Dr. Soetbeer, Georg Philipp Thaulow aus Hamburg, Dr. Otto Volger aus Frankfurt, Kapitän Reinhold Werner, zur Zeit Swinemünde und Admiral Bernhard von Wüllerstorf und Urbair aus Graz. Der Ausschuss tagte nur ein einziges Mal Ende 1865 in Gotha.

Die Pläne Petermanns wurden in Deutschland und Österreich mit großer Aufmerksamkeit zur Kenntnis genommen. Gegen den Willen der Frankfurter Geographenversammlung betrieb August Petermann im Alleingang eine sofortige Rekognoszierungsfahrt. Er hatte vom Hamburger Senat einen Zuschuss von 2000 Talern bekommen und in Bremen war auf Privatinitiative die gleiche Summe gesammelt worden. Weitere 1000 Taler steuerte das Verlagshaus Justus Perthes in Gotha bei. Das Expeditionsschiff war der eiserne britische Schraubendampfer »Queen of the Isles« mit 200 Tonnen und 40 PS. Leiter des Expeditionskommandos war Kapitän Hagemann aus Bremen. Die Nordfahrt hatte am 31. August 1865 um 6.30 Uhr von Hamburg aus ihren Anfang genommen und endete kläglich um 15.20 Uhr gleichen Tages bei Otterndorf auf der Elbe wegen Maschinenschadens.

Auch der Südpol hatte mit Georg Neumayer seinen Fürsprecher auf der Frankfurter Geographenversammlung. Dieser trug am zweiten Tag, dem 24. Juli 1865, zwei Ziele vor: die Gründung einer deutschen Zentralstelle für Hydrographie und Meteorologie und die Durchführung einer Südpolarexpedition. Daraufhin beschloss die Versammlung auf Vorschlag Otto Volgers die Errichtung einer Deutschen Seewarte. Diese zunächst 1868 von Freeden privat eingerichtete »Norddeutsche Seewarte« wurde 1875 vom Deutschen Reich übernommen. Georg Neumayer wurde Leiter des neuen Reichsinstituts. Die Idee der Südpolexpedition wurde von der Frankfurter Versammlung nicht weiter verfolgt, da Petermann sich im Weiteren mit allen publizistischen Mitteln für die Nordpolarfahrt einsetzte. Der Nordfahrt-Ausschuss hatte seine einzige Versammlung am 17. Dezember 1865 in Gotha. Als Frankfurter Teilnehmer war Dr. Otto Volger dabei. Diese Aktivitäten führten wenige Tage später zur Ernennung einer Kommission zur Feststellung der Aufgaben und Erfordernisse einer Nordpolexpedition durch Kriegs- und Marineminister Albrecht von Roon. Der Kommission lag der Plan Petermanns zugrunde und sie wurde durch ihn beraten. Kriegsbedingt wurden die Pläne nicht weiterverfolgt.

Im Januar 1866 brachte der Abgeordnete Friedrich Harkort eine Petition zur deutschen Nordfahrt ins preußische Abgeordnetenhaus ein. Das Parlament beschloss, eine Fachkommission, bestehend aus Seeoffizieren, mit einer Stellungnahme zu beauftragen. Es gingen schon erste Gelder für eine Polarexpedition ein, bis der Krieg von 1866 erst einmal alles beendete.

Noch vor Kriegsbeginn erließ das Freie Deutsche Hochstift zu Frankfurt einen Aufruf an die deutsche Nation. Dieser Artikel Otto Volgers stand in der Nachfolge der Frankfurter Versammlung vom Juli und führte deren Gedanken fort. Schlimm

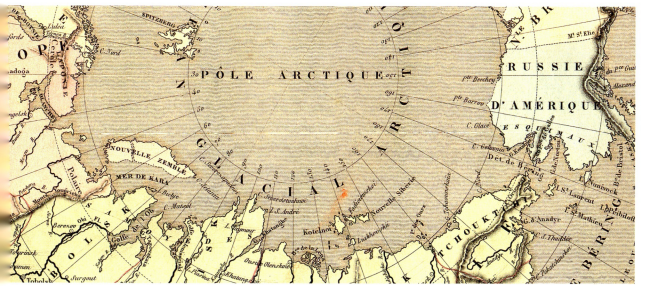

308 Russische Arktis, um 1860

Der Beginn deutscher Polarforschung

Diesen Punkt, der auf 77°1' nördlicher Breite und 18°50' westlicher Länge von Greenwich liegt, erreichte die deutsche Polarexpedition zu Schlitten vom Winterhafen auf der Sabine-Insel nach einer Abwesenheit vom Schiffe von 22 Tagen. (Koldewey 207)

sei es, dass sich die deutschen Regierungen gerade mit Kriegsplänen beschäftigten, um Deutsche gegen Deutsche zu Feld zu führen. Die Deutschen aller Lande sollten vielmehr zusammenwirken, um den Frieden zu erhalten und die Wissenschaften zu fördern. Man solle den deutschen Seemännern »von der Adria, von der Nordsee und von der Ostsee«, den besten der Erde, wie es hieß, und den deutschen Forschern, den opferwilligsten unter allen Völkern, Gelegenheit geben, den Ruhm des Vaterlandes zu erhöhen. Die Kosten schätzte Volger auf 200.000 Taler. Konkret gab er ca. 60 Adressen von Personen in ganz Deutschland an, die das Geld sammelten und Komitees gründen könnten.

Bemerkenswert ist der politische Grundton des Aufrufes. Die deutsche Nation sollte ihre Identität und Volkseinigkeit in gemeinsamen wissenschaftlichen Leistungen definieren. Der aufkommende innerdeutsche Krieg (von 1866) sei schädlich und ungewünscht: »Das deutsche Volk will von solchem Kriege nichts wissen«. Nach dem Krieg wurde Frankfurt von Preußen kampflos besetzt. Damit war Frankfurt keine Freie Stadt mehr und neutraler Ort für die jährlich beabsichtigten Deutschen Geographentage. Die Initiative der Deutschen Nordpolarfahrt ging auf Bremen über.

Petermann hatte schon lange versucht, die Flottengelder des Nationalvereins zur Finanzierung der Deutschen Nordfahrt zu gewinnen. Der 1859 gegründete Nationalverein war eine liberale politische Vereinigung unter Vorsitz von Rudolf von Bennigsen. Sitz des Nationalvereins war Frankfurt am Main unter der Geschäftsführung von Ludwig Nagel. Der Verein sammelte Gelder zur Schaffung einer deutschen Flotte, die bis 1862 an Preußen abgeführt wurden. Seitdem hatte der Nationalverein die eingehenden Gelder selbst in Verwahrung genommen. Der Nationalverein verfügte über Flottengelder in Höhe von 55.000 Talern. Nach dem Krieg von 1866 löste sich der Nationalverein auf. Petermann war im Oktober 1867 zuversichtlich, die Gelder des Nationalvereins für eine erste Nordfahrt gewinnen zu können. Im November 1867 übergab der Nationalverein seine Gelder dem preußischen Marineministerium. Dieses förderte damit freilich nicht die Polarforschung, sondern die Marinestiftung »Frauengabe Elberfeld«.

Damit standen die Flottengelder des Nationalvereins nicht mehr zur Verfügung. Es gelang August Petermann aber, gemeinsam mit dem künftigen Leiter der ersten deutschen Expedition, Karl Koldewey, die nötigen Gelder in Form privater Spenden zu bekommen. Die größte Zuwendung in Höhe von 5000 Talern kam vom preußischen König Wilhelm persönlich. Dies ermöglichte eine erste Expedition im kleinen Umfang.

Die Erste Deutsche Nordpolar-Expedition von 1868

Kapitän Carl Koldewey (1837 – 1908) erwarb im April 1868 im Auftrag Petermanns in Bergen einen kleinen norwegischen Robbenfänger. Er ließ das Schiff umbauen und auf den Namen »Grönland« umbenennen. Vom 24. Mai bis 10. Oktober 1868 führte Koldewey die »Deutsche Nordpol-Expedition 1868« durch. Mit der unter der Flagge des Norddeutschen Bundes segelnden »Grönland« erforschte Kapitän Koldewey die Gewässer zwischen Spitzbergen und Ostgrönland. An Bord waren die Offiziere Rudolf Hildebrandt aus Magdeburg und Georg Heinrich Sengstacke aus Altona. Die Matrosen waren Johann Werdelmann, Camp Wagener, Friedrich Rössing, Paul Tilly, Daniel Heinrich Büttner, Peter Iversen und Gerhard de Wall, ein Niederländer. Man wollte die Eisverhältnisse erkunden und, wenn möglich, an der Ostküste Grönlands landen. Dazu kann es jedoch nicht. Die »Grönland« blieb im Eis des Ostgrönlandstromes hängen und versuchte dann, im Norden von Spitzbergen zum Pol vorzudringen. Die Expedition kam nur bis ans Packeis am 81. Breitengrad. Das Ziel der Expedition, die zentrale Arktis zu erkunden, betrachtete Koldewey selbst als »gänzlich misslungen«.

Diese Polar-Expedition von 1868 war am 31. März 1869 das Thema eines Vortrags von Karl Koldewey beim Frankfurter Verein für Geographie und Statistik. Der Kapitän skizzierte derart überzeugend künftige Reisepläne zur Erforschung der Ostküste Grönlands, dass ihm der Verein eine reiche geldliche Unterstützung zukommen ließ. 1871 ernannte der Frankfurter Verein ihn zu seinem korrespondierenden Mitglied.

315 Depesche 1868
316 Aus dem Expeditionsbericht 1868

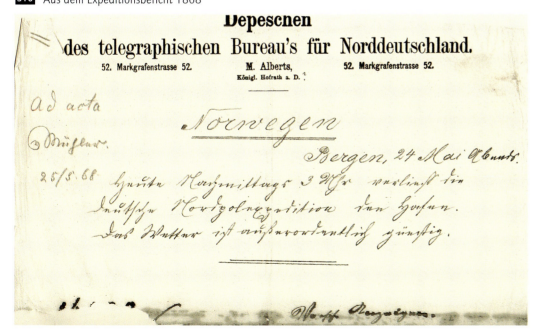

Der Beginn deutscher Polarforschung

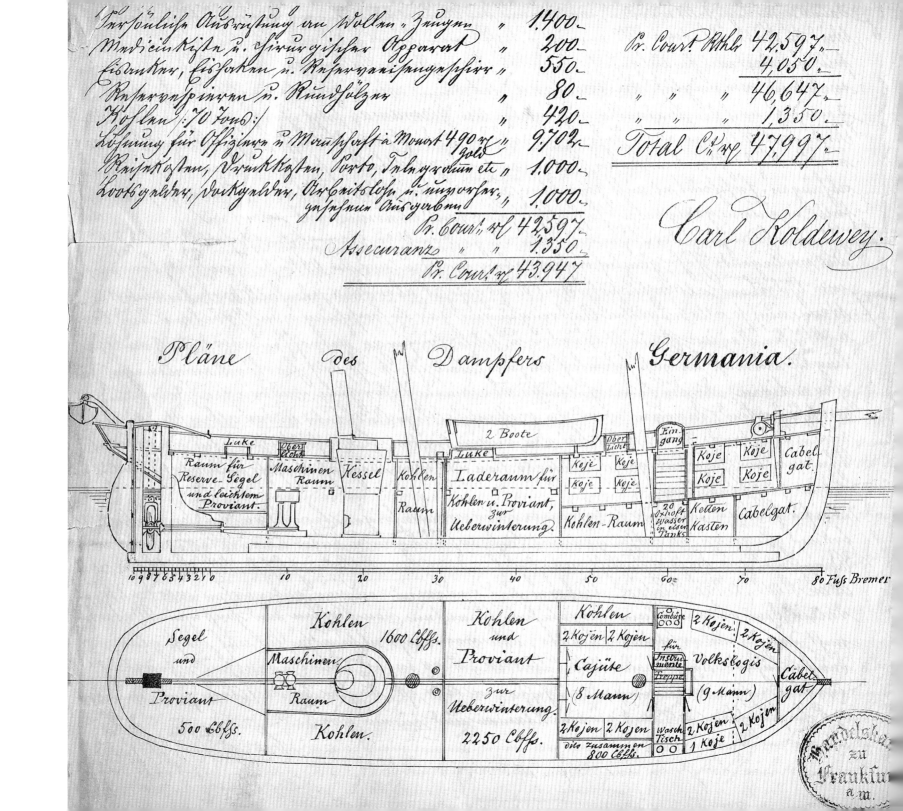

Die Zweite Deutsche Nordpolar-Expedition von 1869/1870

Im März 1869 propagierten Petermann und Koldewey eine zweite deutsche Nordpolarfahrt. Die Beschaffung der erforderlichen Mittel ermöglichte das am 9.4.1869 gegründete Bremer Comité für die Deutsche Nordpolarfahrt. Die Ziele der Expedition formulierte August Petermann in einem 31 Paragraphen umfassenden Schriftstück.

In Anwesenheit König Wilhelms von Preußen, des Ministerpräsidenten Bismarck, des Kriegs- und Marineministers Roon und des Generalstabschefs Moltke startete am 15. Juli 1869 in Bremerhaven die »Zweite Deutsche Nordpolar-Fahrt«. Die Expedition bestand aus zwei Schiffen, dem neugebauten Dampfschoner »Germania« (Kapitän Koldewey) und der »Hansa« als Begleitschiff (Kapitän Hegemann).

Die »Germania« war ein Schraubenschoner von 90 Fuß Länge, 22 1/2 Fuß Breite und 11 Fuß Tiefgang. Sie war mit einer Eisenhaut verkleidet und hatte eine Größe von 143 Tonnen. Ihr Dampfmotor leistete 30 PS, womit eine Geschwindigkeit von 4 1/2 Knoten erreicht werden konnte. Die Besatzung bestand aus 17 Personen. Kapitän des Schiffes war Karl Koldewey, zugleich auch Führer der gesamten Expedition. Wissenschaftliche Begleiter auf der Germania waren der Astronom Dr. Carl Börgen (1843 – 1909), später Direktor des Marineobservatoriums Wilhelmshaven, der schottische Astronom und Physiker Dr. Ralph Copeland (1837 – 1905), später Direktor der Sternwarte Lord Rosse in Parsonstown in Irland, Dr. Adolf Pansch für Zoologie und Botanik, zugleich Schiffsarzt, und Oberleutnant Julius Payer aus Teplitz in Böhmen als ausgewiesener Topograph, Alpinist und Experte für Landreisen.

Die Mannschaft bestand aus dem Ersten Steuermann Sengstacke, dem Zweiten Steuermann Tramnitz, dem Maschinisten Krauschner, dem Bootsmann Warkmeister, dem Zimmermann Büttner, dem Koch Ollenstädt, den Matrosen Herzberg, Klentzer, Mieders und Iversen sowie dem Heizer Wagner. Aus Frankfurt war der 22-jährige Matrose Peter Aloys Ellinger an Bord der »Germania«.

Peter Ellinger wurde am 8. Oktober 1847 bei einem Aufenthalt seiner Eltern in Remagen geboren. Sein Vater war der Kaufmann Philipp Ellinger. Peter Ellinger besuchte die Selectenschule in Frankfurt und trat anschließend als Lehrling in ein Handelshaus ein. Im April 1866 reiste er nach Bremen, um zur See zu fahren. Er war von Mai bis November 1866 sowie von Dezember 1866 bis Mai 1867 als Schiffsjunge nach Westindien unterwegs. Seine dritte Reise von August 1867 bis März 1869 führte ihn nach Formosa und China. In Schanghai wurde Peter Ellinger zum Matrosen ernannt. Im April 1869 war er kurz in Frankfurt und wollte im Mai 1869 nach Hongkong einschiffen. In Bremen hörte er von der Polarexpedition, meldete sich bei Kapitän Koldewey und wurde angenommen. Auf der Reise wurde er »Hans« genannt, da schon der Matrose Iversen den Vornamen »Peter« hatte.

Die kleinere »Hansa« mit 110 Tonnen stand unter dem Befehl des Kapitäns Paul Hegemann. Wissenschaftliche Begleiter waren der Arzt Dr. Buchholz, zugleich Zoologe, und der Geologe Dr. Gustav Laube aus Wien. Die Besatzung bestand aus dem Ersten Steuermann Richard Hildebrandt, dem Zweiten Steuermann Wilhelm Bade, dem Zimmermann Bowe, dem Koch Wüpkes und den Matrosen Heyne, Kewell, Gätjen, Schmidt, Tilly, Büttner und Gierke.

Die Reise ging schnell voran. Schon am 5. Juli 1869 wurde der Polarkreis überschritten, zufällig exakt über dem Meridian von Greenwich. Der Sitte des Äquators gemäß kam Neptun an Bord, gespielt von Peter Iversen. Alle Teilnehmer wurden einer Barbierung und einer Taufe unterzogen. Die Rolle des Barbiers

318 »Plan zur zweiten Deutschen Nordfahrt«
322 Der Frankfurter Matrose Peter Ellinger

321 Oberleutnant Julius Payer (1841–1915)

übernahm Peter Ellinger, indem er mit großem Ernst die Einseifung durchführte. Am 9. Juli tauchte die Insel Jan Mayen aus dem Nebel auf, ohne dass eine Landung dort durchgeführt wurde. Die Eisgrenze vor Grönland wurde am 15. Juli erreicht. Fünf Tage später verloren sich die beiden Schiffe aufgrund eines missverstandenen Flaggensignals für immer aus den Augen. Die »Hansa« und ihre Besatzung erwartete ein dramatisches, am Ende aber glückliches Schicksal.

Die »Germania« hatte am 13. August 1869 bei 75° 30' nördliche Breite das geschlossene Packeis in nördlicher Richtung erreicht. Kapitän Koldewey kehrte zum Kap Philipp Broke der Insel Shannon zurück, um hier eine Verbesserung der Eissituation abzuwarten. Hier ging Payer am 15. August an Land und bezog die Zelte, während Koldewey zur Pendulum-Insel zurücksegelte. Das Erkundungsteam bestand aus Payer, den Wissenschaftlern Börgen und Copeland, Sengstacke, Iversen, Klentzer und Ellinger. Die 1823 von Clavering entdeckte Insel wurde 10 Tage lang intensiv vermessen und untersucht. Zum Abschluss dieser Arbeiten, am 25. und 26. August, unternehmen Payer, Sengstacke, Iversen und Ellinger zu viert eine kleine Schlittenreise zu dem 14 Meilen entfernten Doleritplateau im Südosten der Shannon-Insel. Nach längerem Marsch im Nebel wurde eine Anhöhe erreicht, die einen imposanten Anblick dieser grönländischen Küstenfront bot. Die kleine Gruppe schoss einen Eisbär, traf eine Herde von Moschusochsen und wurde zwecks Resteverwertung von einem Polarfuchs begleitet. Nach zweitägiger Abwesenheit und einiger Suche im Nebel wurde am 26. August wieder der Ausgangspunkt erreicht, wo auch gerade das Schiff ankam. Dauerte diese erste Schlittenreise von Payer, Sengstacke, Iversen und Ellinger auch nur zwei Tage, so waren bei den im Marsch ungeübten Matrosen schon deutliche Zeichen von Schlafsucht, Ermüdung und Kälte zu bemerken, obwohl die Temperatur nur bis –6 Grad gesunken war.

Anfang September fuhr das Schiff nach Süden vor die Sabine-Insel. Vor dieser Insel war südlich der etwa 2500 Fuß hohe Sattelberg vorgelagert. Zu dessen Erforschung verließen Payer und Ellinger am 11. September 1869 um 8.00 Uhr morgens das Schiff, ausgerüstet mit Theodolit und Barometer. Während des Anstieges schloss sich Dr. Copeland den beiden an. Ein ermüdender Weg führte steil auf den Doleritkamm des Sattelberges. Auf dem Gipfel herrschte Nordwind bei –10 Grad. Die Aussicht nach Westen reichte bis weit in die Fjorde hinein; an dieser Stelle hielt Payer eine ausgedehnte Schlittenreise im nächsten Frühjahr für wünschenswert. Nach Aufnahme der Teilnehmer dieses kleinen Ausfluges fuhr die »Germania« am 13. September in ihren Hafen im Süden der Sabine-Insel zurück. Hier blieb das Schiff über den Winter, also 10 Monate lang, im Eis liegen.

Vor Einbruch der großen Kälte und langen Dunkelheit beschloss Payer, zwei Herbstschlittenreisen zu unternehmen. Eigentlich war bei der Bestückung der »Germania« keine Ausrüstung für Schlittenreisen vorgesehen. Daher mussten die Schlitten- und Materialzusammenstellung eher notdürftig geschehen. Die erste Herbstexpedition fand vom 14.–21. September statt. Sie hatte eine Beladung von sechs Zentnern und wurde von 6 Mann gestellt: Kapitän Koldewey, Julius Payer, Tramnitz, Krauschner, Klenzer und Ellinger. Der Weg ging von der Sabine-Insel nach Nordosten, entlang dem Kap Berlin auf die Kuhn-Insel zu, die bei Kap Hamburg erreicht wurde. Hier folgte die Gruppe dem nach Norden abbiegenden Fligely-Fjord. In einiger Entfernung war die Westendspitze zu sehen, deren Gipfel eine gute Rundsicht versprach. Tramnitz, Krauschner und Klentzer blieben beim Schlitten, derweil sich Koldewey, Payer und Ellinger an die Besteigung machten. Der Gipfel wurde nach 6 ½ Stunden erreicht. Auf dem ca. 4000 Fuß hohen Berg dauerten die Vermessungsarbeiten drei Stunden bei einer Temperatur von –10,5 Grad. Gegen Mitternacht, bei wolkenleerem Himmel kamen die

320 Übersichtskarte der Nordostküste von Grönland von Payer 1876

drei zum Zelt zurück, wo mittels Treibholz in einem Topf eine kräftige Rentierfleischsuppe gekocht wurde. Die Erforschung des Ardencaple-Inlet, was von hier aus gut möglich gewesen wäre, musste durch Proviantmangel entfallen.

Der Rückweg gestaltete sich schwierig. Ein Schlitten brach ein, wobei zwei Barometer und der Theodolit zugrunde gingen. Das durchnässte Zelt war nachts hart gefroren. Während des Rückweges wurde am Südhang der Kuhn-Insel ein Kohleflöz entdeckt, etwa ¾ bis 18 Zoll mächtig. Am 21. September kam die Expedition in heftigem Schneetreiben zum Kap Berlin und übernachtete drei Stunden später am Eingang der »Flachen Bai«. Nach einer Schlittenreise von 107 Meilen Länge wurde am Morgen des 22. Septembers wieder die »Germania« erreicht. An diesem Tag war das Schiff schon von einer festen Decke jungen Eises eingeschlossen.

Trotz des nahen Winters machte Payer am 27. Oktober noch eine Reise mit Copeland, Wagner, Herzberg und Iversen. Er hatte also die Teilnehmerschaft einmal komplett ausgetauscht, um die Strapazen aufzuteilen. Mit einer neuntägigen Ausrüstung wurden die inneren Verzweigungen der Gael-Hamkes Bay untersucht. Die Gruppe passierte die Clavering-Insel im Norden und drang in den von Payer so benannten Tyroler Fjord nach Norden vor. Bei prachtvollem Wetter und –12 Grad wurde das Gletscherende dieses Fjordes erreicht und dann der Rückmarsch angetreten. Am Abend des 4. November wurde das Schiff wieder erreicht. Am 6. November ging sie Sonne endgültig für drei Monate unter.

Am 10. März begann die erste Frühjahrsexpedition mit zwei Schlitten und zehn Mann. Beabsichtigt war eine Reise nach Norden mit maximal 60 Tagen Dauer. Wegen heftiger Stürme wurde sie abgebrochen und am 24. März 1870 neu in Angriff genommen. Den großen Schlitten zogen Payer, Kapitän Koldewey, Ellinger, Herzberg, Mieders, Klentzer, Wagner und der Zimmermann. Der Begleitschlitten mit Sengstacke, Krauschner, Iversen und dem Bootsmann musste schon nach wenigen Tagen zurückkehren. Es folgten einige Tage und Nächte mit grauenhaften Schneestürmen. Als sich das Wetter besserte, konnte eine tägliche Marschleistung von 8 – 12 Meilen erreicht werden. Die Route ging zwischen Shannon-Insel und Hochstetters Vorland nach Norden, passierte die Halbinsel Haystack, Cap Ritter, das Teufelscap die Felsen der Orientierungsinseln und die Dove-Bai. Am 12. April erstieg Payer ein Plateau nördlich von Cap Bismarck. Am Karfreitag, den 15. April, erfolgte der letzte Gang nach Norden. Dabei überschritten Julius Payer, Carl Koldewey, Theodor Klenzer und Peter Ellinger den 77. Breitengrad. An diesem Punkt wurde in etwa 1500m Höhe auf 77° 1′ N und 18° 50′ W eine Steinpyramide erreicht und mit der norddeutschen und der österreichischen Flagge verziert. 24 Meilen Hin- und Rückweg wurden an diesem Tag geleistet; Ellinger lief noch einige Strecken mehr, da er vergeblich versuchte, in Schussweite einiger Moschusochsen zu gelangen.

Die Heimkehr war äußerst mühsam. Immerhin besserte sich die Proviantlage durch erlegte Moschusochsen und Eisbären. Das schlechte Wetter hielt bis zum 23. April an, die Temperatur fiel am 24. und 25. April wieder auf –24 Grad. Dabei hatte sich Peter Ellinger die Hand erfroren. Ellinger war für Payer der tüchtigste und unersetzlichste Gefährte dieser Reise. Es hing viel davon ab, dass Ellinger auf der Unternehmung zur Erforschung des großen Fjords im Nordwesten der Ardencaple-Bai dabei war. Diese neue Schlittenreise sollte nach einer achttägigen Pause beginnen und etwa vier Wochen dauern. Julius Payer trennte sich mit Ellinger von der Hauptgruppe, um möglichst rasch mit ihm das Schiff zu erreichen und ihn dem Arzt zu überantworten. Denn Ellinger sollte so rasch wie möglich wiederhergestellt sein. Zum Schiff waren es noch 32 Meilen. Am 26. April gingen Payer und Ellinger der Expedition voraus. Wieder

Der Beginn deutscher Polarforschung

kam Schneesturm auf, der überraschend schnell freundlichem Wetter wich.

»Die Sonne blickte wieder strahlend über das Land. Wir rasteten wenige Minuten; Ellinger legte sich am aufgebrochenen Saum des Küsteneises nieder, ich setzte mich zu ihm. Mit großem Behagen konnte man die sonnige Wildnis betrachten. Das durch die Fluth bewegte Strandeis begann zu flüstern und zu klingen, die Stimme eines Vogels in den Wänden oberhalb war zu hören, und der erste Gruß der erwachten Schöpfung!« (Payer 1876, S.616) »Hans schlief sanft. Es war schmerzlich, ihn schon nach wenigen Minuten wieder wecken zu müssen, damit er nicht erfriere ...« Nachdem auch Payer eine kurze Ruhe gehalten hatte, wurde die Reise fortgesetzt.

Payer und Ellinger stiegen von den Bergen herab und erreichten nach 21 1/2 stündigem Marsch mitternachts das Schiff, freudig begrüßt von Krauschner, Copeland, Börgen und Pansch. Sengstacke ging mit einigen Begleitern sofort Koldewey entgegen, der am 27. April eintraf. Alle Teilnehmer genehmigten sich einen Festschmaus mit Bärenfleisch, Speck, Kraut, Brot, Butter, Käse, Wein, Schokolade und Kaffee.

Nach 10-tägiger Erholung beschloss die Expeditionsführung, nun auch noch die Untersuchung der Ardencaple-Bai vorzunehmen. Nur Klentzer und Ellinger mussten an Bord bleiben, letzterer, weil er aufgrund seiner Erfrierungen noch marschunfähig war. Die Schwierigkeiten des späteren Frühjahres waren nun ganz entgegengesetzt. Die Wärme machte zu schaffen, das Eis wurde weich und ständig drohten die Männer einzubrechen. Im weichen Schnee war kaum noch ein Fortkommen möglich. Es blieb nur übrig, die Kuhn-Insel näher zu untersuchen. Von Hitze und Nässe geplagt, kam die Expedition am 29. Mai wieder am Schiff an.

Am 22. Juli kam das Schiff wieder frei. Eine kurze Fahrt nach Norden erreichte 75° 29' nördliche Breite. Weiteres Vordringen nach Norden war undenkbar, zudem leckten einige Röhren des Heizkessels. Am 1. August ging die Fahrt in südliche Richtung. An Cap Broer Ruys bestieg Payer mit seinem Begleiter Peter Ellinger den höchsten Gipfel dieses Vorsprunges mit 3400 Fuß, um dort topographische Aufnahmen zu machen. Sie erblickten dort den Ausgang einer großen Meerenge, den sie »Kaiser Franz Josef-Fjord« nannten. Diesem waren die folgenden Tage gewidmet. Der Fjord erwies sich als ungeheuer groß und erlaubte eine Reise in das Innere Grönlands. Die Entdeckungsfahrt, bequemer als alle Schlittenreisen zuvor, wurde nur durch die

323 Das Teufelsschloss im Franz Josef-Fjord

drohende Untauglichkeit des Dampfkessels beeinträchtigt. Am 12. August um 10 Uhr morgens bestiegen Payer, Copeland und Ellinger eine 7000 Fuß hohe Bergmasse ganz im Westen ihrer Reise, die Payer-Spitze. Auf einer 4000 Fuß hohen Basis stand eine schlanke Eispyramide von 3000 Fuß. Nach Westen war eine Fortsetzung des Kaiser Franz Josef-Fjordes zu erkennen sowie eine weitere ungeheure Eispyramide, die angeblich 11400 Fuß hohe Petermannspitze. Während Payer auf der Payerspitze zeichnete und mit dem Theodoliten arbeitete, erlitt Ellinger einen Schwächeanfall. Etwas Bärenfleisch stärkte ihn wieder. Der Rückweg erfolgte gegen Mitternacht. Um 7 Uhr morgens kamen die drei Teilnehmer beim Schiff an, das sich schon zur Rückfahrt nach Europa gerüstet hatte. Die Heimreise wurde am 17. August angetreten. Am 24. August konnte endlich das dichte Eis hinter der »Germania« gelassen werden. Am Abend des 11. September 1870, nach 453 Tagen Abwesenheit von Deutschland, erreichte die »Germania« die Wesermündung. In der Deutschen Bucht war es dunkel und still. Deutschland befand sich im Krieg mit Frankreich.

Die Teilnehmer kehrten in ihre Heimat zurück. Peter Ellinger besuchte für einige Wochen seine Eltern in Frankfurt. Er hatte arktische Pflanzen dabei, die er bei einer Sitzung des Vereins für Geographie und Statistik präsentierte. Dann schiffte er in Rotterdam mit Fahrziel Westindien ein. Julius Payer hatte sich Ellingers Wohnadresse in Frankfurt geben lassen. Aus Wien schrieb er 10. März 1871 an dessen Vater Philipp Ellinger, dass sein Sohn eine österreichische Auszeichnung, das Verdienstkreuz mit der Krone, erhalten habe. Er forderte in dem Brief Peter Ellinger auf, an der für das Jahr 1872 beabsichtigten Reise teilzunehmen und hoffte, ihm die Stelle als erstem Steuermann anbieten zu können. Der Brief endet mit dem Satz: »Ich würde seine Begleitung als ein großes Glück für die Sache ansehen.«

Zu diesem Zeitpunkt war Peter Ellinger bereits tot. Er starb am 26. Februar 1871 in Savannah nach elftägiger Krankheit (Typhus). Nach Erhalt der Todesnachricht schrieb Payer an den Vater: »Ich werde das Andenken Ihres Sohnes so hoch in Ehren halten, als wenn er mein eigener Bruder gewesen wäre.« Der offizielle Bericht der Zweiten Deutschen Polarfahrt widmet Ellinger einen ergreifenden Nachruf: »Leider ist Ellinger, der mit seinem Streben und seinen Einsichten eine bedeutende Kraft für die Deutsche Polarforschung hätte werden können, bald nach Rückkehr von der Expedition gestorben. Er ging im December 1870 von Rotterdam auf einem holländischen, nach Savannah bestimmten Schiffe in See und ist am 26. Februar 1871 nach elftägigem Krankenlager im Hospital zu Savannah an einer Typhomalaria gestorben.« Neben Payer geben ihm auch die anderen Mitglieder der Expedition das trefflichste Zeugnis. In dem offiziellen Berichte über die Sitzung des Vereins zur Deutschen Nordpolarfahrt in Bremen am 15. Juli 1871 heißt es: »Die Herren Kapitän Koldewey und Dr. Copeland sprachen hierauf Worte ehrender Anerkennung zum Gedächtnis an Peter Ellinger, Matrosen der Germania während der Zweiten Deutschen Expedition, welcher vor einiger Zeit verstorben ist. Der Tod des jungen Mannes – er wurde 24 Jahre alt – sei um so mehr zu beklagen, als sein ganzes Verhalten während der Expedition die Voraussetzung gerechtfertigt habe, dass er eine Zierde des deutschen Seemannstandes werden würde, nicht allein durch seine treffliche Befähigung zu allen Arbeiten der seemännischen Praxis, sondern auch durch sein eifriges Interesse für die nautischen Wissenschaften. Ellinger war sehr lernbegierig und nahm mit gutem Erfolg an den meteorologischen und magnetischen Beobachtungen, gelegentlich auch an den Beobachtungen für die Ortsbestimmungen theil. Somit und da er bei allen größeren Unternehmungen verwendet wurde, habe Ellinger sich große Verdienste um die Expedition erworben.«

301 Francis Bacon
Johann Baptist Schönwetter, Frankfurt 1665 / Buch: Opera Omnia, qua exstant: Philosophica, Moralia, Politica, Historica, Frankfurt, Johann Baptist Schönwetter, 1665 / Historisches Museum Frankfurt, Inv.-Nr. Zg 87:554

302 Nordpolarkarte 1595
Gerhard Mercator, Duisburg 1595 / Kupferstich, Nachdruck Gotha um 1980. H 25,5 cm, B 27,5 cm / Privat
Erstmals gedruckt 1569. Mercator folgte der Vorstellung des Karmelitermönchs Nikolaus de Lynn, wonach ein großer magnetischer Felsen am Nordpol steht. Um ihn herum steigt (warmes) Wasser auf, das in vier Flüssen nach Süden fließt und vier Landmassen bildet. Das Landgebiet nördlich von Europa ist von den Pygmäen bewohnt.

303 Polarkarte 1753
Philipp Buache, Paris 1753 / Kupferstich, koloriert, H 23 cm, B 31,5 cm / Privat
Eintrag einer angeblichen Reise des Bartholomaeus de Fonte 1640 von Japan nach Portugal und damit der angeblichen Befahrung des Eismeeres. Karten wie diese suggerierten die Existenz einer Polpassage nach Asien.

304 Dr. Isaak Hayes (1832 – 1881)
Anonym, um 1880 / Holzschnitt, H 15 cm, B 11 cm / Privat
Hayes war Arzt und Polarfahrer und Verfechter der Theorie des offenen Polarmeers.

305 Maurys Oceanographie
Matthew F. Maury, Leipzig 1856 / Buch: Die physische Geographie des Meeres, Deutsche Ausgabe, Leipzig 1856 / Privat
Dieses bedeutsame Werk beinhaltet auch eine theoretische Begründung des offenen Polarmeeres. Carl Weyprecht las ausweislich seines Briefwechsels das Buch im Juli 1863.

306 Kurd Lasswitz, Auf zwei Planeten
Kurd Lasswitz, Weimar 1897 / Buch, erschienen in zwei Bänden / Hans-Jochen Kretzer, Neustadt / W.
Erster deutscher Science-Fiction-Roman; entstanden unter dem Eindruck von Salomon Andrées Plänen 1896, per Ballon den Pol zu überqueren. Davon berichtete der Augenzeuge Theodor Lerner 1896 in deutschen Zeitungen. Im Roman sind am eisfreien Pol Marsmenschen gelandet.

307 Polar-Karte von 1854
Justus Perthes, Gotha 1854 / Karte der Nordpolargebiete bis 50° nördlicher Breite. Gestochen von Carl Poppey, berichtigt von Hermann Berghaus, für Stieler's Hand-Atlas, Gotha, Verlag Justus Perthes 1854. Maßstab von 300 Geographischen Meilen, H 31,1 cm, B 37,6 cm / Privat

308 Russische Arktis, um 1860
Anonym, Frankreich um 1860 / Stahlstich, koloriert H 27,5 cm, B 42 cm / Privat
Die Karte weist den Weg der Nordostpassage. Kaiser Franz Josef-Land und die Wrangel-Insel sind noch unentdeckt.

329 Würfelspiel zur 2. Deutschen Nordpolar-Expedition

309   Laterna Magica
Paul Hoffmann, Wien um 1866 / Serie von 32 handgemalten Glasbildern. Bilderrahmen aus Pappelholz, H 13,5 cm, B 28,5 cm, Dicke 1,4 cm / Historisches Museum Frankfurt, Inv.-Nr. X 71:039.
Themen sind die Polarfahrt John Franklins und die anschließenden Suchexpeditionen. Paul Hoffmann (1829 – 1888), Laterna Magica Vorführer in Wien, kündigte dort am 24. August 1866 per Zeitung folgenden Titel an: »Große Vorstellung über die Nordpol-Expeditionen von 1845 bis 1855. Die Nordpol-Fahrt Franklin's sowie dessen und seiner 138 Gefährten Untergang«. Die Suche nach der Nord-Westpassage, die Tragödie um Franklin und die aktuelle Polarbegeisterung um 1870 waren die ideale kommerzielle Voraussetzung für den Erfolg dieser Serie. Literatur: Laterna Magica-Vergnügen, Belehrung, Unterhaltung. Der Projektionskünstler Paul Hoffmann (1829 – 1888), Frankfurt am Main 1981, S.85 – 91

310   Otto Volger (1822 – 1897)
E. Schalck, Frankfurt um 1865 / Karikatur auf Papier, H 17,7 cm, B 11,2 cm / Historisches Museum Frankfurt, Inv.-Nr. C 24045
Volger war Geologe und Mineraloge, der 1856 nach Frankfurt übersiedelte, um bei der Senckenbergischen Naturforschenden Gesellschaft Vorlesungen zu halten. 1859 gründete er das »Freie Deutsche Hochstift« als akademieähnliche Einrichtung, welche 1863 das Goethehaus erwarb. Seine Initiative zur Frankfurter Geographenversammlung von 1865 begründete die deutsche Polarforschung.

311   Saalbau in der Junghofstraße
Anonym, Frankfurt 1908 / Foto, H 23,5 cm, B 17,6 cm / Historisches Museum Frankfurt, Inv.-Nr. C 22978
Erbaut 1861 von Heinrich Burnitz. Versammlungsort der Frankfurter Geographenversammlung vom 23. und 24.7.1865.

312   Frankfurter Geographenversammlung 1865
Otto Volger, Frankfurt 1865 / Heft: Amtlicher Bericht über die erste Versammlung deutscher Meister und Freunde und Erdkunde in Frankfurt a. M. (Freies Deutsches Hochstift für Wissenschaften, Künste und allgemeine Bildung), Frankfurt 1865, 71 Seiten, 1 Tf. / Freies Deutsches Hochstift, Frankfurt

313   Buch Petermann 1865
August Petermann, Gotha 1865 / Heft: A. Petermann, Spitzbergen und die arktische Central-Region, Gotha 1865, 70 Seiten, 2 Karten, Gotha 1865 / Privat
In diesem Heft ist Petermanns Frankfurter Vortrag von 1865 vollständig abgedruckt. Carl Weyprecht empfahl dieses Heft seinen Eltern, damit sie seine Polarpläne besser verstehen würden.

314   Gründer und Führer der ersten deutschen Nordpolexpedition, Kapitän Carl Koldewey, August Petermann, Obersteuermann Richard Hildebrandt
August Neumann, Deutschland 1868 / Holzschnitt. Abgedruckt in einer Zeitung. Quellenangabe: GL 1868. H 17,5 cm, B 19,5 cm / Privat

315   Depesche 1868
Carl Koldewey, Bergen 1868 / Durchschlagpapier. H 14 cm, B 23 cm. Text: »Bergen, 24. Mai abends. Heute nachmittags 3 Uhr verließ die deutsche Nordpolexpedition den Hafen. Das Wetter ist außerordentlich günstig.« Aufgegeben von Carl Koldewey in Bergen am 24. Mai 1868 / Polarpostsammlung Siegfried Nicklas, Frankfurt

316 Expeditionsbericht 1868

August Petermann, Gotha 1871 / Buch: Karl Koldewey und August Petermann, Die erste Deutsche Nordpolar-Expedition, 1868, Ergänzungsheft No. 28 zu Petermanns Geographischen Mitteilungen, Gotha 1871. Reprint Gotha 1993 / Alfred Wegener-Institut für Polar- und Meeresforschung, Bremerhaven

317 Grönland-Karte 1770

Laurent, Paris 1770 / Kupferstich, H 19,3 cm, B 25 cm, Carte du Groenland / Privat

318 »Plan zur zweiten Deutschen Nordfahrt«

Carl Koldewey, Bremen 1869 / Papier, Vier Seiten gedruckt in handschriftlicher Kursive, H 28 cm, B 22 cm. Denkschrift von Kapitän Carl Koldewey vom März 1869. Darin der Kostenvoranschlag der Expedition und Risszeichnungen des Forschungsschiffs »Germania«. Rundstempel der Handelskammer zu Frankfurt a.M. / Polarpostsammlung Siegfried Nicklas, Frankfurt

319 Aufruf für die 2. Deutsche Nordpolar-Expedition

Braunschweig 1870 / Papier / Alfred Wegener-Institut für Polar- und Meeresforschung Bremerhaven, Inv.-Nr. P 1 111

320 Übersichtskarte der Nordostküste von Grönland

Julius Payer, Wien 1876 / Stahlstich auf Papier, H 19 cm, B 21,5 cm. Beilage zu Payer 1876, gegenüber S. 416. Mit Eintrag der Routen der »Germania« und der Schlittenreisen auf dem Eis / Privat

321 Oberleutnant Julius Payer (1841–1915)

F. Froer, Wien 1874 / Holzschnitt, H 15 cm, B 13 cm. Aus: Allgemeine Illustrierte Zeitung, Wien / Privat

Der Beginn deutscher Polarforschung

322 Der Frankfurter Matrose Peter Ellinger

Anonym, Deutschland 1869 / Holzstich Blattmaß H 40,5 cm, B 27,4 cm, Stichmaß H 16,7 cm, B 23,4 cm. Aus: Illustrierte Zeitung Nr. 1368 vom 18.9.1869 / Deutsches Schifffahrtsmuseum Bremerhaven, Inv.-Nr. II 1 V 393b

Dargestellt ist die Mannschaft der Zweiten Deutschen Nordpolar-Expedition. Hintere Reihe, 2. von links der Matrose Peter Ellinger aus Frankfurt

323 Das Teufelsschloss im Franz Josef-Fjord

Anonym um 1871 / Holzschnitt nach einer Zeichnung von Julius Payer von der zweiten deutschen Nordpolexpedition an der Ostküste von Grönland. H 18 cm, B 24 cm / Privat

324 Letzter Ankerplatz der Germania im Franz Josef-Fjord

Anonym um 1871 / Holzschnitt nach einer Zeichnung von Julius Payer von der zweiten deutschen Nordpolexpedition an der Ostküste von Grönland. H 18 cm, B 24 cm / Privat

325 Brief von Carl Koldewey

Carl Koldewey, Berlin 1871 / Vier Seiten, kein Umschlag. H 22 cm, B 14 cm / Polarpostsammlung Siegfried Nicklas, Frankfurt

An einen »Herrn Doktor«. Berlin 15.1.1872. Darin beschreibt Koldewey die Driftfahrt der »Hansa«-Besatzung.

326 Postkarte von Julius Payer

Julius Payer, Wien 1895 / Postkarte, Papier, H 9 cm, B 14 cm / Polarpostsammlung Siegfried Nicklas, Frankfurt

An den Redakteur der Neuen Freien Presse, Wien, Dr. Fuchs, vom 31.1.1895. Darin erwähnt er Dr. Laube als Teilnehmer der Hansa-Drift.

327 Herrenhut-Ansiedlung auf Grönland

Von Patas nach B.L. Prevost, Paris um 1750 / Kupferstich, H 25 cm, B 19,5 cm / Privat

Die am 19.9.1869 eingefrorenen Schiffbrüchigen der »Hansa« erreichten die Missionsstation Friedrichsthal am 13. Juni 1870.

324

328 Expeditionsbericht 1869 / 1870

Bremen 1873 / 1874 / Buch: Die Zweite Deutsche Nordpolarfahrt in den Jahren 1869 und 1870 unter Führung des Kapitäns Karl Koldewey. Herausgegeben von dem Verein für die Deutsche Nordpolarfahrt in Bremen. 1. Band. Erzählender Teil, Teil 1, Leipzig 1873, Seite 1 – 290. Teil 2, Leipzig 1874, Seite 291 – 699. 2. Band. Wissenschaftliche Ergebnisse, Teil 1, Leipzig 1874, Seite 1 – 470. Teil 2, Leipzig 1874, Seite 471 – 962 / Universitätsbibliothek Senckenberg, Frankfurt

329 Würfelspiel zur 2. Deutschen Nordpolar-Expedition

Anonym, Bremen (?) um 1871 / Druck auf Papier, Ausstellungsplakat / Deutsches Schifffahrtsmuseum Bremerhaven, Inv.-Nr. II 4 I 001r

Der Beginn deutscher Polarforschung

Die österreich-ungarische Nordpolar-Expedition von 1872 – 1874

Julius Payer vor 1871

Julius Payer wurde am 2. Sept. 1841 in Teplitz-Schönau (Böhmen) als Sohn des Ulanenrittmeisters Franz Payer († 1848) und der Blandine John geboren. Seine Ausbildung erfolgte von 1851 bis 1857 am Kadetteninstitut Lobzowa bei Krakau. Er trat im Range eines Fähnrichs in die Armee ein und besuchte von 1857 bis 1859 die Theresianische Militärakademie in Wiener Neustadt. In das Jahr 1859 fällt Payers erster nachweisbarer Aufenthalt in Frankfurt, da sein Regiment in dieser Stadt und in Mainz stationiert war. Am 24. Juni 1859 erlebte er die österreichische Niederlage bei Solferino und wurde wegen seines Einsatzes dekoriert. Sein Rang war der eines Unterleutnants 2. Klasse im 36. Infanterieregiment. Die Monatsgage des Unterleutnants Payer betrug zu dieser Zeit 36 Gulden. Von 1860 bis 1868 war Payer an verschiedenen Orten in Oberitalien stationiert. Dies nutzte er dazu, verschiedene Alpengipfel zu erkunden und auch schriftlich darüber zu berichten. Dreißig Erstbesteigungen in der Ortler- und Glocknergruppe werden ihm zugeschrieben. 1860 bis 1862 war er bei der Truppe in Verona. 1863 unternahm er eine Besteigung des Großglockners.

1864 wurde Julius Payer Kommandant des Lagunenforts Lombardo bei Chioggia. In diesem Jahr machte er zwei folgenreiche Bekanntschaften: die Begegnung mit Franz Freiherr von Kuhn, dem späteren Kriegsminister, und die beginnende Freundschaft mit dem Geographen August Petermann. Für dessen Zeitschrift »Geographische Mittheilungen« verfasste er zahlreiche Artikel und Sonderhefte über die von ihm neu erschlossenen Gebiete der Ostalpen. So unternahm er 1865 – 1868 die bergsteigerische Erschließung der Ortlergruppe. Im Krieg von 1866 wurde Payer wegen seiner Leistungen in der Schlacht von Custozza dekoriert und zum Oberleutnant befördert. Es folgte eine Stationierung in Jägerndorf. 1868 berief ihn der Kriegsminister von Kuhn persönlich als Generalstabsoffizier zum militärgeographischen Institut nach Wien. Dort wurde Payer Lehrer für Geschichte an der Militärakademie. 1868 ernannte ihn die Universität Halle aufgrund seiner bergsteigerischen Forschungen und Publikationen zum Dr. phil. ehrenhalber. Schon im Alter von 27 Jahren galt Julius Payer als versierter Erforscher des Hochgebirges, der sowohl wissenschaftliche Beobachtungen in der Natur als auch topographische Zusammenhänge sicher

407 Teplitz in Böhmen

Carl Weyprecht vor 1871

beherrschte und ebenso in der Lage war, seine Erkenntnisse schriftlich niederzulegen.

Diesen Fähigkeiten verdankte Payer im Folgenden seine Teilnahme an der Zweiten Deutschen Nordpolexpedition von Juli 1869 bis September 1870. Im November 1868 war seine Teilnahme als »Gletscherfahrer« im Gespräch, auf Empfehlung von Ferdinand von Hochstetter und August Petermann. Payer war durch seine Publikationen zur Alpenwelt und seine topographischen Werke ausgewiesen. Kriegsminister Franz von Kuhn entband ihn ab Januar von seinen Dienstpflichten. Noch im Frühjahr 1869 besuchte Payer in Stockholm Erik Adolf Nordenskiöld, um mit ihm über die Bedingungen und Möglichkeiten einer Polarfahrt zu sprechen. Zusammen mit Dr. Gustav Laube, dem anderen österreichischen Teilnehmer der Zweiten Deutschen Nordpolarfahrt, besuchte Payer am 28. Mai 1869 August Petermann in Gotha. Die Zweite Deutsche Nordpolarfahrt löste, wie oben beschrieben, am 15. Juni 1869 in Bremerhaven in Anwesenheit König Wilhelms die Leinen, überwinterte vor Nordostgrönland und war am 11. September 1870 zurück in Bremerhaven. Nach der Rückkehr von dieser Reise traf Julius Payer im Herbst 1870 erstmals mit Carl Weyprecht zusammen.

Das Leben ist viel anziehender, wenn hier und da irgend eine Sache den Geist in Aufregung bringt.
(Weyprecht, Brief an die Eltern)

Carl Georg Ludwig Wilhelm Weyprecht wurde am 8. September 1838 in Darmstadt als 3. Sohn des Hof-Gerichts-Advokaten Ludwig Weyprecht in der Grafenstraße 41 geboren. Aus gesundheitlichen Gründen ging der Vater 1842 Vater als Güterdirektor des Grafen Erbach-Schönberg nach König im Odenwald. Sein Amtssitz war die heute noch bestehende Alte Rechnei in Bad König. Die Unterrichtung der Kinder erfolgte zunächst durch Privatlehrer. Im Jahre 1848 ertrank der älteste Bruder Wilhelm Weyprecht (* 1834) im Main bei Wertheim. Der zweite Bruder Robert Weyprecht war, nach dem Studium der Medizin in Wien und Gießen, Arzt im Michelstadt. Verheiratet war er mit Lotte Reubold, von der er die Kinder Ernst, Karl und Rudolf hatte. Robert Weyprecht starb 1907. Beider Schwester Marie heiratete Ernst Vowinkel (1825 – 1879). Deren Tochter Emilia (* 1860), verheiratet mit Karl Heinemann (1845 – 1872), verfasste in den 1930er Jahren eine Familienchronik.

Carl Weyprecht besuchte ab 1852 das Gymnasium in Darmstadt, wechselte aber schon 1853 auf die Höhere Gewerbeschule. Der Schulwechsel lang darin begründet, dass der Schüler sich schon früh für den Beruf des Seeoffiziers entschieden hatte. Die Gewerbeschule, als Vorgängereinrichtung der späteren Technischen Hochschule, vermittelte ihm Kenntnisse in Mathematik, Navigation, Naturwissenschaften und verwandten Fächern.

1856 erfolgte der Eintritt in den Dienst der österreichischen Kriegsmarine. Von 1856 – 1859 war Carl Weyprecht provisorischer Kadett mit ausgedehnten Reisen auf Kriegsschiffen. Seine Ausbildung erfolgte auf der Segelfregatte Schwarzenberg, der Corvette Erzherzog Friedrich, der Fregatte Donau und dem Dampfer Curtatone. Von 1860 – 1862 befuhr er das Mittel-

402 Schiffsleutnant Carl Weyprecht (1838–1881)

meer als Effectiver Marinecadet auf der Fregatte »Radetzky« unter dem damaligen Fregattenkapitän Wilhelm von Tegetthoff. Am 26. Februar 1861 avancierte Weyprecht zum Linienschiffsfähnrich. Von 1863 – 1865 diente er dem Instruktionsoffizier auf der Brigg »Huszar« als Schulungsoffizier.

Erste Pläne Weyprechts zu einer Polarexpedition datieren aus dem Jahre 1862. Ausgangspunkt konkreterer Überlegungen war für Carl Weyprecht die Frankfurter Geographenversammlung vom 23. Juli 1865. Weyprecht war bei dieser Versammlung nicht anwesend. Aber schon am 17. August 1865 erschien Petermanns Vortrag in schriftlicher Form und wurde von Weyprecht in Triest gründlich studiert. Begeistert schrieb er an August Petermann und bot seine Unterstützung an. Von Weyprechts Interesse an der Teilnahme an der Nordfahrt berichtete Petermann in einem Brief an Hochstetter vom 29. Oktober 1865. Kurzfristig lud Petermann Weyprecht zur Teilnahme an den Beratungen des Nordfahrt-Ausschusses am 17. Dezember 1865 in Gotha ein. Weyprecht konnte aus Zeitgründen nicht daran teilnehmen, unterbreitete aber in ausführlichen Briefen an Petermann seine Ansichten und Überlegungen zur Durchführung arktischer Forschungen. Gegen Weihnachten 1865 teilte Weyprecht seine arktischen Pläne auch seinen Eltern mit. Diese waren davon wenig angetan. In einem Brief an seinen Vater in König im Odenwald schrieb Carl Weyprecht, dass er »zu hause« (in Triest) den Bericht über die Frankfurter Versammlung gelesen hätte. Der Bericht gipfelte bekanntlich in der Überlegung, dass eine deutsche Nordfahrt ausgerüstet werden solle, um das vermutlich eisfreie Meer zwischen Spitzbergen und Nowaja Semlja zu erforschen, und dass man bei günstigen Eisverhältnissen dort sogar bis zum Nordpol vorstoßen könne. In einem Schreiben vom 28. März 1866 bot Weyprecht Petermann an, »mit einer Summe von etwa 2000 Talern eine Expedition auszurüsten, die in einem norwegischen Fahrzeug von Tromsö oder Hammerfest ausgehen, während der Dauer von 5 Monaten in Spitzbergen Forschungen anstellen und das Meer zwischen Spitzbergen und Nowaja Semlja untersuchen solle.« Er wolle die Strömungsverhältnisse im fraglichen Gebiet untersuchen, so dass für eine Hauptexpedition verlässliches Datenmaterial bereitstünde.

Die Eltern im Odenwald waren jedoch äußerst skeptisch und hatten Angst, den Sohn in Gefahren zu sehen. In einem lan-

403 Schiff SMS Radetzky

gen Brief vom März 1866, der heute noch in Frankfurter Privatbesitz vorliegt, schilderte er seinem Vater die angebliche Gefahrlosigkeit und die Vorteile einer solchen Expedition: »Es sind weniger die Gefahren als das unbekannte dunkle Ziel derselben, die Euch erschrecken. Was den Zweck der Expedition betrifft, so ist er wenigstens diesmal ein rein Wissenschaftlicher. Denn dass kein Schiff an den Nordpol vordringen wird, um

Die Österreich-Ungarische Nordpolar-Expedition von 1872 – 1874

Die Teilnehmer der österreichisch-ungarischen Nordpol-Expedition haben hier in 82° 5' ihren nördlichen Punkt erreicht, und zwar nach einem Marsche von 17 Tagen von dem in 79° 51' N.B. vom Eise eingeschlossenen Schiffe aus. (Payer 204)

daselbst Walfische zu fangen oder einen Weg nach Kalifornien abzukürzen, versteht sich von selbst. Glaubst Du nicht, lieber Vater, dass uns die Lösung eines Problems, das schon seit Jahrhunderten eine Preisaufgabe für die Seeleute aller Nationen gewesen ist, mehr Achtung und Ansehen bei aller Welt verschaffen wird, als 20 Kanonenboote, zu denen wir es ohnehin nie bringen werden? Stellt Euch vor, es bräche heute ein Krieg mit Italien aus; glaubt Ihr vielleicht, ich befände mich dann sicherer hier, als in der nächsten Nähe des Nordpols?« Im Mai 1866 war die Nordfahrt für Carl Weyprecht eine beschlossene Sache.

Doch brach im Sommer des Jahres 1866 der preußisch-österreichische Krieg aus, in dem das junge Königreich Italien mit Preußen verbündet war. Die italienische Flotte lief im Juli 1866 aus, um auf der Insel Lissa zu landen. Ihr stellte sich am 20. Juli die weit unterlegene österreichisch-ungarische Flotte unter Admiral Wilhelm von Tegetthoff entgegen. Es kam zur Seeschlacht. Carl Weyprecht erlebte den überlegenen Sieg der Österreicher an Bord der Panzerfregatte »Drache«. Seine Umsicht in schwieriger Position führte zur Verleihung des Eisernen Kronenordens Dritter Klasse. Die damit verbundene Erhebung in den erblichen Adelsstand lehnte er stolz ab. Seine Schilderung der Schlacht von Lissa ist in einem Brief vom 9. August 1866 aus Pola an seine Tante Johanna nach England erhalten. Aus diesem neutralen Land wurde die Schilderung weitergeschickt in den von den feindlichen Preußen besetzten Odenwald an seine Eltern.

Gleich danach fuhr Carl Weyprecht an Bord des Raddampfers »Elisabeth« in mexikanische Gewässer. Die Mission war als Unterstützung der gerade zusammenbrechenden Herrschaft des Kaisers Maximilian von Mexiko, eines jüngeren Bruders von Kaiser Franz Josef, gedacht. Mit anderen Offizieren speiste er am 1867 an der ärmlichen Tafel des Kaisers Maximilian von Mexiko, wie er in einem Brief aus Veracruz vom 13. Januar 1867 nach Hause berichtete. Bei einer Bootsfahrt und der Strandung an der Küste bei Veracruz erkrankt Weyprecht am Sumpffieber. Monatelang musste er daher später in einem Spital in Havanna zubringen. Am 7. März 1867 schreibt er vor der mexikanischen Küste von der verzweifelten Lage des Kaisers und am 3. Mai 1867 muss er vor Veracruz melden, das der Kaiser von Benito Juarez gefangen genommen wurde. Dieser ließ Maximilian am 19. Juni 1867 erschießen. Noch im Sommer 1867 kehrte Weyprecht nach Triest zurück.

405 Brief von Carl Weyprecht 1866

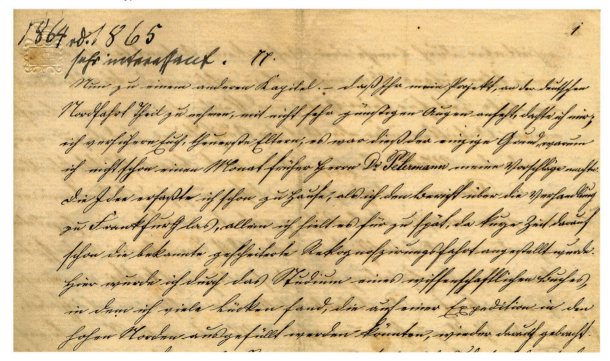

406 Österreichisch-kaiserlicher Orden der Eisernen Krone

Damit rückten die alten Polarpläne wieder näher. Am 6. Februar 1868 hatte er eine längere Unterredung mit August Petermann in Gotha. Die beiden kamen zu der Überlegung, unter der Leitung Weyprechts im Sommer 1868 ein kleines Schiff auszurüsten, mit dem fünf Mann Besatzung binnen fünf Monaten gute Erkenntnisse an der nördlichen Ostküste Grönlands gewinnen könnten. Dies teilte Petermann schriftlich seinem Mitstreiter Dr. Arthur Breusing, dem Direktor der Bremer Steuermannschule, mit. Breusing empfahl die Mitnahme von Carl Koldewey aus Göttingen als weiteren Schiffsoffizier.

Inzwischen erlitt Weyprecht einen Rückfall in seine in der Karibik erhaltene Sumpffiebererkrankung. Er ließ mitteilen, dass er nicht als Kommandant, sondern lieber als zweiter Offizier teilnehmen wolle. Am 13. März kam es zu einem einvernehmlichen Treffen zwischen Weyprecht und Koldewey in Bremen, bei dem die gemeinsame Reise detailliert besprochen wurde. Koldewey beschrieb Weyprecht so: »Am liebsten wäre es mir natürlich wenn Herr Weyprecht mitginge, da ich wohl schwerlich eine bessere Hülfe bekommen könnte. Er hat mir außerordentlich gut gefallen, und scheint ein tüchtiger Seemann zu sein und theilt auch im Ganzen genommen meine Ansichten über die Expedition.« (Krause 1991, S. 104) Umgehend begann Koldewey, in Bremen und Hamburg mit den seemännischen und organisatorischen Vorbereitungen, und er kümmerte sich auch noch um die Einwerbung von Geldmitteln.

Weyprecht zögerte noch mit seiner Teilnahme. Er wollte erst Anfang Mai eine definitive Antwort geben, abhängig von seinem Gesundheitszustand und seiner Urlaubserlaubnis. Letztere wurde bereits im März erteilt und Weyprecht plante die Abreise am 10. April von König im Odenwald. Auf Grund von Abstimmungsproblemen mit Koldewey sagte er jedoch seine Teilnahme ab.

In Triest wurde Carl Weyprecht am 20. Oktober 1868 zum Schiffsleutnant befördert, was einem Hauptmann beim Landheer entsprach. Sein nächster Auftrag war die kartographische Aufnahme der östlichen Adriaküste, die er 1869 und 1870 durchführte. Im Herbst 1870 kam es zu seiner folgenreichen persönlichen Bekanntschaft mit Julius Payer, der am 11. September gerade mit der Zweiten Deutschen Polarexpedition von Grönland zurückgekehrt war. Die beiden vereinbarten für Sommer 1871 eine Erkundungsfahrt in das Eismeer nordöstlich von Spitzbergen. Vorher noch, im Dezember 1870, wurde Carl Weyprecht mit einem wissenschaftlichen Stab nach Tunis abkommandiert, um dort eine totale Sonnenfinsternis zu beobachten.

404 Adriakarte 1883

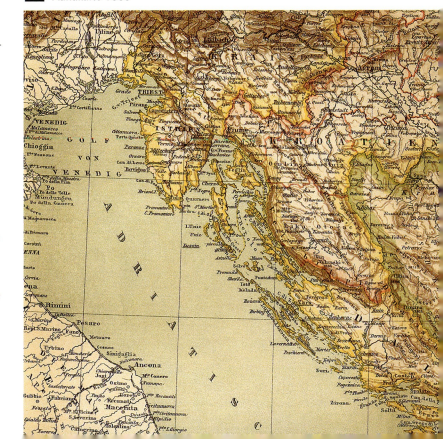

Die Vorexpedition von 1871

Nach seiner Rückkehr von der Zweiten Deutschen Nordpolar-Expedition im September 1870 hatte Payer in Wien verschiedene Geldgeber, an der Spitze den polarbegeisterten Grafen Hans Wilczek, dafür gewinnen können, für das Jahr 1872 eine größere Expedition in das Gebiet nordöstlich von Spitzbergen zu projektieren. Mit Schlitten und ohne die Hilfe von Seeleuten – »ich sehe in solchen nur Hindernisse« – (Krause 1991, S. 233) glaubte er, das sagenhafte »Gillis-Land« erreichen zu können. Dies teilte er August Petermann brieflich mit. Dieser wiederum schlug vor, noch im Jahre 1871 eine Vorexpedition zu unternehmen, da er noch einige 1000 Taler aus öffentlichen Sammlungen zu vergeben habe. Zudem schlug er Payer vor, Carl Weyprecht als nautischen Experten mitzunehmen. Anfang März einigten sich Petermann, Payer und Weyprecht über die Ziele und Durchführung der Vorexpedition. Beide Offiziere bekamen vom k. u. k. Kriegsministerium bezahlten Urlaub.

Petermann gab von den bei ihm befindlichen Spendengeldern in Höhe von 5500 Talern immerhin 2000 Taler her, Graf Wilczek beteiligte sich mit über 1000 Talern, Kaiser Franz Josef gab 500 Gulden (271 Taler), und die Frankfurter Geographische Gesellschaft war mit einem ansehnlichen Betrag in Höhe von 1030 Gulden (ca. 550 Taler) beteiligt, den die Mitglieder Finger, Glogau, Häberlin, Höchberg, Scharff und August Ravenstein zusammenbrachten. Payer (Payer 1876, S. 659) schrieb dazu wörtlich: »Auch von Seiten Deutschlands erfuhren diese Expeditionen namhafte Unterstützung, insbesondere durch die Stadt Frankfurt und durch seine königl. Hoheit den Großherzog von Sachsen-Weimar-Eisenach.« Weiteres Geld kam durch österreichische Ministerien und Körperschaften zusammen, so dass am Ende etwa 6000 Taler zur Verfügung standen. Einzelheiten zu der geplanten Reise wurden auf drei Versammlungen im Frühjahr 1871 in Wien, Frankfurt und Teplitz von Petermann, Payer und Weyprecht dargelegt.

Weyprecht kam am 10. Mai 1871 nach Tromsö und charterte als Expeditionsschiff den norwegischen Fangschoner »Isbjörn«. Er hatte eine Last von 50 Tonnen und war 55 Fuß lang. Die Besatzung bestand, neben Weyprecht und Payer, aus dem Kapitän Kjelsen, einem Harpunier, vier Matronen, einem Zimmermann und einem Koch, durchweg Norweger. Insgesamt befanden sich somit 10 Personen an Bord, drei mehr als üblich. Die Abfahrt des Isbjörn in Tromsö erfolgte am 21. Juni 1871. Am 28. Juni kam das erste Eis in Sicht. Am 30. August wurden 78° N bei 42° O erreicht. Bei leichtem Treibeis erreichte die Isbjörn am 1. September die Position 78° 43' N und 42° 30' O und war damit nur noch 100 Seemeilen von Kaiser Franz Josefs-Land entfernt, das zwei Jahre später entdeckt werden sollte. Die Erkenntnis der Reise war, dass man die Barentssee in weiten Teilen, und zwar nördlich über 78° hinaus, eisfrei vorgefunden hatte. Dies aufbauschend postulierte Petermann im Anschluss daran die Entdeckung eines offenen Polarmeeres. Das Einlaufen in Tromsö erfolgte am 4. Oktober. Aufgrund dieser erfolgreichen Fahrt ernannte der Frankfurter Verein für Geographie und Statistik Weyprecht und Payer zu ihren korrespondierenden Mitgliedern.

Die Vorexpedition von 1871 war auf einen überaus milden Sommer getroffen. Daher war die nördliche Barentssee überwiegend eisfrei. Weyprecht und Payer zogen daraus die Folgerung, dass es durchaus möglich war, in der zweiten Augusthälfte weitgehend eisfreies Meer zwischen Spitzbergen und Nowaja Semlja anzutreffen und über dieses weit in innerarktisches Gebiet vorzudringen. Ein guter Dampfer könne an dieser Stelle weit höhere Breiten erreichen, als es jemals vorher auf der Erde geschehen ist. Genau dies sollte im folgenden Jahr in Angriff genommen werden.

401 Graf Hans Wilczek

Die Österreich-Ungarische Nordpolar-Expedition von 1872 – 1874

419 Plakat: Ausstellung der Nordpol-Expedition 1872

Alle weiteren Planungen, finanziell vom Grafen Hans Wilczek angestoßen, gingen in diese Richtung. Graf Wilczek und sein Freund Konteradmiral Maximilian Freiherr Daublewsky von Sterneck zu Ehrenstein (1829 – 1897) waren die treibenden Kräfte der Unternehmung. Im Frühjahr 1872 bildete sich in Wien ein Zentralausschuss zur Förderung der österreichischen Nordpol-Expedition, um die erforderliche Gesamtsumme aufzubringen. Unter dem Protektorat von Erzherzog Rainer standen dem Zentralkomitee der Konteradmiral Bernhard von Wüllerstorf-Urbair, der ungarische Graf Edmund Zichy und der Kriegsminister Franz Freiherr von Kuhn vor. Mitglieder des Wiener Komités waren unter anderem Ferdinand von Hochstetter, Albert Freiherr von Rothschild und Carl Weyprechts guter Freund Alois Ritter von Becker. Subkomitees wurden in den Provinzen Österreich-Ungarns und in Frankfurt am Main gegründet. Binnen kurzer Zeit kamen Spenden in Höhe von 222.600 Gulden zusammen. Sie entsprachen exakt den Endkosten der Expedition, die anfangs mit 175.000 Gulden geschätzt waren. Die Spenden reichten von 30.000 Gulden seitens des Grafen Hans Wilczek bis zur Wiener Köchin Magdalena Nowak, die 50 Kreuzer »für ein Bündel Holz« spendete.

Die einzig bedeutende finanzielle Unterstützung im jungen Deutschen Reich kam aus Frankfurt. Hier hielt Carl Weyprecht am 27. März 1872 einen Vortrag über seine geplante österreichisch-ungarische Polarexpedition. Der Frankfurter Geographische Verein stellte daraufhin Weyprecht die bedeutende Summe von zunächst 2000 Gulden zur Verfügung, die bald darauf um weitere 1000 Gulden erhöht wurde. Im Mai/Juni 1872 hielt sich Weyprecht in Geestemünde auf, um die Beladung seines Schiffes zu organisieren. Am 10. Juni 1872 schrieb er seinem Freund Heinrich von Littrow, die Frankfurter Gesellschaft betreffend: »In Frankfurt wurde ich sehr freundlich empfangen und mit Aufmerksamkeiten überhäuft, man bedauert, hier nur 2000 Gulden aufgebracht zu haben und schämt sich neben den kolossalen Summen, die in Wien gezeichnet wurden. Die österreichische Regierung will sich aber nicht beteiligen, man tadelt das, ich gebe ihr recht.« Ohne staatliche Unterstützung kam eine Geldmenge für ein wissenschaftliches Unternehmen zusammen, wie sie selten zuvor erreicht wurde.

Das Expeditionsschiff war der 220 Tonnen verdrängende und 110 Fuß lange Schraubendampfer »Admiral Tegetthoff«, erbaut in der Werft J. C. Teklenborg in Bremerhaven. Ausrüstung und Proviant reichten für drei Jahre. An Bord waren acht Hunde und 23 Mann Besatzung. Kommandant der Expedition war Carl Weyprecht, bei Landreisen sollte Oberleutnant Julius Payer das Kommando haben. Den Stab des Schiffes bildeten Linienschiffsleutnant Gustav Brosch, Schiffsfähnrich Eduard Orel, der ungarische Regimentsarzt Dr. Julius Kepes und Maschinist Otto Krisch. Die Matrosen stammten, von zwei Tiroler Jägern in Begleitung Payers abgesehen, alle von der Adria. Einziger Teilnehmer aus Deutschösterreich war der Koch Johann Orasch aus Graz, dessen Fähigkeiten sich als nicht sehr ausgeprägt erweisen sollten. Im Februar 1872 hatte sich Weyprecht von Wien nach Fiume (Rijeka) begeben, um seine Mannschaft anzuwerben. Es war sein Entschluss, nur einheimische Matrosen mitzunehmen, italienischsprachige Dalmatiner österreichischer Nationalität, und nicht, wie eigentlich üblich, Norweger. Zu seinen Matrosen vermerkt er: »Ich glaube, dass Matrosen unseres Küstenlandes, deren Bravour und Ausdauer bekannt ist, sich am besten für diese Expedition eignen würden. Sie sind gesunde, kräftige, findige und, was das kostbarste ist, heitere Menschen. Sie werden ihre Leichtblütigkeit, ihren guten Humor auch in misslichen Lagen nicht verlieren.« In Anwesenheit vieler Freunde und Förderer, darunter auch

22. Samstag. Helles Wetter. Klotz und ich marod. In der Frühe kommt wieder ein Bär zum Schiff. Weil noch niemand auf war, wie der wachhabende Kapitän und ein Matrose, wurde der Bär ohne Konfusion erlegt. (Johann Haller, Ransmayr 147)

Hendrik Glogau und H. Häberlin vom Frankfurter Geographischen Verein legte der »Admiral Tegetthoff« am 13. Juni 1872 in Bremerhaven ab.

Das Schiff erreichte am 3. Juli 1872 Tromsö und lief von dort am 14. Juli 1872 aus. Zur Anlegung eines Proviantdepots war der Hauptexpedition die »Isbjörn« unter Graf Hans Wilczek nachgefahren. Die Schiffe trafen sich zufällig am 12. August 1872. Eine der letzten Nachrichten vor dem Eindringen ins Eis schickte Weyprecht an den Frankfurter Verein für Geographie und Statistik am 16. August 1872 von Kap Nassau auf Nowaja Semlja. Am 18. August konnten beide Schiffe gemeinsam den Geburtstag des Kaisers feiern. Die Schiffe trennten sich am 20. August und schon am folgenden Tag, dem 21. August, wurde der »Admiral Tegetthoff« auf 77° 22′ N vom Eis eingeschlossen.

Das Schiff lag seit Ende August nördlich von Nowaja Semlja im Eis und driftete mit diesem langsam nach NW in seinerzeit unbekannte Polargebiete. Zwei Winter und einen Sommer verbrachten die Polarforscher im Packeis. Während dieser Drift entdeckte die Expedition am 30. August 1873 am Horizont ein neues Land, das Weyprecht nach dem österreichisch-ungarischen Staatsoberhaupt »Kaiser Franz Josef-Land« nannte. Doch gerade zu diesem Zeitpunkt war das Schiff von Seen und weichem Eis umgeben, was ein Betreten der fernen Landmasse unmöglich machte. Am 31. Oktober war der »Admiral Tegetthoff« auf drei Meilen an das Land herangedriftet. Schließlich konnten am Allerheiligentag 1873 die meisten Besatzungsmitglieder erstmals den Fuß auf das Kaiser Franz Josef-Land setzen, dessen erstes Gebiet den Namen »Wilczek-Insel« erhielt. Nur noch am 2. November, am 3. November und am 7. November konnten Ausflüge zur Wilczek-Insel unternommen werden. Dann begann die lange zweite Polarnacht. Die Sonne erschien erst am 24. Februar 1874 wieder kurz über dem Horizont. An diesem Tag wurde beschlossen, das Schiff Ende Mai zu verlassen und nach Europa zurückzukehren. Zuvor sollten aber noch einige Schlittenreisen zur Erforschung des Kaiser Franz Josef-Landes unternommen werden.

Die erste Schlittenreise mit Payer, den Tirolern Haller und Klotz und den Matrosen Lukinovich, Cattarinich, Pospischill und Lettis verließ das Schiff am 10. März. Tags darauf erreichten sie das markante Kap Tegetthoff auf der Hall-Insel. Nach Durchquerung des Nordenskiöld-Fjordes bestieg Payer Kap Littrow. Auf dem dahinter befindlichen Sonklar-Gletscher wurde mit 40,5 Grad

415 Cap Frankfurt, der Austria-Sund und die Wüllerstorff-Berge, nach Payer 1876

unter Null die tiefste Temperatur der ganzen Expedition registriert. Am 15. März kam die Gruppe wieder am Schiff an. Am Tag nach der Rückkehr, dem 16. März 1874, verstarb der Maschinist Krisch an Tuberkulose und Skorbut. Er sollte das einzige Opfer dieser Expedition bleiben.

Die zweite Schlittenreise mit Payer, Orel, Klotz, Haller, Zaninovich, Sussich und Lukinovich startete am 26. März und sollte weitestmöglich nach Norden gehen. Sie passierten die Salm-Insel, die Koldewey-Insel, die Schönau-Insel und eilten auf Kap Frankfurt zu. Bei der Erwähnung und Benennung von Kap Frankfurt wies Payer darauf hin, dass es seine Pflicht sei, auf diese Weise dankbar derer zu gedenken, die diese Reise unterstützt hätten. Payer machte ausgiebig von seinem Recht der Namensgebung im neuentdeckten Kaiser Franz Josef-Land Gebrauch. Fördernde Personen und Städte haben so Eingang in die Topographie der Inselgruppe gefunden, neben Frankfurt am Main auch Triest, Fiume, Brünn, Budapest, Coburg, Kremsmünster und Klagenfurt. Von der vorläufigen Karte gestrichen werden musste allerdings das fiktive Kap Wien auf dem nicht existierenden, nur als Luftspiegelung wahrgenommenen Petermann-Land. Gleiches gilt für Cap Sherard Osborne und König Oskar-Land.

Payer durchquerte mit seinen Leuten im Norden den Austria-Sund. Die Reisenden passierten dort im Osten Kap Hansa und die Wüllerstorf-Berge auf Wilczek-Land, erreichten am 3. April Kap Tirol, überquerten die Becker-Insel und waren am 7. April auf Höhe der Erzherzog Rainer-Insel. Am nächsten Tag irrte die Gruppe durch den unwegsamen Rawlinson-Sund und benannte eine östlich darin gelegene Insel nach Wilhelm von Freeden. An Kap Schrötter auf der Hohenlohe-Insel wurden Haller, Klotz, Sussich und Lukinovich für einige Tage zurückgelassen.

Mit 82° 5' nördlicher Breite an Kap Fligely auf Kronprinz Rudolf-Land erreichten Oberleutnant Payer, Schiffsfähnrich Orel und Matrose Zaninovich am 12. April 1874 im Schlitten den nördlichsten Punkt der Reise und zugleich den nördlichsten Punkt Eurasiens. Dies war die erste große Landentdeckung im europäischen Sektor der Arktis seit 277 Jahren. Nach einem äußerst mühseligen Rückmarsch wurde am 21. April wieder Cap Frankfurt erreicht. Payer bestieg die Anhöhe von Cap Frankfurt, um (bei −17° R) einige für seine Karte unerlässliche Winkelmessungen vorzunehmen. Eduard Orel zog derweil mit dem großen Schlitten voraus. Am 23. April kam das Schiff wieder in Sicht.

Gut 25 Jahre später war das Kap Frankfurt Zeuge einer schlecht geplanten und tragisch endenden amerikanischen Expedition, die nichts weniger als die Erreichung des Nordpols im

420 Eisbär-Zähne (Abb. oben)   **437** Bildmappe Obermüllner 1875

416 Kaiser Franz Josef

Die Österreich-Ungarische Nordpolar-Expedition von 1872 – 1874 | 087

Krisch, Maschinist gestorben, Rest gesund – große Landentdeckung, Schiff verlassen, 96tägige Rückfahrt in Schlitten und Booten, Mannschaft vortrefflich bewährt – Familien derselben mitteilen. Tausend Grüße Dir. Weyprecht. (Telegramm an Littrow, 3.9.1874)

Schilde führte. Der Sensationsjournalist Walter Wellman (1858–1934) plante 1898/1899 von Kap Tegetthoff auf Kaiser Franz Josefs-Land aus, den Nordpol zu erreichen. Weitere Teilnehmer waren der amerikanische Meteorologe Evelyn Briggs Baldwin (1862–1930), zwei weitere Amerikaner und fünf Norweger. Letztere sollten die Hauptarbeit erledigen, nämlich ein Zwischendepot auf Kap Heller einrichten, das Fort McKinley genannt wurde. Dabei passierten die Schlittenreisenden immer wieder Kap Frankfurt auf Hall Island. Baldwin bestimmte schließlich, dass die beiden Norweger Paul Björwig und Bernt Bentsen auf Kap Heller überwintern sollten. Dabei starb Bentsen am 2. Januar 1899. Die gesamte Wellman/Baldwin-Expedition scheiterte kläglich und blieb frühzeitig stecken. Die Amerikaner der Jahre 1898/1899 verfügten nicht im Mindesten über die Umsicht, Planungsqualität und Disziplin der Böhmen, Tiroler und Italiener der Jahre 1872/1874.

Die Mannschaft der dritten Schlittenreise bestand aus Payer, Schiffsleutnant Brosch und Haller. Die Exkursion startete am 29. April, überquerte den Negri-Fjord und hielt auf die Insel McClintock zu. Dort bestieg Payer das 2500 Fuß hohe Kap Brünn. Am Abend des 3. Mai kam man wieder beim Schiff an. Unter der Führung Julius Payers hatten die Forscher auf Schlitten unter schwierigsten Bedingungen das neu entdeckte Land durchquert und per Schlitten nahezu 840 km zurückgelegt.

Am 20. Mai 1874, in aussichtsloser Lage, verließen die Männer mit Proviant für drei Monate das Schiff im Packeis und wagten eine gefährliche Rückkehr ins Ungewisse mit Schlitten und Booten. Nach acht Wochen war man, bedingt durch Eisdrift, nur 22 km vom Ausgangspunkt entfernt. Endlich wurde am 15. August das offene Meer erreicht. Drei Tage später, am Geburtstag des Kaisers (18. August), konnte bereits die Küste von Nowaja Semlja betreten werden. Der Proviant reichte noch für 10 Tage. Die Expedition segelte die Küste nach Süden ent-

421 Karte von Franz Josef-Land 1874

413 Originalkarte des Franz Josef-Landes 1876

Agli eroici della prima spedizione polare austriaca! Agli intrepidi uffuciali e marinari del »Tegetthoff«! Agli benemeriti promotori della prima spedizione polare austriaca! (Mazzoli 136)

lang. Am 24. August 1874 sahen die Polarfahrer in der Dunenbay bei Kap Britwin zwei kleine russische Schiffe. Sie wurden von ihren Rettern mit großer Rührung und Hilfsbereitschaft aufgenommen, noch ohne den Ukas des Zaren gezeigt zu haben. Der Schoner »Nikolaj« sollte sie schnellstmöglichst nach Norwegen bringen. Auf diese Weise erreichte die Mannschaft des »Admiral Tegetthoff« am späten Abend des 3. September 1874 den Hafen von Vardö. Weyprecht schickte mehrere Telegramme nach Hause, und noch nachts kam das erste dieser Telegramme in Fiume bei seinem Freund Heinrich von Littrow an. Dieser informierte sofort die Angehörigen der Matrosen in ihrer Heimatstadt.

Die Rückreise wurde zu einem Triumphzug. Die Stationen waren Tromsö (8. September), Trondheim (13. September), Bergen (17. September) und Hamburg (22. - 24. September). Am 22. September 1874 empfing die Hamburger Geographische Gesellschaft die Polarfahrer an den Landungsbrücken der Stadt. Die Stadt Hamburg gab einen großen Empfang mit dem österreichischen General-Consul, Baron Hochstetter, Graf Hans Wilczek, Graf Edmund Zichy, dem Maler Canon, Meteorologen Dove, Kapitän Koldewey, Bürgermeister Kirchenpauer und Vertretern des Freien Deutschen Hochstiftes aus Frankfurt. Weiter ging es über Berlin (24. - 25. September) nach Wien. Der Ankunft am 25. September um 5 Uhr nachmittags am Nordbahnhof folgte die Fahrt durch die Stadt zum Hotel »Römischer Kaiser« an der Freiung. Drei Tage später empfing Kaiser Franz Josef persönlich die Teilnehmer der Polarexpedition.

Die Landentdeckung und die Erfahrungen der Expedition waren ein wesentlicher Beitrag zur Polarforschung, besonders zur künftigen Entdeckung der Nordost-Passage durch Adolf Erik Nordenskjöld. Die wissenschaftlichen Resultate der Nordpolarexpedition (meteorologische, astronomische, geodätische, magnetische und Nordlichtbeobachtungen sowie zoologische Ergebnisse) wurden 1878 in einer Denkschrift der Wiener Akademie der Wissenschaften veröffentlicht. Die breite Öffentlichkeit konnte den Verlauf der Reise in Payers erfolgreichem und in mehrere Sprachen (englisch, norwegisch, schwedisch) übersetzten Buch «Die österreichisch-ungarische Nordpolarexpedition in den Jahren 1872 - 74« (Payer 1876) nachlesen. Auch hielt er seine optischen Eindrücke in Gemälden fest, den wenigen, die je ein Polarforscher selbst von seinen Eindrücken und Taten gemalt hat.

417 Bronzemedaille auf Weyprecht und Payer

Carl Weyprecht nach 1874:
Die Begründung der Internationalen Polarjahre

Schon während der Rückreise wurden Weyprecht, Payer und die Mannschaft mit Ehrungen überhäuft. Am 22. September 1874 ernannte die Stadt Fiume Weyprecht zum Ehrenbürger. In diese Stadt kam er erstmals wieder am 19. Oktober 1874 zurück und konnte ein Wiedersehen mit seinen »Eisgesellen« feiern. Die Stadt Wien überreichte ihm eine Dotation von 6000 Gulden. Der Frankfurter Geographische Verein ernannte Weyprecht und Payer am 14. Oktober 1874 zu seinen Ehrenmitgliedern. Beider höchstgeschätzte Ehrung war freilich die Goldene Medaille der Royal Geographic Society in London. Julius Payer konnte diese Auszeichnung am 5. November in London persönlich entgegennehmen. Gleichen Tags, am 5. November 1874, berichtete Weyprecht in der Aula des Frankfurter Saalbaus vor 1900 Hörern von seiner Expedition. Von der Stadt Frankfurt erhielt Weyprecht zum Geschenk einen Lorbeerkranz aus schwerem Silber. In den ersten Novembertagen des Jahres 1874 hatte Weyprecht seine Familie in Michelstadt besucht. Vom 5. – 7. November hielt er sich in Frankfurt auf und war am 8. November wieder zurück in Michelstadt. An diesem Tag schrieb er an August Petermann, dass dieser dringend davon absehen möge, eine kleine Insel auf Franz Josef-Land nach ihm, Weyprecht, zu benennen. Was Petermann auch umgehend zurücknahm.

Am 18. Januar 1875 trug Weyprecht auf einer Rede vor der Wiener Akademie der Wissenschaften erstmals seine Ansichten und Forderungen zur Zukunft der Polarforschung vor. Da die geophysikalischen Ergebnisse seiner Expedition unbefriedigend wären, sollten solche Messungen künftig an mehreren festen Observatorien in der Arktis im Zuge internationaler Zusammenarbeit durchgeführt werden. Weyprecht präzisierte am 18. September 1875 in Graz auf der 48. Versammlung deutscher Naturforscher seine Überlegung in sechs Thesen. Sein Vorschlag, den er auch mit Carl Vogt abgesprochen hatte, war unter anderem die Einrichtung von Forschungsstationen rund um den Nordpol. Gänzlich neu war diese Idee nicht. Ähnliche Überlegungen hinsichtlich einer Internationalisierung der Polarforschung und der Wichtigkeit von simultanen Beobachtungen hatten vorher schon Georg Neumayer und im Jahre 1871 Karl Koldewey brieflich geäußert, wie Reinhard Krause nachweisen konnte. Doch für die Durchsetzung der Idee bedurfte es offenbar der Entdeckung neuer Länder und der planerischen Umsicht und Überzeugungskraft Carl Weyprechts. Die Priorität seiner Gedanken hat Weyprecht, stets zurückhaltend, nie beansprucht.

Von 1875 bis 1879 arbeitete Weyprecht unentwegt an dem, was sich als sein Lebenswerk herausstellen sollte: die international betriebene gleichzeitige Einrichtung und der Betrieb zirkumpolarer Messstationen. Im Frühjahr 1876 signalisierte bereits das Kaiserreich Russland seine Bereitschaft zur Teilnahme. Interessiert war auch der Kaiser von Brasilien, dem Weyprecht eine Station nahe Cap Hoorn vorschlug. 1877 lag eine Zusage aus

418 Goldene Medaille der Royal Geographic Society London
438 Tagungsband Graz 1875

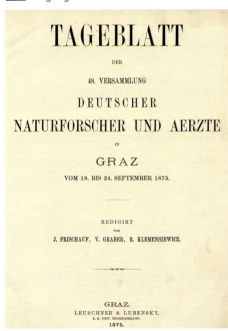

Ueberall dort, wo es sich um das Studium der Naturkräfte und der von ihnen hervorgerufenen Erscheinungen handelt, ist die gleichzeitige Beobachtung an verschiedenen Punkten eine Grundbedingung für den Erfolg. (Weyprecht, Graz 1875)

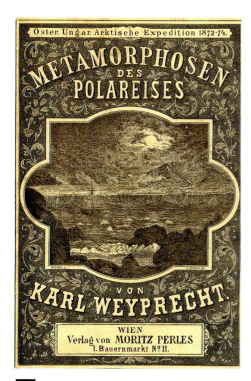

430 Metamorphosen des Polareises

Holland vor. Doch infolge von Kriegen und Rückschlägen verzögerte sich das Unternehmen auf unabsehbare Zeit. Im Juni 1877 war Weyprecht der Verzweiflung nahe. Um nur noch einmal in den Norden zu kommen, beabsichtigte er sogar, in leitender Position an der von Gordon Bennett finanzierten »Jeanette«-Expedition teilzunehmen. Das Jahr 1878 erlebte quälende Sorgen Weyprechts um seine eigene Stellung und die immer wieder verzögerte Aussicht auf die Realisierung seiner Pläne. Schriftlich bedrängte er seinen Mentor Hans Graf Wilczek bis an die Grenze der gemeinsamen Freundschaft.

Weyprechts Bemühungen reiften endlich auf dem Zweiten Internationalen Meteorologischen Kongress vom 1. bis 5. Oktober 1879 in Rom zur Realität. Zuvor war es ihm gelungen, seinen bislang heftigsten Opponenten Georg Neumayer von seinem Unternehmen zu überzeugen, indem er die Einrichtung auch antarktischer Stationen vorschlug. In der Folge wurden Carl Weyprecht Mitglied und Georg Neumayer Vorsitzender der ständigen Internationalen Polarkommission. Als Ergebnis der jahrelangen Überzeugungsarbeit Weyprechts und Neumayers beschlossen Österreich, Deutschland, Russland, Schweden, Dänemark, Frankreich, England, Holland, Italien und die USA 14 Polarstationen gleichzeitig einzurichten, davon zwei an der Antarktis. Plötzlich war ausgerechnet die Reichsregierung nicht mehr gewillt, an dem internationalen Unternehmen teilzunehmen. Die dritte Internationale Polarkonferenz tagte ohne deutsche Beteiligung vom 1.–6. August 1881 in St. Petersburg. In letzter Minute gelang es Neumayer gerade noch, im Dezember 1881 die deutsche Beteiligung sicherzustellen. So ist es sein Verdienst, auf der Grundlage von Weyprechts und Wilczeks Planungen die Durchführung des Ersten Internationalen Polarjahrs 1882/1883 organisiert zu haben.

Die österreichisch-ungarische Station des Ersten Internationalen Polarjahres wurde auf der Insel Jan Mayen eingerichtet. Die Finanzierung dieser Station erfolgte allein durch Graf Hans Wilczek. Das Deutsche Reich richtete zwei Nord- und eine Südstation ein. Die Nordstationen befanden sich im Kingua-Fjord des kanadischen Cumberland-Sundes und auf Labrador. Die Südstation wurde im September 1882 in der Royal-Bucht auf Südgeorgien eingerichtet. Den Abschluss des Ersten Internationalen Polarjahrs bildete auf Einladung von Graf Wilczek die 4. Internationale Polar-Konferenz in Wien vom 17.–24. April 1884 mit Beteiligung Georg Neumayers. Hier diskutierten die Beteiligten die Ergebnisse dieser ersten internationalen wissenschaftlichen Parallelaktion.

Doch sollte Carl Weyprecht all dies nicht mehr erleben. Von 1879 bis 1881 wohnte Weyprecht in einer entlegenen Vorstadt Wiens. Regelmäßig begab er sich abends um 7 Uhr ins Café »Imperial« des Hotels »Imperial«, um sich dort der Zeitungs-

434 Letzter Brief von Carl Weyprecht 1881

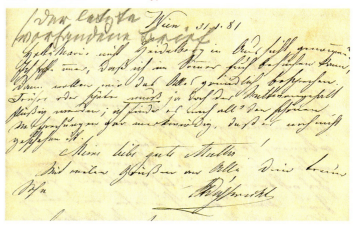

Die Österreich-Ungarische Nordpolar-Expedition von 1872 – 1874

lektüre zu widmen. In Frankfurt besuchte er 1880 seine 20-jährige Nichte Emilia Vowinkel, die Tochter seiner Schwester Marie. Ende Februar 1881 erkrankte er schwer an Lungentuberkulose. Am 21. März 1881 reiste sein Bruder Robert nach Wien, um den Schwerkranken heimzuholen. Mit einem vom Kaiser gestellten Salonwagen verließ Weyprecht am 26. März den Wiener Westbahnhof und kam am nächsten Tag in Michelstadt im Odenwald an. Hier starb er am Vormittag des 29. März 1881. Die Bestattung erfolgte am 31. März 1881 gegen 16.00 Uhr auf dem Friedhof von Bad König in Anwesenheit von Fregattenkapitän von Czedik, Schiffsleutnant Alois von Becker als Vertreter der österreichischen Marine und den beiden Grafen v. Erbach. Den Nachruf hielt Georg Neumayer. Einen Kranz sandte auch der Geographische Verein zu Frankfurt.

Einer der großen Verdienste Carl Weyprechts ist die Begründung der internationalen Polarforschung. Dem Ersten internationalen Polarjahr von Sommer 1882 bis Sommer 1883 folgten zwei weitere in den Jahren 1932 / 1933 und – zum Internationalen Geophysikalischen Jahr erweitert – 1957 / 1958. Damit wurde der Weg vom sportlichen Wettlauf einzelner Expeditionen zu weltweiter wissenschaftlicher Zusammenarbeit bei der Erforschung der Polargebiete gewiesen. In dieser Tradition findet von 2007 bis 2009 das Vierte Internationale Polarjahr (International Polar Year, IPY) statt.

446 Das Grab Carl Weyprechts in Bad König

Julius Payer nach 1874

Für die Entdeckung des Kaiser Franz Josefs-Landes bekam Oberleutnant Julius Payer eine offizielle Anerkennung in Höhe von 44 Gulden österreichischer Währung. Er wurde sogleich zum Hauptmann befördert. In der Folge der Polarexpedition erhob ihn der Kaiser 1876 in den erblichen Ritterstand. In Frankfurt wurde er Ehrenmitglied der Frankfurter Geographischen Gesellschaft und Meister des Freien Deutschen Hochstifts. Mit Verschlechterung seiner Gesundheit nahm Payer 1875 Abschied vom Militärdienst und wandte sich der Malerei zu.

1876 weilte Julius von Payer zur Erholung in Franzensbad. Dort machte er die Bekanntschaft der reichen Frankfurter Bankiersgattin Fanny Kann, geb. Gumpertz (* 19. Juli 1845). Ihr Vater Leopold Gumpertz hatte ein Wechselgeschäft auf der Zeil 61. Gumpertz hatte 1839 den israelitischen Bürgereid in Frankfurt abgelegt. Fanny Kann war verheiratet mit dem Frankfurter Bankier Beer Moses Kann (Geschäft: Bleichstr. 6). Sie war offenbar sehr angetan von dem berühmten Bergsteiger und Polarforscher, sodass sie sich noch im gleichen Jahr scheiden ließ und Julius von Payer heiratete. Am 15. November 1877 meldete Payer sich in Frankfurt wohnhaft. 1877 bis 1879 lebte das Paar in Frankfurt in der Hanauer Landstraße 15 im Ostend. Ihnen wurden zwei Kinder geboren, zuerst am 6. Mai 1877 in Bayonne die Tochter Oliva Julia Fanny und am 15. Mai 1881 in Frankfurt der Sohn Julius. Payer studierte in seinen Frankfurter Jahren Malerei am Städel-Institut unter den Professoren Hasselhorst, Lutze und Sommer. Weiterhin beschäftigte er sich in Frankfurt mit Anatomie an Leichen und der zeichnerischen Perspektive. Auf Anregung von Ferdinand Wagner griff er erstmals zum breiten Pinsel und malte Ölbilder. Persönlich war er gänzlich in der Liebe zu seiner mondänen Frau gefangen. So schrieb Payer 1878 aus Frankfurt an seinen Freund, den bekannten Afrikareisenden Gerhard Rohlfs (1831 – 1896), dass, wenn er nicht so glücklich verheiratet wäre, er mit ihm die geplante Expedition in die »Länder zu den schwarzen Kerlen« gerne mitgemacht hätte. Payer setzte seine Ausbildung 1880 – 1882 an der Münchener Akademie unter Alexander Wagner, dessen Komposition und Maltech-

408 Franzensbad in Böhmen, um 1890

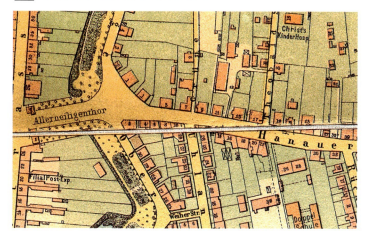

409 Hanauer Landstraße 15 in Frankfurt

Die Österreich-Ungarische Nordpolar-Expedition von 1872 – 1874

nik ihn inspirierte, fort. In München schuf Payer einen größeren Zyklus von Bildern über die Franklin-Polarexpedition, für die er die große Medaille der Münchener Akademie erhielt. Am 31. Dezember 1882 meldeten sich die Payers behördlich von Frankfurt nach Paris ab.

In Paris hatte Payer sein Atelier in der Rue de Martin, wo er Einflüsse von Jean-Joseph Benjamin-Constant, Léon Bonnat, Alexandre Cabanel, Louis Gallait und Francis Tattegrain aufnahm. Im Atelier von Mihaly Munkacsy erlernte er den wirkungsvollen Kontrast von leuchtendem Weiß und samtenen Schwarzbraun. Hier ereilte ihn 1884 der Verlust eines Auges durch Infektion. Die Schuld daran gab er zeit seines Lebens seiner Frau Fanny, die ihm nach der Operation eine Blutspur mit Wattebäuschchen unsachgemäß abgetupft habe. Allerdings war er schon von Jugend auf kurzsichtig. Für seine Gemälde erhielt er in Paris 1887 und 1889, in München 1885, in Berlin 1888 und in Chicago 1894 jeweils goldene Medaillen. 1890 trennte sich Julius von Payer von Frau und Kindern, die in Paris wohnen blieben. Angeblich hatte Fanny von Payer einen ausgeprägten Hang zum gesellschaftlichen Leben. Ihr soll sehr daran gelegen gewesen sein, den berühmten Nordpolarforscher überall herumzuzeigen, was offenbar Payer zunehmend missfiel. Nach der Trennung kehrte Payer nach Wien zurück.

In Wien bezog Payer wieder seine alte Wohnung in der Bechardgasse 14. Dort, im einstigen Atelier von Hans Makart, eröffnete er eine Malschule für junge Damen. Unter seinen Schülerinnen befand sich auch Helene Lillmann aus Frankfurt. Seit 1892 fühlte er sich krank und an nervöser Erschöpfung (Neurasthenie) leidend. 1892 entstand aber auch sein berühmtestes Bild »Nie zurück«. 1895 plante er eine Künstler-Expedition nach Grönland und hielt darüber am 11. Dezember 1895 einen Vortrag bei den Frankfurter naturwissenschaftlichen Vereinen. Die künstlerische Expedition sollte mit einem Dampfer von 400 Tonnen, dalmatinischen Matrosen, drei Seeoffizieren, zwei Malern und einem Fotografen im Juni 1896 abfahren. Dazu ist es nie gekommen. 1897 zeigte Julius von Payer großes Interesse an den Planungen von Erich von Drygalski zu der deutschen Südpolexpedition. 1898 empfing er in Wien Besuch von Fridtjof Nansen. Einen Teil seines Auskommens verdiente Payer durch Vorträge über seine Entdeckungsreisen, wovon er in 18 Jahren nicht weniger als 1228 hielt. Für den Tirol-Band war Payer Mitarbeiter des Baedeker.

In den 1890er Jahren nahm er seine Tochter Adele zu sich, die einem früheren Verhältnis entstammte. Um 1903 geriet er weithin in Vergessenheit. Freilich erhielt er in diesem Jahr ein Gnadengehalt von 6000 Kronen jährlich bis zum Lebensende. Seine Sommerurlaube verbrachte er regelmäßig in dem vornehmen Kurort Bad Veldes am Veldeser See zwischen den Julischen Alpen und den Karawanken. Er war auch Anhänger der Kurmethoden der Rucklischen Anstalt mit ausgedehnten Sommer-

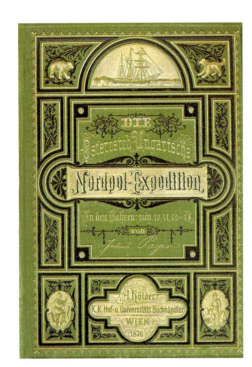

429 Expeditionsbericht Julius Payers 1876

411 Bad Veldes in Krain

bädern. Am 26. Mai 1912 traf ihn, der bis dahin von eiserner Gesundheit war, ein Schlaganfall, der ihn der Sprache beraubte. Ihm war nur noch schriftliche Verständigung möglich. Seine Einsamkeit vergrößerte sich nach der Heirat der Tochter Adele mit dem Oberleutnant v. Manker-Lerchenstein. Daher lebte er in den letzten Jahren mit einer Wienerin in eheähnlicher Gemeinschaft zusammen. Payer starb am 29. August 1915 im slowenischen Bad Veldes an einem Herzanfall. Er wurde am 4. September 1915 in einem Ehrengrab auf dem Wiener Zentralfriedhof beigesetzt.

Von Payers gleichnamigem Sohn Julius ist bekannt, dass er sich 1911 nach der Möglichkeit erkundigte, einen russischen Eisbrecher zu mieten, um damit den Nordpol zu erreichen. 1921 lebten Jules de Payer und seine Frau Alice in Paris in der Rue de Pergolèse 44. Alice de Payer war angeblich eine mäßig erfolgreiche Romanschriftstellerin. Dem Vernehmen nach hatte ein reicher Inder sein Begehr auf Alice de Payer geworfen und sie ihrem Mann abspenstig zu machen versucht. Als Entschädigung bot der Inder Jules de Payer an, ihn mit Finanzmitteln zu seiner geplanten Himalayaexpedition auszustatten. Die Antwort Jules de Payers auf dieses bemerkenswerte Angebot ist nicht überliefert.

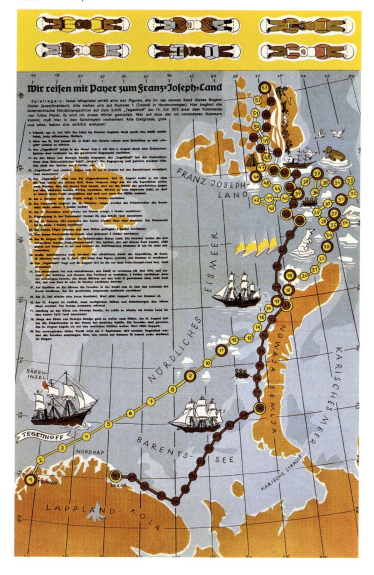

440 Würfelspiel

Nachruhm

Da für Carl Weyprecht Ruhm, Ehre, Adel und Titel lebenslang ein Graus waren, hält sich heute die Bekanntheit Carl Weyprechts in engen Grenzen. Er verbat August Petermann ausdrücklich, seinen Namen für geographische Namensgebung zu benutzen. James Lockwood benannte aber 1882 eine Bucht nahe der Nordspitze Grönlands »Weyprecht Inlet«, Fridtjof Nansen nannte einen Meeresteil von Kaiser Franz Josefs-Land Weyprechtsee, auf Jan Mayen gibt es einen Weyprechtgletscher und auf Spitzbergen ein Kap Weyprecht. Die Deutsche Gesellschaft für Polarforschung vergibt alljährlich die »Karl Weyprecht-Medaille« für wissenschaftliche Leistungen.

Nennungen profaner Art sind die Carl Weyprecht Schule in Bad König, die Weyprechtstraße in 64732 Bad König, die Weyprechtstraße in 64283 Darmstadt, die Weyprechtstraße in 80937 München, die Weyprechtstraße in A-3100 Wagram, die Weyprechtgasse in A-3108 St. Pölten, in A-2620 Neunkirchen, in A-1160 Wien-Ottakring, in A-2340 Mödling und die Weyprechtgasse in A-2700 Wiener Neustadt sowie die Payer-Weyprechtstraße in A-8020 Graz.

Der 125-jährige Todestag Weyprechts wurde zum Anlass einer umfangreichen Sonderausstellung unter dem Titel: »Polarforschung gestern heute morgen. Von Weyprecht zu Cryosat« vom 29.3. bis 6.8.2006 in Michelstadt im Odenwald, angeregt durch seine Urgroßnichte Heidi von Leszczynski.

Auch Julius Payer wurde mit einigen Namengebungen bedacht. Es gibt die Payergasse in A-1160 Wien-Ottakring, in A-2340 Mödling und A-9020 Klagenfurt, die Julius Payer-Gasse in A-1220 Wien, eine Payerstraße in Aussig an der Elbe und eine Julius von Payer-Straße in I-39040 Tramin (Südtirol). An seine bergsteigerischen Leistungen erinnern die Payerspitze (3445 m) und die Payerhütte (3029 m) am Ortler. Auch auf Ostgrönland gibt es eine Payerspitze (ca. 2300 m). Das Geburtshaus Payers in Teplitz beherbergt heute das Vier-Sterne Hotel »Julius Payer«. Die Breitenseer Kaserne des österreichischen Bundesheers wurde 1967 in Vega-Payer-Weyprecht Kaserne umbenannt.

Die Weyprecht-Payer-Expedition war in Wien dreimal Gegenstand größerer Sonderausstellungen. Die erste davon fand 1949 im Völkerkundemuseum statt. Die zweite Ausstellung zeigte die Österreichische Nationalbibliothek 1973 unter dem Titel »100 Jahre Franz Josefs-Land«. Die dritte und größte Ausstellung zeigte 1996 das Heeresgeschichtliche Museum Wien unter dem Titel »Die Schrecken des Eises und der Finsternis. Österreich und die Arktis.« Der Titel dieser Ausstellung wurde von Christoph Ransmayrs erfolgreichem Roman »Die Schrecken des Eises und der Finsternis«, Wien (Christian Brandstätter) 1984, entlehnt. Eine Neuausgabe von Payers Text über die Entdeckung von Kaiser Franz Josefs-Land erschien 2004 in der Edition Erdmann.

441 Karl Weyprecht-Medaille

401 Graf Hans Wilczek
W. Burger, Wien 1872 / Photographie: Hans Wilczek in Polarkleidung, auf dem Fell eines von ihm erlegten Eisbären stehend. Aus: Kinsky-Wilczek, Elisabeth, Hans Wilczek erzählt seinen Enkeln Erinnerungen aus seinem Leben, Graz 1933 / Privat

402 Schiffsleutnant Carl Weyprecht (1838–1881)
Anonym, Wien 1874 / Holzschnitt aus »Allgemeine Illustrierte Zeitung«, H 15 cm, B 13 cm / Privat

403 Schiff SMS Radetzky
Anonym, Österreich-Ungarn, um 1860 / Kolorierte Postkarte, H 8,5 cm, B 13,5 cm / Privat
Auf diesem Schiff war Carl Weyprecht von 1860 bis Ende 1861 unter dem Befehl von Wilhelm Tegetthoff eingeschifft.

404 Adriakarte 1883
Anonym Leipzig 1883 / Stahlstich, H 25 cm, B 30 cm / Privat
Oesterreichisches Küstenland, Dalmatien, Kroatien, Slavonien und Bosnien. Darstellung der Adria mit dem Wirkungsgebiets Carl Weyprechts als Seekadett und Offizier. 1:3.500.000

405 Brief von Carl Weyprecht
Carl Weyprecht, Triest 1866 / An seine Eltern vom März 1866. Hierin erläutert Weyprecht erstmals ausführlich seine Einschätzung der Machbarkeit einer Nordpolarexpedition. H 27,7 cm, B 22,3 cm / Dr. Heidi von Leszczynski, Frankfurt

406 Österreichisch-kaiserlicher Orden der Eisernen Krone
Österreich-Ungarn, 19. Jahrhundert / Repro. Postkarte des Heeresgeschichtlichen Museums Wien / Privat

407 Teplitz in Böhmen.
Anonym um 1850 / Foto, H 6,5 cm, B 10 cm / Privat
Geburtsort Julius Payers

408 Franzensbad in Böhmen
Anonym um 1890 / Kolorierte Postkarte, H 9 cm, B 14 cm / Privat, Frankfurt
In Franzensbad machte Julius Payer die Bekanntschaft der Frankfurter Bankiersgattin Fanny Kann. Die beiden heirateten im Sommer 1876 und zogen nach Frankfurt.

409 Hanauer Landstraße 15 in Frankfurt
August Ravenstein, Frankfurt 1867 / Ausschnitt aus: August Ravensteins Geometrischer Plan von Frankfurt. Revidiert im Februar 1867 von Simon Ravenstein / Privat
Wohnhaus von Fanny und Julius von Payer 1877–1883

410 Frankfurt am Main
F. Berger, Frankfurt 2007 / Foto: F. Berger
Hanauer Landstraße 15. Wohnhaus von Fanny und Julius von Payer 1877 bis 1883

Die Österreich-Ungarische Nordpolar-Expedition von 1872–1874

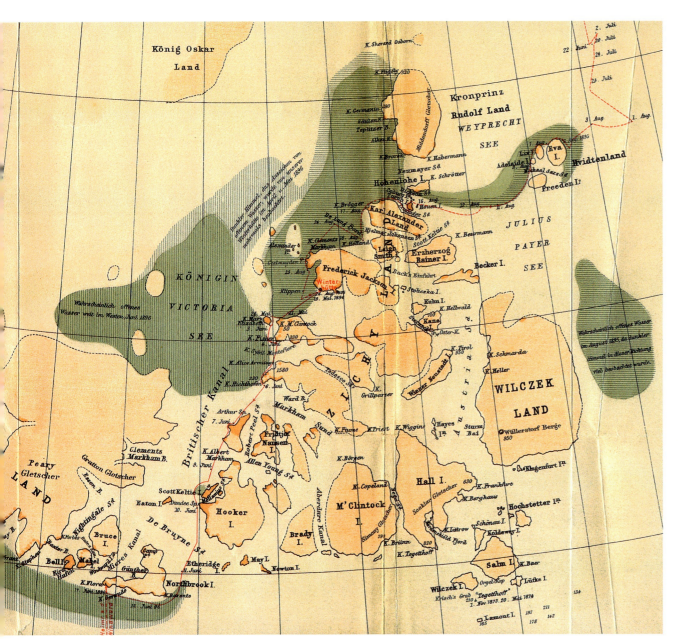

411 Bad Veldes in Krain
Anonym, Slowenien um 1925 / Postkarte, H 9 cm, B 14 cm / Privat
Sterbeort Julius von Payers während eines Kuraufenthalts am 29.8.1915

412 Karte von Franz Josef-Land 1874
Julius Payer, Gotha 1874 / Stahlstich, koloriert, H 24,7 cm, B 16,1 cm.
Provisorische Skizze von Franz Josef-Land, von Julius Payer.
In: Mittheilungen aus Justus Perthes Geographischer Anstalt über wichtige neue Forschungen auf dem Gesammtgebiete der Geographie, von Dr. A. Petermann, 20 Band, Gotha 1874 Heft X (8.10.1874) Tf. 20 / Privat

413 Originalkarte des Kaiser Franz Josef-Landes
Julius Payer, Wien 1876 / Stahlstich, koloriert, H 35 cm, B 24,3 cm.
Beilage zu Payer 1876, gegenüber S. 352. Mit Eintrag der Schlittenreisen vom Frühjahr 1874 / Privat

414 Karte von Franz Josef-Land 1896
Fridtjof Nansen, Leipzig 1897 / Stahlstich, koloriert, H 31,5 cm, B 37 cm. Entworfen von Fridtjof Nansen auf Kap Flora im Juli 1896 unter Zugrundelegung der Karten von Payer, Leigh Smith und Jackson. Leipzig 1897. M: 1:1.500.000 / Privat

415 Cap Frankfurt, der Austria-Sund und die Wüllerstorff-Berge
Julius Payer, Wien 1876 / Illustration aus Payer 1876, S.295 / Privat
Die Namengebung erfolgte aufgrund der großen finanziellen Frankfurter Unterstützung für diese Expedition.

416 Kaiser Franz Josef

Anonym, Österreich-Ungarn um 1910 / Brustbild in getöntem Gips, H 34 cm, An Hals und Brust fünf Orden, darunter Eichenlaub, auf dem Sockel sein Motto VIRIBVS VNITIS / Historisches Museum Frankfurt, o. Inv.-Nr.

417 Bronzemedaille auf Weyprecht und Payer

Anonym, Wien 1874 / Kupfer, Durchmesser 40,5 mm, Gewicht 57,4gr. Vorderseite: Doppelporträt nach links, darum WEIPRECHT (!) und PAYER. Rückseite: Im Kranz die Schrift: DEN / KÜHNEN FÜHRERN / DER ÖSTER. UNG. / NORDPOL / EXPEDITION, unten 1874 / Historisches Museum Frankfurt, Inv.-Nr. MK 8 – 8

418 Goldene Medaille der Royal Geographic Society London

London 1837 / Gold, Durchmesser 55 mm, Gewicht 122,1gr. Exemplar für Eduard Rüppell. Vorderseite: Porträt der Königin Victoria, darum VICTORIA D:G: BRITANNIARUM REGINA MDCCCXXXVII. Rückseite: Stehende Pallas Athene mit Lorbeerkranz und Landkarte vor Globus und Instrumenten. Oben: OB TERRAS RECLUSAS. Unten: ROYAL GEOGRAPHIC SOCIETY OF LONDON / Historisches Museum Frankfurt, Inv.-Nr. MK 8 – 6

419 Ausstellung der Nordpol-Expedition 1872

B. Katzler, Wien 1872 / Holzstich der Allgemeinen Illustrierten Zeitung. H 36,1 cm, B 25,5 cm / Privat

Die Ausstellung der österreichisch-ungarischen Nordpol-Expedition fand wenige Wochen vor Abfahrt der Expedition im April 1872 in Wien statt. Es wurden vor allem die Ausrüstungsgegenstände gezeigt.

420 Eisbär-Zähne

Kaiser Franz Josefs-Land, 20. Jahrhundert / L 2,7 cm / Privat
Gefunden auf Kap Heller, Wilczek-Land, 2005

421 – **421** Champ Island

Quartäre einzeitliche Gerölle von der Champ Island (80° 40' Nord, 56° 30' Ost), Südostküste, Landzunge östlich von Kap Fiume. Die Kristallin-Gerölle sind glazigen aufgearbeitete Gerölle aus mesozoischen Konglomeraten (Obertrias-Lias). Ihr Ursprung ist in metamorphen Gesteinen zu suchen, die heute auf der Kola-Halbinsel vorherrschen und sich im Präkambrium auf der Südhalbkugel gebildet haben.

Prof. Dr. Friedhelm Thiedig, Norderstedt

421 Gneis

Champ Island / Dm ca. 8 cm

422 Granit

Champ Island / 6 cm x 4 cm x 4 cm

423 Quarzit

Champ Island / 5 cm x 3,5 cm x 3 cm

424 Marmor

Champ Island / 8 cm x 6 cm x 3 cm

425 Sandstein (Obertrias-Lias)

Champ Island / 11 cm x 9 cm x 3 cm

426 Basalt (Jura-Kreide)

Champ Island / 5 cm x 4,5 cm x 3,5 cm

422 – 425

Die Österreich-Ungarische Nordpolar-Expedition von 1872 – 1874

427 Basalt
Champ Island / 6,5 cm x 4 cm x 2 cm

428 Basalt
Champ Island / 7,5 x 7 x 5 cm

429 Expeditionsberichte Julius Payers 1869 – 1874
Julius Payer, Wien 1876 / Buch: Payer, Julius, Die österreichisch-ungarische Nordpol-Expedition in den Jahren 1872 – 1874, nebst einer Skizze der zweiten deutschen Nordpol-Expedition 1869 – 1870 und der Polar-Expedition von 1871. Mit 146 Illustrationen (Holzstichen) und 3 (gefalteten) Karten. Wien: Hölder 1876. CIV, 696 Seiten / Privat

430 Metamorphosen des Polareises
Carl Weyprecht, Wien 1879 / Buch: Carl Weyprecht, Metamorphosen des Polareises, Wien 1879. Wissenschaftliche Auswertung zur Expedition von 1872 – 1874 / Dr. Heidi von Leszczynski, Frankfurt

431 Taschentuch
*Österreich-Ungarn, Mitte 19. Jahrhundert / Seide mit eingestickter Krone und den Initialen FM / Gerhard Heinemann, Herbstein
Ausweislich des Monogramms aus dem Besitz von Erzherzog Ferdinand Max, des späteren Kaisers Maximilian von Mexiko. Laut Familienüberlieferung Geschenk des Adjutanten des Kaisers Maximilian an Carl Weyprecht*

426 – 428

431

432 Medaillon
Marie Vowinkel, Deutschland, um 1885 / Eisen, 28 mm x 24 mm. Medaillon mit Initialen CW aus dem Besitz Carl Weyprechts. Nach seinem Tode gehörte es seiner Schwester Marie, verh. Vowinkel. Aufklappbar, innen links Fotografie Ernst Vowinkel, rechts Fotografie Carl Weyprecht. Dahinter rotblonde Haarlocke und Bild (Fotografie) von Wilhelm Weyprecht. Angehängt ein schwärzlicher Stein von Kaiser Franz Josefs-Land, 22 mm lang / Gerhard Heinemann, Herbstein

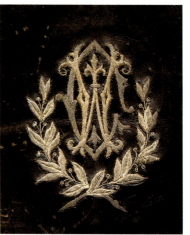

433

433 Schreibmappe Carl Weyprechts
Carl Weyprecht, Triest / Wien um 1878 / Karton mit weißem Leder überzogen, auf Vorderseite Silberfadenstickerei, Lorbeerkranz mit den Initialen »CW« silberglänzend. Innenfutter aus schwarzem Taft. H 47 cm, B 32 cm / Walter Heinemann, Coburg

434 Brief von Carl Weyprecht
Carl Weyprecht, Wien 1881 / Papier und Tinte, H 17,3 cm, B 11,2 cm / Dr. Heidi von Leszczynski, Frankfurt
Letzter Brief an seine Eltern. Wien, 31.1.1881

435 Brief Julius von Payers
Julius Payer, Wien 1893 / Doppelblatt mit drei Seiten eigenhändigem Text. H 17,5 cm, B 22 cm / Privat
An einen Arzt 1893 aus Wien, Absenderadresse Wien, 3. Bezirk, Bechardgasse 24

436 Melderegistereintrag Julius von Payers
Anonym, Frankfurt 1883 / Melderegistereintragungen für Julius von Payer und Ehefrau Fanny, geb. Gumpertz, vorher verehelichte Kann, in der Hanauer Landstr. 15 in Frankfurt am Main vom 15.11.1877 – 31.12.1882. H 33,5 cm, B 22 cm / Institut für Stadtgeschichte, Frankfurt am Main

437 Bildmappe
Adolf Obermüllner, Wien 1875 / »Oesterr.-Ungar. Nordpolexpedition 1862 – 1874«. Goldprägung auf rotem Karton. 12 Lithografien nach der Natur gezeichnet von J. Payer – Lithografienvorlage gemalt von Adolf Obermüllner (1833 – 1898), Wien 1875. Herausgeber: Friedrich Bruckmanns Verlag in München, Berlin, London, G. Capellen in Wien. Hier: Die »Admiral Tegetthoff im Eis«, H 40,5 cm, B 51 cm / Walter Heinemann, Coburg

438 Tagungsband Graz 1875
Anonym, Graz 1875 / Buch: Tageblatt der 48. Versammlung deutscher Naturforscher und Ärzte in Graz vom 18. bis 24. September 1875, Graz 1875 / Privat
Auf dieser Tagung, im vorliegenden Band S. 38 – 42, hielt Carl Weyprecht seinen richtungsweisenden Vortrag über die Zukunft der Polarforschung. Dieser Vortrag begründete die Internationalen Polarjahre ab 1882.

439 Nordpolar-Karte 1877
Anonym, Leipzig und Wien 1877 / Karte »Nord-Polarländer« aus Meyers Konversations-Lexikon, 3. Auflage, 1:24.500.000, farbiger Druck mit Eintrag der Polarfahrten und der warmen (rot) und kalten (blau) polaren Meeresströmungen, H 24 cm, B 30 cm / Privat

440 Würfelspiel
Anonym, Wien um 1900 / Farbdruck auf Papier, H 45 cm, B 29 cm, »Wir reisen mit Payer zum Franz-Joseph-Land«, Nachdruck des Heeresgeschichtlichen Museums Wien 1996 / Heeresgeschichtliches Museum Wien, Geschenk Mag. Christian Mario Ortner

441 Karl Weyprecht-Medaille
*Anonym, Deutschland, um 1990 / Bronze, Dm 39 mm, Auszeichnung der Deutschen Gesellschaft für Polarforschung. Vorderseite: Brustbild Weyprechts in 3/4 - Ansicht nach links. Darum KARL WEYPRECHT *1838 †1881. Rückseite: Mitte DIE / KARL / WEYPRECHT / MEDAILLE, darum DIE DEUTSCHE GESELLSCHAFT FÜR POLARFORSCHUNG ÜBERREICHT / Deutsche Gesellschaft für Polarforschung*

Die Österreich-Ungarische Nordpolar-Expedition von 1872 – 1874

436 439

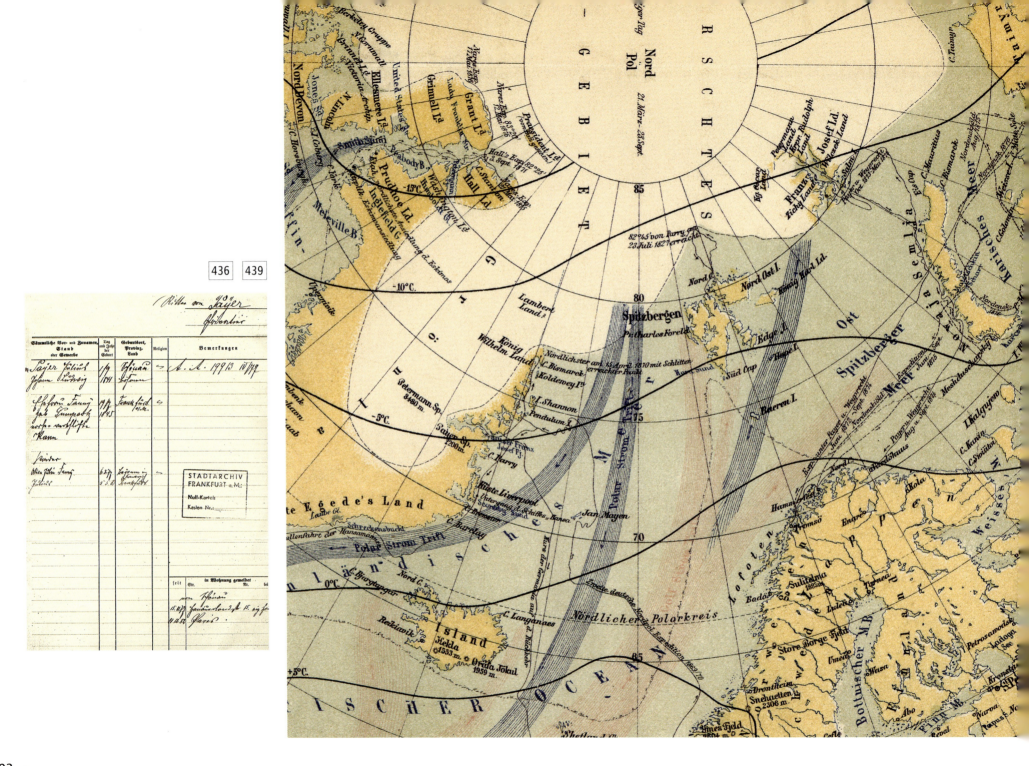

442 Silbermünze zu 20 Euro

Österreich 2005 / Silber, Dm 34 mm, Gewicht 18,0 gr., Vorderseite: Zwei Männer in Pelzkleidung vor einem Segelschiff, links: JULIUS VON PAYER KARL WEYPRECHT. Rückseite: Segelschiff mit Dampfbetrieb vor Bergkulisse, oben: EXPEDITIONSSCHIFF ADMIRAL TEGETTHOFF, unten: REPUBLIK / ÖSTERREICH / 20 Euro / Privat

443 Jaroslav Hasek, Der brave Soldat Schwejk

Jaroslav Hasek, Prag 1921 / Teil II, An der Front, Kapitel 3, Schwejks Erlebnisse in Kiralyhida, S. 313 – 314 (Frankfurt, Suhrkamp, 2000. EA Prag 1921 – 1923) / Privat

444 Bayer, Konrad, Der Kopf des Vitus Behring

Konrad Bayer, Wien 1964 / Buch: Gesammelte Werke, Band 2, hg. von Gerhard Rühm, Stuttgart 1985, S. 167 – 208 / Privat
Literarische Verarbeitung der Weyprecht-Payer Expedition und weiterer Unternehmungen im russischen Polarmeer

445 Christoph Ransmayr, Die Schrecken des Eises und der Finsternis

Christoph Ransmayr, Wien 1984 / Buch. Erschienen als Taschenbuch bei S. Fischer, Frankfurt 1987. Literarische Verarbeitung der Expedition von 1872 – 1874. 16. Auflage Februar 2001. Vom Autor signiert / Privat

446 Das Grab Carl Weyprechts

Susanne Klever, Bad König 2002 / Foto / Susanne Klever, Frankfurt

442

444

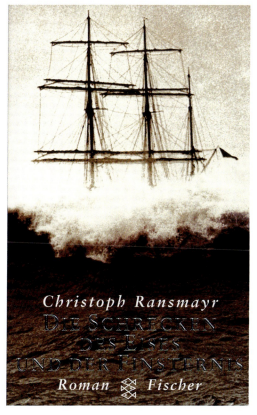
445

Die Österreich-Ungarische Nordpolar-Expedition von 1872 – 1874

Erstes Internationales Polarjahr und Kontinentalverschiebung

Das Erste Internationale Polarjahr

Unmittelbar beeinflusst vom Erfolg und großen Aufsehen der Weyprecht-Payer Expedition gab es im Herbst 1874 im Deutschen Reich die Idee einer Dritten Deutschen Nordpolar-Expedition. Der Vorsitzende des Polarvereins, Mosle, zugleich nationalliberaler Reichstagsabgeordneter, übergab dem Kaiser am 16. Dezember 1874 den »Entwurf für eine Dritte deutsche Nordpolarfahrt«. Deren Ziel war die Erforschung der Küste Ostgrönlands und Fortsetzung der Deutschen Nordpolar-Expedition von 1869/1870. Die Kosten veranschlagte Mosle mit 300.000 Talern. Dem Bundesrat wurde ein Gesuch um Unterstützung zugeleitet, befürwortet von mehreren Geographischen Gesellschaften, Universitäten und der Presse. Die Frankfurter Geographische Gesellschaft unterstützte das Gesuch sogar durch eine eigene Eingabe an den Bundesrat. In Berlin wurde der Antrag allerdings von interessierten Kreisen und Fachkollegen verhindert, die den Schwerpunkt deutscher Forschung auf innerafrikanische Expeditionen legen wollten. Diese Konkurrenz der Geldmittel könnte auch ökonomische Hintergründe gehabt haben. Die Polargebiete galten als wirtschaftlich unergiebig, wogegen in Afrika den Entdeckungen mittelfristig auch gute Geschäfte folgen konnten.

Eine zeitgemäße Art der Information über polare Lebensformen präsentierte 1880 der Frankfurter Zoo. Vom 1. bis 12. Dezember 1880 wurden dort zwei Eskimofamilien aus Labrador ausgestellt, samt eigenen Wohnhütten, Booten und Gerätschaften. Die Schau brachte der Zoologischen Gesellschaft Mehreinnahmen von 4100 Mark ein. Die Eskimos starben allesamt im Januar 1881 an einer Infektionskrankheit.

Als im Frühjahr 1882 das Erste Internationale Polarjahr begann, weilte Carl Weyprecht schon nicht mehr unter den Lebenden. Die Proklamation des Polarjahres war 1879 auf dem Zweiten Internationalen Meteorologen-Kongress in Rom erfolgt. Im Anschluss an den Kongress wurde am 5. Oktober 1879 in Hamburg die Internationale Polarkommission begründet. Kommissionsleiter war Georg Neumayer und als weiterer Vertreter Deutschlands war der Vorstand des Hydrographischen Amtes der Admiralität, Georg von Schleinitz, vertreten. Die übrigen Kommissionsmitglieder waren Buys-Ballot (Utrecht), Hoffmeyer (Kopenhagen), Lenz (St. Petersburg), Mascart (Paris), Mohn (Christiana), Weyprecht (Triest) und Wykander (Lund).

Im folgenden Jahr berief die Reichsregierung die Deutsche Polarkommission zusammen. Sie bestand aus Dr. Neumayer als Vorsitzendem, Konteradmiral von Schleinitz als stellvertretendem Vorsitzenden sowie den Mitgliedern Professor von Bezold, Professor Börgen, Professor Förster, Geheimrat von Helmholtz, Dr. Nachtigal, Direktor Schreiber und Geheimrat von Siemens.

Zwischen 1882 und 1884 führten die zwölf interessierten Nationen das Erste Internationale Polarjahr durch, an dem ca. 700 Personen beteiligt waren. Zufällig brach in diesem Zeitraum am 27. August 1883 in Niederländisch-Indien (Indonesien) der Krakatao aus, was von den meisten Stationen registriert wurde.

Die Organisation des Deutschen Beitrags lag in den Händen von Georg Neumayer. Planmäßig liefen 1882 drei deutsche

502 Nordpolarkarte 1883

Expeditionen aus: Am 2. Juni 1882 verließ die Südexpedition unter der Leitung von Dr. Schrader mit sechs Wissenschaftlern Hamburg. Von Montevideo aus brachte sie die Korvette SMS Moltke nach Südgeorgien, wo Anfang September die Arbeit aufgenommen wurde. Die Nord-Expedition unter Dr. Giese verließ Hamburg am 28. Juni 1882 und wurde im September am Kingua-Fjord im Cumberland-Sund (Kanada) mit ihrer Station abgesetzt. Eine dritte Station mit Messeinrichtungen erstellte Dr. Koch aus Freiburg ab dem 10. August in Hoffenthal auf Labrador. Der geographische Ertrag war freilich begrenzt, da weder Ausrüstung noch Mittel und Personal ausreichend waren, in unbekannte Gegenden vorzudringen. Die Datensammlungen des deutschen Beitrags wurden 1886 von Neumayer und Börgen publiziert, die Auswertungsbände ließen noch bis 1890 (Band 2) und 1891 (Band 1) auf sich warten.

Der österreichisch-ungarische Beitrag des Ersten Internationalen Polarjahres war eine Station auf Jan Mayen. Die Kosten dafür trug der polarbegeisterte Graf Hans Wilczek alleine. Diese wiederum gut organisierte Expedition stand unter Leitung des k. k. Korvettenkapitäns Emil Edler von Wohlgemuth. Dieser publizierte die Forschungsergebnisse seiner Station 1886 in vier Bänden. Es war auch Graf Hans Wilczek, der im Jahre 1884 zur Vierten Internationalen Polarkonferenz nach Wien einlud, um ein Fazit der Unternehmung zu ziehen. Seinem Ruf folgten ein Großteil der Teilnehmer der beteiligten Länder, wie Paulson, Ekholm, Stehen, Cora, Börgen, Dawson, Ray, Snellen, Wijkander, Wohlgemuth, Payen, Muller, Lent, Giese, Scott, Mascart, Wild, Mohn und Neumayer.

Während des Ersten Internationalen Polarjahres richtete der Frankfurter Verein für Geographie und Statistik vom 29. bis 31. März 1883 den dritten Deutschen Geographentag aus. Mit 504 Teilnehmern war es die bisher größte Tagung des Faches. In der Eröffnungssitzung mit den Themen »Afrikaforschung« und »Polarforschung« wurden der alte Afrikaforscher Eduard Rüppell und der junge Afrikaforscher v. Wissmann besonders geehrt. Georg Neumayer als Präsident der deutschen Polarkommission hielt am Vormittag dieses 29. März, einem Donnerstag, einen Vortrag über »Die deutschen Unternehmen im Systeme der internationalen Polarforschung«. Er referierte dabei über die erfolgreiche Aussendung der deutschen Forschungsstationen des Internationalen Polarjahrs. Neumayer appellierte an alle Beteiligten, sich für eine deutsche Polarforschung einzusetzen, die gleichermaßen die Nord- wie die Südpolargebiete berücksichtigte. Auf dieser Linie lag auch ein Tagungsbeitrag von Friedrich Ratzel, der sich mit den sechs Thesen Weyprechts auseinandersetzte. Drei davon könne man »mit gesundem Verstand unterschreiben«, die drei anderen (Nr. 2 – 4) seien schwach fundiert und müssten vom Standpunkt der Geographie zurückgewiesen werden. Zuerst käme die geographische Entdeckung, und dann die wissenschaftliche Erforschung der neuen Gebiete. In der ersten Euphorie nach diesen beiden Vorträgen beschlossen die Teilnehmer der Tagung eine Wiederaufnahme der Polarexpeditionen. Zudem sei das Interesse für Polarexpeditionen eine alte Frankfurter Tradition, stellten die Teilnehmer fest. Freilich folgten diesem Beschluss keine weiteren Taten.

506 Telegramm an Georg Neumayer 1882
509 Basalt der Kerguelen

Der Frankfurter Verein für Geographie und Statistik

511 Ernst Justus Häberlin

Der Geographische Verein zu Frankfurt gründete sich 1836 als zweite geographische Vereinigung im Deutschen Bund. Im Jahr 1849 ernannte der Verein den in London ansässigen Geographen August Petermann bereits zum korrespondierenden Mitglied. 1854 erfolgte die Erweiterung des Namens und des Aufgabenbereichs mit der Bezeichnung »Frankfurter Verein für Geographie und Statistik«. Erstaunlicherweise fand die Geographenversammlung von 1865, zu der Otto Volger namens des Freien Deutschen Hochstifts eingeladen hatte, keine Erwähnung in den Mitteilungen des Vereins. Einzelne Mitglieder waren aber nachweislich anwesend, wie etwa Eduard Rüppell.

Der erste nachweisliche Kontakt des Vereins mit der Polarforschung bestand aus einem Vortrag von Kapitän Carl Koldewey am 31. März 1869 im Saalbau. Koldewey bereitete gerade die Zweite Deutsche Nordpolar-Expedition vor. Nach Abfahrt dieser Expedition berichtete der Vorsitzende Dr. August Finger in der Sitzung vom 1. Dezember 1869 darüber. Er brachte der Versammlung zwei Briefe des Frankfurter Teilnehmers Peter Ellinger zu Gehör, der auf der »Germania« als Matrose dabei war. Nach Rückkehr der Expedition im Herbst des Jahres 1870 wurden Carl Koldewey aus Bremen und Julius Payer aus Wien zu korrespondierenden Mitgliedern des Frankfurter Vereins ernannt. Auf der Sitzung des Vereins vom 16. November 1870 war Peter Ellinger persönlich anwesend. Dr. Finger und Dr. Geyler (»Ueber die arktische Flora«) erläuterten dessen Sammlung arktischer Pflanzen von den Ufern des Franz Josef-Fjordes. Von der Sabine-Insel lagen Gegenstände aus Knochen von Walross und Narwal vor, die offenbar bearbeitet waren. Peter Ellinger bestätigte, dass auf der Reise auch zwei eiserne Messer mit stark verrosteten Klingen gefunden worden seien. Diese hätten kein europäisches Aussehen gehabt. Die Publikation dieser Zweiten Deutschen Nordpolarfahrt zog sich einige Zeit hin. Prof. Dr. Schmidt berichtete in der Sitzung vom 22. Februar 1871 über die Arbeiten an diesem Werk. In der Sitzung vom 12. April 1871 musste eines traurigen Ereignisses gedacht werden. Im Alter von nur 23 Jahren war am 10. März in Savannah (USA) der Frankfurter Polarfahrer Peter Aloys Ellinger gestorben.

Dem Verein war derweil bekannt geworden, dass Julius Payer im Frühjahr 1871 eine kleinere Erkundungsfahrt in die Gewässer um Spitzbergen plante. Im Jahresbericht ist zu lesen: »Eine andere Gelegenheit zur Unterstützung einer wissenschaftlichen Erforschungsreise bot sich dem Vereine in der Expedition dar, welche Herr Oberleutnant Payer in Gemeinschaft mit k. k. Schiffsleutnant Weyprecht, im Juni d.J. von Tromsö ausgehend, nach dem König-Karl-Land im Osten von Spitzbergen unternahm. Nach erhaltener Kenntnis des Projektes bildete sich auf Initiative des Vereinsvorstandes und unter Hinzutritt zweier seiner Mitglieder, den Herrn Oberlehrer Dr. Aug. Finger und Herrn Handelskammersekretär H. Glogau gegen Ende des April d. J. ein Komitee*) zur Aufbringung von Beiträgen für die Expedition. Der aus der Kasse des Vereins bewilligte Zuschuss von 150 Gulden wurde durch weitere freiwillige Beiträge in kurzer Zeit auf die Summe von 1030 Gulden erhöht, welche durch ein Mitglied des Komitees Herrn Dr. Petermann in Gotha persönlich überbracht wurde.
*) Ausser den Genannten bestand das Komitee aus den Herren E. J. Häberlin, L. Höchberg, Aug. Ravenstein und Dr. Fr. Scharff.«

Bekanntlich führte die Rekognoszierungsfahrt Weyprechts und Payers mit der »Isbjörn« zu guten Resultaten, so dass im folgenden Jahr die große Polarexpedition durchgeführt werden sollte. Schon im Herbst 1871 bildete sich erneut ein Frankfurter Komité, diesmal zur Aufbringung von Beiträgen für die geplante

Weyprecht-Payer Expedition. Das Komitee bestand aus den Herren Louis Brentano, Heinrich Flinsch, Dr. Karl von Fritsch, Leopold Höchberg, Konsul Th. Kuchen, Konsul G. von Weissweiller, Heinrich Glogau, Dr. E. J. Häberlin, Ludwig Freiherr von Leonhardi, Senator Dr. von Oven, Dr. R. Pfefferkorn und Dr. Georg Varrentrapp. Am 12. März 1872 konnten 2000 Gulden österreichischer Währung nach Wien geschickt werden. Carl Weyprecht selbst wohnte am 27. März 1872 einer Vereinssitzung bei und legte in einem ausführlichen Vortrag seine Pläne dar:

Hierauf ergriff Herr Schiffslieutenant Weyprecht das Wort: Bei Polarexpeditionen, sagte er, wirft man gewöhnlich zwei Fragen auf, eine nach dem materiellen Nutzen, die andere nach dem Gelingen. – Hätte man immer gefragt, ob eine gewisse Unternehmung möglich sei, so ständen wir wohl jetzt noch auf dem Standpunkt wie vor 600 oder 800 Jahren. Uebrigens hat z. B. das Kamtschatka- oder Behringsmeer seinen Befahrern einen grössern Werth an Thran eingebracht als sämmtliche californische Minen ihren Bearbeitern an Gold ertrugen. Schon im l6. Jahrhundert begannen die Angriffe der Engländer auf den Pol. Man suchte einen kürzeren Weg, die sogenannte nordwestliche Durchfahrt nach dem grossen Ocean. Auch nach erkannter praktischer Nutzlosigkeit verschwendete man in England noch enorme Capitalien an diese »nationale Ehrensache«. Franklin's Untergang hatte die endlose Reihe von Expeditionen zur Folge, die durch ihre Concentration auf den arktischen Archipel im Norden des amerikanischen Continents für die Kenntniss der Central-Polarregion fast nutzlos blieben. Die ungünstigsten Bedingungen stemmten sich überdies jenen Unternehmungen in dem westgrönländischen Meere entgegen, besonders durch die Enge der Sunde, sowie durch die Masse der Gletscher und ihrer Eisberge. Vor etwa 300 Jahren suchten auch die Holländer eine Durchfahrt, aber eine nordöstliche; klüger als die Engländer, gaben sie ihre Versuche nach dem ersten Misslingen auf. Die Expeditionen der Russen durchkreuzten bisher nur das karische und das Nowaja-Semlja-Meer. Die erste deutsche Expedition wurde durch die Eisverhältnisse an der Küste Ostgrönlands in ihrem Fortgang gehemmt. Der praktischste zur Erreichung hoher Breiten bisher gewählte Ausgangspunkt liegt im Norden von Spitzbergen, wo Parry im Jahre 1827 bereits 82° 44' N. B. erreichte. Das Scheitern so vieler sogenannter Polarexpeditionen lag jedesmal in ihrer mangelhaften Planung.

Voraussichtlich sind auf dem Wege zwischen Spitzbergen und Nowaja-Semlja die günstigsten Resultate zu erwarten. In England gibt es zwar jetzt eine Partei, die gegen alle arktische Schifffahrt ist; aber die blossen Schlittenreisen führen nie zum Ziele, denn das meiste arktische Eis befindet sich in schwimmendem Zustand abhängig von Wasser und Wind. Letztere beiden, bezw. die Luft als solche sind daher namentlich in Betracht zu ziehen; besonders bilden auch die Meeresströmungen einen Hauptfactor zur Regulirung der Erdtemperatur und im Norden schmelzen sie mehr Eis als die Sonne. Durch die Südströmungen wird daher das Eis aufgehalten, vielleicht sogar zurückgedrängt.

Die Karte des arktischen Gebietes zeigt dessen Abgeschlossenheit. Zur Verbindung der einzelnen Oceane sind nur drei Hauptstrassen vorhanden. Davon ist die Behringsstrasse zu eng und zu seicht, um als eigentliche Verbindung mit dem grossen Ocean zu gelten. Die Hauptverbindung bildet das Meer zwischen Grönland und Norwegen. An der Ostküste Grönlands geht ein kalter Strom nach Süd. Auf 75° N. B. ist derselbe etwa 40 deutsche Meilen breit mit ca. 10 See-Meilen Geschwindigkeit per Tag. Er befördert in runder Summe jährlich 200,000 Quadratmeilen Eis, wenn man selbst ein Dritttheil seiner Breite auf die Lücken zwischen den Feldern abrechnet. Er bedingt einen Ersatzstrom von Süd nach West, der mithin warmes Wasser bringt, und dies ist der Golfstrom. Seine letzte Theilung vollzieht sich bei der Bären-

insel; der nördliche Arm thaut die Ostküste Spitzbergens jährlich bis auf 80° N. B. auf. Der andere Arm verläuft gegen N. O. Nach unserer Beobachtung im Jahre 1871 lag das Eis bei 35° O. B. auf 70° N. B., bei 45° L. dagegen auf 77 1/2° N. B. Nach sechs Wochen waren ca. 100 Meilen Eis gegen Norden geschmolzen.

Die Folgerung aus diesen Thatsachen ist die, dass im Spätherbst das Eis im arktischen Gebiet derart gelockert sein muss, dass man zu Schiff vordringen kann.

Eigner Plan: das nächstliegende wäre eine Expedition direkt nach dem Nordpol. Viele Gründe sprechen jedoch dagegen: eine solche erfordert zwei Schiffe und somit etwa das Doppelte der vorhandenen Mittel. Ferner ist wissenschaftlich die Erreichung des Pols nicht so wichtig; er repräsentirt einen Punkt, nicht interessanter als andere Punkte auch. Daher ist für unsere Fahrt die nordöstliche Richtung, d. h. die Umschiffung der Nordküste Sibiriens in Aussicht genommen und als ideales Ziel die Durchfahrung der Behringsstrasse. Nach uns fand Capitain Mack auf 81° L. und 75 1/2° N. B. dasselbe offene Meer wie wir auf 60° L. bei fast 79° N. B. und zwar mit einer Erwärmung bis zu 6 1/2° C. Eine weitere wichtige Ursache dieses offenen Meeres sind die grossen sibirischen Stromsysteme. Ob und Jenissey haben ein Entwässerungsgebiet grösser als alle Flüsse, die das schwarze und mittelländische Meer speisen, und durchlaufen zum Theil fast tropische Regionen, während auf einer weiten Strecke ihres unteren Laufes die Verdunstung fast gleich Null ist. Die vorspringenden Landtheile, im Westen Nowaja-Semlja, im Osten Cap Tscheljuskin, halten die warnen Wasser zusammen und drängen dieselben längs den Küsten hin; daher das karische Meer, das man bis vor Kurzem für den Eiskeller der arktischen Region hielt, so eisfrei. Man besuchte es bisher stets in zu früher Jahreszeit und kehrte bereits Ende August wieder zurück. Middendorf sah vom Lande auf 91° O. L. die Taimyrbucht bei Cap Tscheljuskin ebenfalls eisfrei.

Ein Flusssystem von nicht geringerer Ausdehnung liegt östlich des genannten Caps. Jana, Lena, Indigirka, Kolyma, welche ebenfalls stark erwärmtes Wasser führen, müssen zumal bei der geringen Tiefe des Meeres, in das sie sich ergiessen, dieselbe Wirkung äussern wie jene westlichen Ströme. Diese Folgerung wird durch die russischen Erfahrungen bestätigt; 1820–24 fanden die russischen Landexpeditionen unter Anjou und Wrangel, ersterer von der Lena-, letzterer von der Kolyma-Mündung ausgehend, gegen Norden das Eis immer leichter und konnten bereits im April wegen offenen Meeres nicht weiter in dieser Richtung vordringen. Dieses Meer ist die mystische Polynia, die schon in den Jahren 1764 von Fähnrich Leontjew, 1810 von Hedenström, 1811 von Pschenitzin auf den verschiedensten Punkten der sibirischen Küste bis zu 175° O. L. gesehen worden war. Es ist demnach der Zusammenhang der beiden offenen Meere zu vermuthen, wenn sich auch dort einem Schiffe noch immerhin Schwierigkeiten genug entgegenstellen mögen.

Der Weg, den die Expedition parallel der Küste einzuschlagen hat, wird die Verbindungslinie der beiden Kältepole durchschneiden. Er trifft auf viele merkwürdige Punkte theils gesehener, theils wahrscheinlich vorhandener Landstellen und verspricht, was Thierleben, geologische und athmosphärische Verhältnisse u. s. f. betrifft, eine reiche Ausbeute. Es liegt sonach nicht nur eines der unbekanntesten, sondern auch eines der wissenschaftlich interessantesten Gebiete vor.

Nachdem auf der Hinreise in Tromsö der Harpunier aufgenommen und der Kohlenvorrath ergänzt sein wird, ist zunächst direct auf Nowaja-Semlja zuzusteuern. Ein grosser Gewinn für den folgenden Sommer würde es sein, wenn noch vor dem ersten Winter Cap Tscheljuskin könnte umfahren werden. Da durch die beiden correspondirenden Stromsysteme an dieser Stelle das Eis zusammengedrückt wird, so wird hier eine weite Abbiegung nach Norden unvermeidlich sein. Eine Ueberwinterung im offenen Mee-

re ist wegen der Winterstürme ganz unmöglich es muss daher ein Hafen aufgesucht werden und zwar im günstigen Falle entweder östlich des Caps an der sibirischen Küste oder auf einem noch unbekannten Nordlande.

Schilderung der Ausrüstung des Schiffes für den Winter. So lange die Sonne noch am Himmel, ist der Herbst für Expeditionen in die weitere Umgebung des Schiffes zu benutzen, zugleich sind Proviantdepots für die grösseren Schlittenexpeditionen des Frühjahrs zu errichten.

Schilderung des Fortkommens mit 1200–1600 Pfd. Gewicht, (leichtes Zelt als Nachtlager, gemeinsamer Schlafsack für alle Theilnehmer, gegenseitige Erwärmung, Kochen nur bei Abend, nicht am Tage möglich).

Beschreibung der inneren Einrichtung des Schiffes, Dimensionen desselben, Heiz- und Koch-Apparate, Proviant.

Die Polarnacht mit ihrer Langenweile muss der Mannschaft durch möglichst viel Bewegung, die den Skorbut abhält, durch mannigfache, besonders auch belehrende Beschäftigung, sowie durch die Vorbereitung auf die Sommerreise verkürzt werden. Im zweiten Sommer handelt es sich um Zurücklegung der Strecke bis gegen Neu-Sibirien oder darüber hinaus. Hier findet sich jedenfalls neues Land mit bedeutenden Gebirgen. Die zweite Ueberwinterung in dieser Gegend wird weit beschwerlicher und der Skorbut kaum abzuhalten sein. Gelingt es von da aus noch weiter östlich zu kommen, so ist die Behringsstrasse so gut wie gesichert; sollte dagegen deren Erreichung nicht möglich sein, so ist entweder eine dritte Ueberwinterung oder das Verlassen des Schiffes und der Rückweg zu Land durch Sibirien erforderlich.

Der Frage endlich, ob die Expedition etwas ausrichten werde, steht die grosse Abhängigkeit von der Herrschaft des Zufalls in den arktischen Regionen gegenüber; aber – und so schliesst der Redner *–,* »wenn wir auch bezüglich der Resultate nichts versprechen können, Eines versprechen wir: dass alle Theilnehmer, jeder nach seinen Kräften, dazu beitragen werden, das Gelingen des Unternehmens zu sichern.«

Ein ungeteilter Beifall der Zuhörer folgte diesem inhaltreichen und belehrenden Vortrag.

Am 14. Mai gingen weitere 1000 Gulden nach Wien. Bei der Summe von 3000 Gulden handelte es sich, wie nicht ohne Stolz vermerkt wurde, um den einzigen namhaften Betrag »aus dem Gebiete des Deutschen Reiches«. Zur Abschiedsfeier in Bremerhaven am 12. und 13. Juni 1872 waren die Vorstandsmitglieder H. Glogau und E. J. Häberlin eingeladen und nahmen diese Ehre auch wahr. Carl Weyprecht schrieb am 16. August 1872, vor Kap Nassau liegend, an den Frankfurter Verein für Geographie und Statistik zu Händen von Heinrich Glogau einen langen Brief:

An den correspondirenden Schriftführer des Vereins gelangte später ein von Cap Nassau (an der Küste Nowaja-Semljas) unterm 16. August datirter, mit dem Poststempel Tromsö, den 23. September, versehener Brief des Commandanten der Expedition, welchen wir nachstehend mittheilen.
Verehrter Freund!

Ich muss Ihnen auf gewöhnlichem Schreibpapier schreiben, da ich den Rest meines Briefpapiers und der Couverts nach der Abfahrt von Tromsö vor lauter Freude, keine Briefe mehr schreiben zu müssen, über Bord geworfen habe.

Wir haben Cap Nassau in Sicht und liegen in Gesellschaft des Isbjörn mit Graf Wiltscheck und Commodore Sternek vom Eise dicht besetzt bei einer Gruppe von Inseln, die wir für die Barentz-Inseln nach der russischen Karte halten. Seit dem 13. haben wir SW-Sturm, sind gegen denselben durch eine Spitze der westlicheren Inseln gedeckt; auf kurze Distance treibt ununterbrochen schweres dichtgepresstes Packeis gegen NO. Die Eisverhältnisse sind in diesem Jahre unglaublich ungünstig, schon am 25. Juli trafen wir das Eis auf 74 1/2 N. B. und 48° O. L., also in einer Gegend, wo in sonstigen Jahren um diese Zeit nicht das kleinste Stück Eis liegt. Ohne uns weiter zu bedenken, drangen wir in dasselbe ein, fanden es zwar sehr leichter Qualität, jedoch meistens ganz dicht liegend und arbeiteten uns bis zum 3. August durch dasselbe in das offene Landwasser unter Nowaja Semlja, d. h. 100 Seemeilen. Bei der Admiralitätshalbinsel fanden wir dasselbe wiederum am Lande festliegend. Am 12. befanden wir uns bei der südlichsten der Buckligen Inseln, Eis ziemlich gut vertheilt. Am 13. setzte Südwest-Wind mit Nebel ein, bei dessen Aufgehen wir den Isbjörn sahen, der uns seit drei Tagen nachgesetzt war.

Isbjörn hatte bis 72° herabgehen müssen, um den Eismassen auszuweichen, die wir durchschnitten haben. Das Traurige sind die Temperaturverhältnisse dieses Jahres. Während die mittlere Monatstemperatur des August für 74 1/2° N. Breite in Nowaja Semlja + 5 Grad C. ist, steht schon, seitdem wir das erste Eis gesehen haben, das Thermometer fast fortwährend unter Null; dabei anhaltende Schneefälle. Welch ein Gegensatz zum vorigen Jahre! Die Wassertemperatur übersteigt 0 ° fast nie. Drei Grade nördlich von hier hatten wir im vorigen Jahre 14 Tage später weit gelinderes Wetter, als nun schon seit 3 Wochen unter so niedriger Breite. Es scheint fast, als sei das ganze Eis des weissen Meeres nicht zum Schmelzen gelangt und mit SW-Winden heraufgekommen.

Es ist jedoch noch immer nichts verloren, wir haben fast noch einen ganzen Monat Schifffahrtszeit und haben es trotz der kolossalen Eismassen bis Cap Nassau gebracht. Ich rechne hauptsächlich auf die ersten 14 Tage des Septembers. Auf keinen Fall können aber jene sanguinischen Hoffnungen realisirt werden, die in der letzten Zeit vor unserer Abfahrt laut geworden sind, die ich jedoch niemals getheilt habe, und denen ich immer entgegengetreten bin.

Isbjörn wird sich nun von uns trennen, nachdem wir hier die für uns bestimmten Lebensmittel deponirt haben, sobald es Wetter und Eis zulassen. Er wird nach dem Süden zurückkehren, da das Eis für ihn hier zu schwer ist und er seine Bestimmung erfüllt hat.

Bei den Buckligen Inseln sind zwei norwegische Schiffe zerquetscht worden. Ueber dieselben hinaus ist ausser uns bis jetzt noch Niemand gekommen, ebensowenig wie in das Karische Meer.

Die Karten oberhalb der Admiralitätshalbinsel sind ganz unkenntlich; von den Buckligen Inseln angefangen, ist Alles vollständig im Dunkeln. Da ich keine sicheren Daten geben kann, will ich durch eine neue Karte die von den Norwegern geschaffene Confusion nicht noch vermehren. Anhaltende Nebel, Schneegestöber etc. liessen uns bis jetzt kaum noch zu astronomischen Beobachtungen kommen. Das Schleppnetz hat uns sehr hübsche Sachen gebracht.

Mit Schiff und Mannschaft hin ich durchaus zufrieden. Unsere Leute sind sehr eifrig und ertragen das Klima, wie ich erwartet hatte, vollkommen gut. Von nicht zu unterschätzendem Vortheil ist der geringe Kohlenconsum der Maschine. Ausgezeichnet ist unser von Richers in Hamburg gelieferter Proviant.

Wollen Sie die Güte haben, diese Notizen der geographisch-statistischen Gesellschaft mitzutheilen.

Die Officiere lassen Sie alle grüssen. Empfehlen Sie mich herzlichst allen Frankfurter Freunden. Leben Sie recht wohl! Auf glückliches Wiedersehen. Ihr etc.

Auf der Vereinssitzung vom 18.12.1872 legte der Referent Heinrich Glogau Fotografien norwegischer Landschaften und Volkstrachten vor. Diese waren von Carl Weyprecht in Finnmarken gesammelt und nach Hause geschickt worden. Sein Vater, Kammerdirektor Ludwig Weyprecht in König (Odenwald), stellte die Bilder für diese Vereinssitzung zur Verfügung.

Unmittelbar nachdem die Nachricht von der Rückkehr Weyprechts und Payers in Frankfurt angelangt war, wurden beide in der Sitzung vom 14. Oktober 1874 zu Ehrenmitgliedern des Geographischen Vereins ernannt. Carl Weyprecht selbst sprach am 5. November 1874 anlässlich eines Vortrags über seine Expedition vor 1900 Zuhörern in der Aula des Frankfurter Saalbaus. Anwesend waren die Mitglieder des Geographischen Vereins, Vertreter aller wissenschaftlichen Gesellschaften der Stadt und zahlreiche Frankfurter Bürger. Die Veranstaltung begann mit einer Darbietung des Männerchores »Liederkranz«, dann hielt der Vorsitzende H. Glogau eine Begrüßungsansprache, schließlich war Weyprecht selbst an der Reihe. Am Schluss gab es ein heiteres Festmahl.

In Zusammenhang mit den neuen polaren Entdeckungen verfasste Vorstandsmitglied F. A. Finger in den Vereinsberichten desselben Jahres (Band 39, 1875 / 1876, S. 86 – 99) einen Aufsatz über »Die allmähliche Entwicklung unserer Kenntnis von der Arktischen Region«. Als Tafel 2 im Anhang lieferte Finger »Achtzehn Nordpolar-Kärtchen« für den Zeitraum von 1508 bis 1874. Das Frankfurter Komitee war das einzige derartige im neuen Deutschen Reich. Andere Komitees gab es noch in Wien und Graz. Die Konstituierung des Komitees hatte gewiss seinen Grund auch in der heimatlichen Nähe Carl Weyprechts zu Frankfurt. In Darmstadt geboren und aufgewachsen, besuchte er regelmäßig seine Eltern in Bad König.

Am 17. August 1877 starb Heinrich Glogau, der Vorsitzende der Frankfurter Gesellschaft für Geographie und Statistik und eifriger Befürworter arktischer Unternehmungen. Geboren am 29. Juli 1821 in Bergen (Norwegen) als Sohn deutscher Eltern, studierte er in Gießen Chemie bei Justus von Liebig und in Jena Medizin und Philosophie. In Stuttgart gründete er eine Gesellschaft für Kunst und Wissenschaft und gelangte in den Umkreis des Schriftstellers Hackländer. Er verfasste volkswirtschaftliche Arbeiten und Dramen, die in Weimar, Stuttgart und Frankfurt aufgeführt wurden. 1853 übersiedelte Glogau nach Frankfurt. Er veröffentliche den »Compaß. Einen volkswirtschaftlichen Wegweiser«, und publizierte die Reihe »Skandinavische Korrespondenz«. Aus diesen Gründen wurde er 1863 Sekretär der Handelskammer. Er wurde bald ein qualifiziertes Mitglied des Geographischen Vereins, wo er auch von seinen eigenen Reisen berichtete. 1862 kam er in den Vorstand des Vereins und wurde 1873 deren Vorsitzender.

Nach Glogaus Tod ließ in Frankfurt, und nicht nur dort, das Interesse für die Polarforschung nach. Diese Entwicklung wurde nur kurz während des Dritten Deutschen Geographentages in Frankfurt vom 29. bis 31. März 1883 unterbrochen. Dort forderten die Versammelten eine Wiederaufnahme der Polarexpeditionen, da diese im Interesse der Wissenschaft und der Nation seien.

Der Frankfurter Verein für Geographie und Statistik war nach seiner deutlichen Unterstützung der österreichisch-ungarischen Nordpolar-Expeditionen eher zurückhaltend mit der Förderung weiterer Expeditionen. Generell verlagerte sich das Interesse der Mitglieder und der Öffentlichkeit auf den afrikanischen Kontinent, gewiss unter dem Einfluss kolonialer Bestrebungen. Doch der Verein war stets bemüht, Polarforscher für Vorträge zu gewinnen, wie diese Aufstellung zeigen soll:

1.3. 1876	Wilhelm Bade, Swinemünde: Über Zwecke, Ziele und Ausrüstung von arctischen Forschungsreisen
16.2. 1881	Friedrich von Hellwald, Stuttgart: Nordenskiöld und die Nordost-Passage
20.2. 1884	Wilhelm Bade, Wismar, Über die Eskimos in Grönland

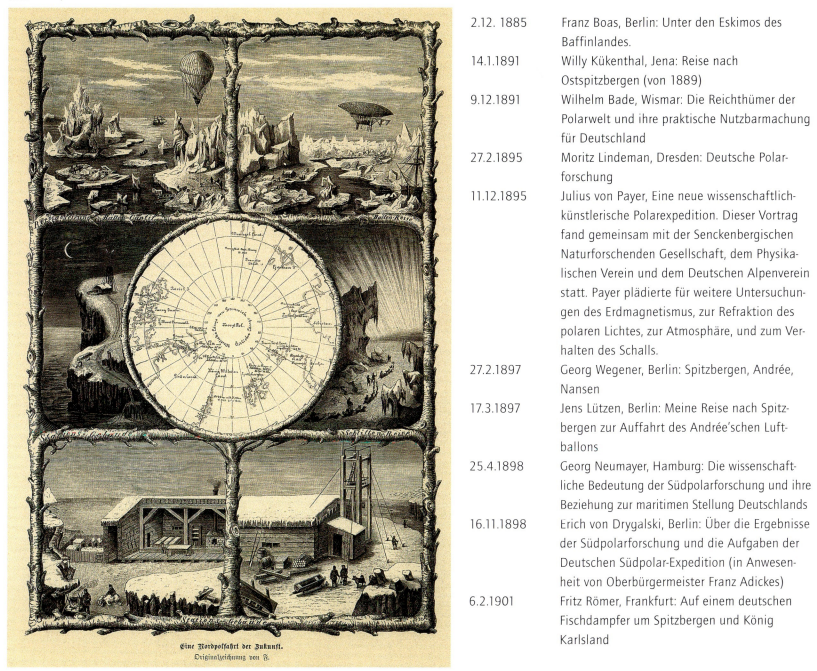

Eine Nordpolfahrt der Zukunft. Originalzeichnung von F.

2.12.1885	Franz Boas, Berlin: Unter den Eskimos des Baffinlandes.
14.1.1891	Willy Kükenthal, Jena: Reise nach Ostspitzbergen (von 1889)
9.12.1891	Wilhelm Bade, Wismar: Die Reichthümer der Polarwelt und ihre praktische Nutzbarmachung für Deutschland
27.2.1895	Moritz Lindeman, Dresden: Deutsche Polarforschung
11.12.1895	Julius von Payer, Eine neue wissenschaftlich-künstlerische Polarexpedition. Dieser Vortrag fand gemeinsam mit der Senckenbergischen Naturforschenden Gesellschaft, dem Physikalischen Verein und dem Deutschen Alpenverein statt. Payer plädierte für weitere Untersuchungen des Erdmagnetismus, zur Refraktion des polaren Lichtes, zur Atmosphäre, und zum Verhalten des Schalls.
27.2.1897	Georg Wegener, Berlin: Spitzbergen, Andrée, Nansen
17.3.1897	Jens Lützen, Berlin: Meine Reise nach Spitzbergen zur Auffahrt des Andrée'schen Luftballons
25.4.1898	Georg Neumayer, Hamburg: Die wissenschaftliche Bedeutung der Südpolarforschung und ihre Beziehung zur maritimen Stellung Deutschlands
16.11.1898	Erich von Drygalski, Berlin: Über die Ergebnisse der Südpolarforschung und die Aufgaben der Deutschen Südpolar-Expedition (in Anwesenheit von Oberbürgermeister Franz Adickes)
6.2.1901	Fritz Römer, Frankfurt: Auf einem deutschen Fischdampfer um Spitzbergen und König Karlsland

Datum	Vortrag
6.3.1901	Hermann Anschütz-Kämpfe, München: Das europäische Eismeer und ein neuer Expeditionsplan nach dem Nordpol mit Hilfe eines Taucherschiffs
12.2.1902	Wilhelm Bade, Wismar: Reiseerinnerungen aus dem hohen Norden
5.11.1902	Siegmund Günther, München: Arktis und Antarktis
2.3.1904	Erich von Drygalski, Berlin: Die Deutsche Südpolar-Expedition
30.11.1904	Otto Nordenskiöld, Stockholm: Die Schwedische Südpolar-Expedition 1901–1904
20.1.1910	Ernest Shackleton, London: Die englische Südpolar-Expedition 1907/1909
14.12.1910	Wilhelm Filchner: Meine Spitzbergen-Expedition als Vorläufer der Deutschen Antarktischen Expedition und die Aufgaben der letzteren
1.2.1911	August Stolberg, Straßburg: Die Deutsche und Schweizerische Grönland-Expedition 1909
1.11.1911	Erich von Drygalski, München: Die Zeppelin-Studienfahrt nach Spitzbergen und ins nördliche Eismeer im Sommer 1910
15.10.1912	Roald Amundsen, Christiana: Die Eroberung des Südpols. Die norwegische Südpolar-Forschungsreise mit der »Fram« 1910–1912
5.11.1913	Alfred de Quervain, Zürich: Die Durchquerung von Grönland und die Schweizerische Grönlandexpedition 1912/1913
7.1.1925	Hans K. E. Krüger, Bensheim: Plan einer arktischen Expedition
4.3.1925	Wilhelm Filchner, Berlin: Zum sechsten Kontinent

512 Rüppell-Medaille in Gold

Mit Auszeichnungen war der Frankfurter Verein für Geographie und Statistik zunächst recht sparsam. Einzige Auszeichnung war zunächst die Ehrenmitgliedschaft. Erstes Ehrenmitglied wurde 1838 der Begründer der modernen Geographie, Carl Ritter. Als dritte Ehrenmitglieder wurden am 14. Oktober 1874 gleichzeitig Julius Payer und Carl Weyprecht aufgenommen. Weitere Ehrenmitglieder aus dem Kreise der Polarforscher wurden Ferdinand von Hochstetter (1882), Karl Koldewey (1886), Adolf Erik Nordenskiöld (1886), Georg Neumayer (1886), Reinhold Werner (1887), Fridtjof Nansen (1896), Otto Neumann Sverdrup (1902), Erich von Drygalski (1904), Ernst Shackleton (1910), Otto Nordenskiöld (1911) und Roald Amundsen (1912). Korrespondierende Mitglieder wurden Wilhelm Bade (1875) und Arthur Breusing (1875). Eine singuläre Auszeichnung war die goldene Nordenskiöld-Medaille. Sie wurde von allen geographischen Vereinen des Reiches gemeinsam gestiftet und dem verdienten Forscher am 9. August 1879 zu Berlin überreicht.

Am 100. Geburtstag des großen Frankfurter Afrikaforschers Eduard Rüppell, dem 20. November 1894, beschloss der Verein für Geographie und Statistik, eine Rüppell-Medaille herstellen zu lassen. Rüppell stand zu Lebzeiten mit vielen großen Entdeckungsreisenden seiner Zeit, darunter auch John Franklin, in Korrespondenz. Die Medaille sollte in Gold oder Silber an verdiente Persönlichkeiten auf dem Gebiete der Geographie und Statistik verliehen werden.

Die Ausführung in Bronze durfte jedermann privat erwerben. Erster Preisträger war 1894 der Afrikaforscher Hermann von Wissmann (1853–1905). Die Rüppell-Medaille in Silber erhielt 1906 Wilhelm Filchner. Die Rüppell-Medaille in Gold erhielten 1910 Ernest H. Shackleton und 1912 Roald Amundsen.

Die Senckenbergische Naturforschende Gesellschaft

Die Senckenbergische Naturforschende Gesellschaft (SNG) wurde im Jahre 1817 von 16 Personen auf Initiative von Dr. Philipp Jacob Cretzschmar gegründet. Der Mitgliedsbeitrag dieser frühen wissenschaftlichen Gesellschaft betrug einen Carolin (= 11 Frankfurter Gulden) jährlich, was 1873 18,70 Mark entsprach. In diesem Jahr wurde der Beitrag auf 20 Mark aufgerundet. Die Mitgliederzahl betrug im Jahre 1873 515 Personen und überschritt nach der Jahrhundertwende die Tausendergrenze. Es gab zahlreiche Doppelmitgliedschaften zu dem wissenschaftlich benachbarten Frankfurter Verein für Geographie und Statistik. Da in den Jahresberichten der SNG regelmäßig die Mitgliederlisten abgedruckt wurden, kann abgelesen werden, dass diese Gesellschaft eine Einrichtung war, mit der sich das großbürgerlich-liberale Frankfurt identifizierte. 1897 bat die im nahen Kronberg wohnende Kaiserin und Königin Friedrich um Aufnahme als reguläres Mitglied.

Bei der SNG stand die Polarforschung eher am Rande des Interesses und wurde selten zum Thema. Im Bericht von 1862 wurde der Frankfurter Polarreisende Dr. Georg Berna lobend erwähnt. Er habe sich in die unwirtliche fremde Welt hinausgewagt und seine Funde jetzt einem öffentlichen Institut, nämlich der SNG, übergeben. Darunter befanden sich eine »Anzahl nordischer Vögel, eine prächtige Gorgonie und Mollusken und Echinodermen in Weingeist« die noch »in den Arbeitszimmern aufgespeichert« liegen.

Im Jahr 1871 berichteten Oberlehrer Dr. Finger und Julius David Wetterhan über die von Peter Ellinger gesammelten Pflanzen der Zweiten Deutschen Nordpolar-Expedition. Die Ehrung als korrespondierendes Mitglied der SNG wurde bereits 1855 dem Afrikaforscher Theodor von Heuglin (1820 – 1877) zuteil, der in den Jahren 1870 und 1871 Reisen in das Polarmeer unternahm. Fridtjof Nansen weilte 1886 in Frankfurt und war auf einer Sitzung der Senckenbergischen Naturforschenden Gesellschaft anwesend. Er wurde 1892 zum korrespondierenden Mitglied ernannt. Die Kunde von Nansens Rückkehr und der »FRAM«-Drift erregte naturgemäß großes Aufsehen. Der SNG-Vorsitzende August Knoblauch vertrat die Gesellschaft in Berlin am 3. April 1897 beim Empfang der Gesellschaft für Erdkunde zu Ehren des großen Polarforschers.

Im Jahr 1895 traf aus Genf die Kunde vom Ableben Carl Vogts ein. Dieser war kurz vor seinem Tod noch in Frankfurt gewesen. Bei diesem Anlass äußerte Vogt den Wunsch, dass der Lebensabend »seiner teuren Gattin durch den Verkauf seiner Bibliothek sorgenlos gestaltet werden möge«. Eine größere Anzahl Frankfurter Bürger brachte in kurzer Zeit die Summe von 28.350 Mark zusammen und überreichte das Geld der SNG. Damit wurde die 15 000 bis 20 000 Bände umfassende Bibliothek Carl Vogts gekauft und der Bibliothek der Gesellschaft zugeführt.

An der 1898 – 1899 stattfindenden Deutschen Tiefsee-Expedition mit dem Dampfer »Valdivia« nahm der Student der Biologie, Fritz Winter, teil, Sohn des Künstlers und Lithographen Wilhelm Winter. Letzterer war zeitweise Mitglied der Direktion der SNG. Als die Rückkehr der »Valdivia«-Expedition per Telegramm angekündigt wurde, reiste Wilhelm Winter im Auftrag und Namen der SNG nach Hamburg, um die Ankunft der Expedition persönlich mitzuerleben. Und schließlich befand sich ja sein Sohn an Bord.

Bald danach, am Samstag, den 10. Februar 1900, hielt Herr stud. rer. nat. Fritz Winter einen Vortrag im großen Hörsaal der SNG. Das Thema lautete »Einiges über die Deutsche Tiefsee-Expedition«. Winter zeigt anhand von Fotografien Landschaftsbilder der angelaufenen Inseln des südlichen Eismeeres mit ihren Gletschern, Bilder großer Eisberge, von See-Elefanten und Pinguinen. Zugleich waren im Vortragssaal Schließnetze, Lot-Apparate, Tiefsee-Thermometer und andere Instrumente aufgehängt. Der jugendliche Redner, wie es hieß, erhielt lebhaften Beifall. Die Ausstellung war noch am folgenden Sonntag, den 11. Februar von 11 bis 1 Uhr zu sehen und erfreute sich regen Zuspruches. Fritz Winter, Expeditionsleiter Carl Chun und der Biologe Otto zur Strassen waren die ersten Frankfurter, die sich in antarktischen Gewässern aufhielten.

Am 1. November 1900 wurde von der SNG erstmals ein wissenschaftlicher Kustos eingestellt. Es handelte sich um Dr. Fritz Römer. Geboren am 10.4.1866 in Moers, studierte er Zoologie in Berlin und Jena. 1892 bis 1898 war er Assistent am Zoologischen Institut der Universität Jena, 1899 bis 1900 dasselbe in Berlin und 1899 bis 1900 am Zoologischen Institut der Universität Breslau. 1898 war er Teilnehmer der privaten Expedition mit dem Schiff »Helgoland«, unter anderem mit Fritz Schaudinn und Theodor Lerner. In drei Sitzungen der SNG hielt er Vorträge über verschiedene Aspekte dieser Reise. 1907 wurde Römer zum Direktor des Museums der SNG berufen, verstarb aber schon früh am 20. März 1909.

In Absprache mit Friedrich Römer machte in Juni / Juli 1908 der begeisterte Jäger Rudolf von Goldschmidt-Rothschildt einen Jagdausflug nach Ostgrönland. Es galt, eine arktische Gruppe von Tieren für die SNG zu erlegen. In der Tat schoss Goldschmidt-Rothschildt »eine ganze Anzahl« von Eisbären, Robben (Klappmützen, Bartrobben, Ringelrobben), ein Walross, Lummen, Möwen, Sturmvögel, Eiderenten und auch einen Moschusochsen.

Für die folgenden Jahre sind noch einige Vorträge mit polarer Thematik bei der SNG zu verzeichnen. Prof. W. Salomon, Stuttgart, berichtete am 11. Februar 1911 über »Die Spitzbergenfahrt des Internationalen Geologenkongresses« (von Juli / August 1910). Hauptmann J. P. Koch, Kopenhagen, hielt am 21. Februar 1914 einen Vortrag über »Seine Durchquerung Grönlands im Jahre 1912 / 1913«. Am 23. Mai 1914 befand sich Eduard Ritter von Orel, ein Offizier der österreichisch-ungarischen Nordpolar-Expedition bei der SNG. Sein Vortrag lautete: »Der Stereoautograph, ein neuer, automatischer Kartenzeichner«.

Im Jahre 1909 wurde der Leipziger Professor für Zoologie, Otto Ladislaus zur Strassen, zum Direktor des Museum der SNG berufen. Er war als Biologe Teilnehmer der »Valdivia«-Tiefsee-Expedition von 1898 / 1899. Im gleichen Jahr hatte sein Vorgänger Fritz Römer mit dem zu dieser Zeit in Berlin lebenden Polar-

513 Senckenbergmuseum 1907

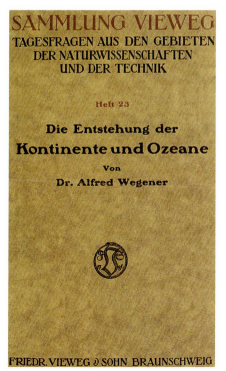

fahrer Theodor Lerner die »Helgoland«-Expedition rund um Spitzbergen unternommen. Theodor Lerner, inzwischen in Frankfurt wohnhaft, legte dem Senckenberg-Direktor Prof. Dr. Otto zur Strassen am 23. Februar 1914 den Plan einer neuerlichen Spitzbergen-Expedition vor. Vor allem sollten zoologische Präparate gewonnen werden. Der Frankfurter Magistrat stellte Geld und das Senckenbergmuseum Ausrüstungsgegenstände sowie den Präparator Christian Kopp zur Verfügung. Kurz nach Kriegsausbruch 1914 musste die Expedition auf Spitzbergen vorzeitig beendet werden. Hierzu der Bericht der SNG von 1916: »Der Ausbruch des Krieges ist Ursache, dass die uns gehörige Ausbeute der Lernerschen Spitzbergen-Expedition noch nicht in unseren Händen ist. Sie musste in Tromsö bleiben, nachdem die Reise vorzeitig abgebrochen war.« Die schließliche Ausbeute war gering. 1919 wird notiert, dass etwa 50 Bälge von Vögeln von dem bei der Lernerschen Spitzbergen-Expedition gesammelten Material gerettet werden konnten.

Die Verschiebung der Kontinente

Ein Meilenstein der Erdwissenschaften war die These von der Verschiebung der Kontinente, die Alfred Wegener 1912 im Frankfurter Senckenbergmuseum vortrug.

Alfred Lothar Wegener (1.11.1880 – November 1930) promovierte nach Studium der Mathematik und Naturwissenschaften 1904 in Berlin. 1906 – 1908 nahm er an der Danmark-Expedition nach Ostgrönland teil. Am 8. März 1909 habilitierte er sich in Marburg für Meteorologie, praktische Astronomie und kosmische Physik. Als Privatdozent hielt er Vorlesungen, wobei sich Johannes Georgi unter seinen Hörern befand. Zusammen mit Prof. F. Richarz gründete er den kurhessischen Verein für Luftschifffahrt. Dessen Sitz war das Physikalische Institut der Universität Marburg. Alfred Wegener gilt als Entdecker der Kontinentalverschiebung. Die erste Idee dazu kam ihm 1910 bei der Betrachtung einer Weltkarte. Ihm fiel die Form der gegenüberliegenden atlantischen Küsten auf. Im Herbst 1911 fielen ihm aufschlussreiche paläontologische Ergebnisse über die frühere Landverbindung zwischen Brasilien und Afrika in die Hände.
Seine These stellte er erstmals am 6. Januar 1912 auf der Jahresversammlung der Geologischen Vereinigung in Frankfurt vor. Die Sitzung mit dem Vortragstitel »Die Herausbildung der Großformen der Erdrinde (Kontinente und Ozeane) auf geophysikalischer Grundlage« fand im Senckenbergmuseum statt. Vier Tage später folgte in Marburg ein zweiter Teilvortrag mit dem Titel »Horizontalverschiebungen der Kontinente«. Der Inhalt der Vorträge erschien 1915 in Buchform. Von Juni 1912 bis Oktober 1913 durchquerte Wegener mit dem Dänen P. Koch das grönländische Inlandeis von Ost nach West. Im April 1915 wurde er Assistent am Physikalischen Institut der Universität Marburg bei Prof. Richarz. Nach diversen Einsätzen als militärischer Meteorologe kehrte er am 6.12.1918 nach Marburg zurück. Er wurde 1919 Abteilungsleiter an der Deutschen Seewarte in Hamburg und erhielt 1924 einen Ruf für Geophysik und Meteorologie an die Universität Graz. 1929 erfolgte eine Vorexpedition nach Grönland. Auf der Hauptexpedition kam er im November 1930 auf Grönland ums Leben.

Das Forschungsinstitut und Naturkundemuseum Senckenberg in Frankfurt feierte im Frühjahr 2002 mit einer fünfteiligen Vortragsreihe das 90-jährige Jubiläum von Wegeners Entdeckung. Prof. Dr. Wolfgang Franke (Frankfurt / Gießen) sprach u. a. am 13. Januar 2002 über »Das Bild der Geowissenschaften: das Erbe Alfred Wegeners.«

514 Alfred Wegener (1880 – 1930)
515 Publikation der Kontinentalverschiebung 1915

501 Nordpolarkarte 1876

Vivien de Saint Martin, Paris 1876 / Karte Région Arctique. Stahlstich, randkoloriert, H 53,2 cm, B 66,5 cm. Aus dem Atlas Universel von Vivien de Saint Martin, Paris (Hachette) 1876. Maßstab 1:18.000.000 / Privat

502 Nordpolarkarte 1883

Gotha 1883 / Stahlstich, farbig, H 38 cm, B 47 cm. Nord-Polar-Karte 1:20.000.000 von 1879 mit Nachtrag 1883 der Beobachtungsstationen von 1882 / 1883, Stielers Hand Atlas No. 10. Eintrag aller Nordfahrten bis 1881 (Jeanette). Nebenkarten 1:10.000.000 von Ostgrönland, Spitzbergen, Franz Josefs-Land, Nowaja Semlja, Nebenkarten 1:1.000.000 von Jan Mayen; Pendulum Inseln / Privat

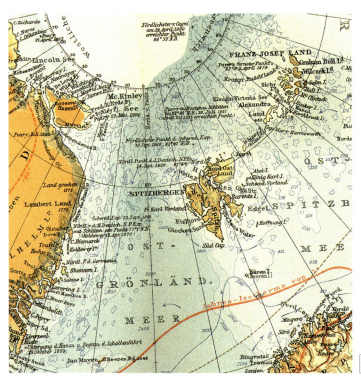

503 Nordpolarkarte 1903

Gotha 1903 / Stahlstich, farbig. H 36,8 cm, B 45,2 cm. Karte Nordpolargebiete 1:20.000.000 von 1903. Mit Nebenkarten von Nowaja Semlja 1:6.000.000, Südwest-Grönland 1:10.000.000, Spitzbergen 1:6.000.000 und Ost-Grönland 1:5.000.000 / Privat

504 Eskimo-Ausstellung 1880

Anonym, Frankfurt 1880 / Ankündigungstext auf rot-orangem Papier, H 38 cm, B 85 cm. Frankfurt a. M. vom 1. bis 12. Dezember 1880 / Historisches Museum Frankfurt, Inv.-Nr. C 3338

505 Eskimo-Ausstellung 1880

J. F. Richter, Hamburg 1880 / Farblithografie mit Darstellung einer Eskimo-Familie, H 56,5 cm, B 74,5 cm / Historisches Museum Frankfurt, Inv.-Nr. C 3338a

506 Telegramm an Georg Neumayer

Carl Koldewey, auf See 1882 / Papier, H 19 cm, B 21 cm / Polarpostsammlung Siegfried Nicklas, Frankfurt
Aufgegeben in Hamburg am 23.10. und abgefertigt am 24.10.1882. Mitteilung von Carl Koldewey, dass die »Germania« die Besatzung der Nordstation im Kingua-Fjord an Land gebracht hat. Bei der Abfahrt von dort am 8.9. 1882 waren alle Teilnehmer wohlauf.

507 Deutscher Expeditionsbericht 1882 – 1883

Berlin 1886 / Buch: G. Neumayer / C. Börgen, Die Internationale Polarforschung 1882 – 1883, Die Beobachtungsergebnisse der Deutschen Stationen, 2 Bände / Universitätsbibliothek Senckenberg Frankfurt

ZOOLOGISCHER GARTEN
zu Frankfurt a. M.
Vom 1. bis 12. December 1880
Schaustellung von zwei
Eskimo-Familien
aus Labrador
mit ihren Wohnhütten, Hunden, Booten und Geräthschaften.

504

508 Österreichischer Expeditionsbericht Jan Mayen 1882 – 1883

Wien 1886 / Buch: Emil von Wohlgemuth, Die internationale Polarforschung 1882 – 1883. Die österreichische Polarstation Jan Mayen, Vier Bände / Alfred-Wegener-Institut für Polar- und Meeresforschung Bremerhaven, Signatur: P 1 96 – 100

509 Kerguelen

Kerguelen, ca. 5 - 10 Millionen Jahre / Basalt, 12 cm x 14 cm x 16 cm / Prof. Dr. Hans W. Hubbertin, Alfred-Wegener-Institut für Polar- und Meeresforschung, Potsdam
Während des 1. Internationalen Polarjahres 1882 / 1883 hatte die Republik Frankreich ihre Beobachtungsstation auf der subantarktischen Inselgruppe der Kerguelen. Zuvor hatte 1874 eine deutsche Forschungsreise mit dem Schiff »Gazelle« unter Georg Gustav von Schleinitz einen astronomischen und geomagnetischen Beobach-

tungsstützpunkt an der Nordwestküste der Insel Courbet errichtet. Im gleichen Jahr weilte die britische »Challanger«-Expedition für drei Wochen auf den Kerguelen.

510 Nordpolarfahrt der Zukunft
Anonym, Deutschland um 1885 / Holzschnitt, H 30,6 cm, B 21,8 cm / Privat

511 Dr. Ernst Justus Häberlin
Anonym, Frankfurt um 1910 / Foto aus einem Buch / Historisches Museum Frankfurt
Vorstandsmitglied des Frankfurter Vereins für Geographie und Statistik und führendes Mitglied in den Komitees zur Unterstützung von Weyprechts Polarfahrten. Häberlin reiste zur Abfahrt der »Admiral Tegetthoff« nach Bremerhaven.

512 Rüppell-Medaille in Gold
Scharff, Wien um 1885 / Gold, Durchmesser 55 mm, Gewicht 66,9 gr., verliehen unter anderem an Ernest Shackleton und Roald Amundsen. Vorderseite: Brustbild Rüppells in 3/4 Ansicht nach links, rechts EDUARD RÜPPELL, links 1794 – 1884, darunter die Signatur des Medailleurs »Scharff«. Rückseite: Stadtansicht von Westen mit Untermainbrücke, Innenstadt und Sachsenhausen. Oben: VEREIN FÜR GEOGRAPHIE UND STATISTIK IN FRANKFURT AM MAIN, unten FÜR BESONDERE VERDIENSTE / Historisches Museum Frankfurt, Inv.-Nr. MK 7-48

513 Senckenbergmuseum
Anonym, Frankfurt 1907 / Foto, H 17 cm, B 25,5 cm / Historisches Museum Frankfurt, Inv.-Nr. C 25445

514 Alfred Wegener
Anonym, um 1925 / Foto. H 17 cm, B 13,6 cm / Pfalzmuseum für Naturkunde Bad Dürkheim, Georg von Neumayer Archiv

515 Publikation der Kontinentalverschiebung
Alfred Wegener, Braunschweig 1915 / Buch: Die Entstehung der Kontinente und Ozeane. Sammlung Vieweg. Tagesfragen aus den Gebieten der Naturwissenschaften und der Technik, Heft 23, Braunschweig 1915. 94 Seiten. Nachdruck der 1. Auflage mit handschriftlichen Bemerkungen von Alfred Wegener und der 4. erweiterten Auflage 1929, Berlin / Stuttgart 2005 / Privat

Theodor Lerner, Polarfahrer

Andrée, »Fauna Arctica« und die Bäreninsel

648 Theodor Lerner 1913 in Tromsö

Theodor Eduard Julius Lerner wurde am 10. April 1866 in Antweiler an der Ahr als Sohn des dortigen Bürgermeisters Julius Lerner und seiner Frau Maria Magdalena geb. Mengelbier geboren. Als Kind spielte er gerne bei seinen Großeltern auf der Burg Blankenheim in der Eifel, nach seinen eigenen Worten ein Dorado für Räuber- und Turnspiele. Der Vater wurde 1870 in Linz am Rhein zum Bürgermeister gewählt, wo der Sohn die Volksschule besuchte. Hier schloss er tiefe Freundschaft mit Rheinschiffern und Steuerleuten, sehr zum Missfallen der Lehrer und Erzieher. Der Rhein verstärkte seine Liebe zum Wasser. Im Winter schwamm er zwischen Eisschollen herum. Seine großen Körperkräfte und Schwimmfähigkeit ließen ihn einmal einen ertrinkenden Jungen im Rhein retten. Beim Gymnasialbesuch in Düsseldorf erwarb er ansehnliche Kenntnisse in Latein und Griechisch. Er hatte Freude am Gesang, den er mit seiner Baritonstimme gerne ertönen ließ, zumal er dabei in der Regel alles andere übertönte. Späterhin, im Sommer 1906, sorgte er bei den gestrandeten und verzweifelten Touristen des Kreuzfahrerschiffs »Isle de France« mit seinem Gesang für deren Aufmunterung.

In Würzburg nahm Theodor Lerner das Studium der Rechte auf. Hier wurde er Mitglied der Burschenschaft »Cimbria«. Nach einem Ortswechsel nach Bonn hörte er Vorlesungen in Nationalökonomie, Medizin und Jura. Er beendete die Studienzeit ohne Abschluss, woraufhin ihn sein Vater als Volontär in der Linzer Bürgermeisterei beschäftigte. Da ihm dies wenig Freude bereitete, ging er nach Bremen, um zur See zu fahren. Als Zahlmeisterassistent fuhr er nach England, Spanien und Südamerika. Es folgte in Bremen der Militärdienst als Einjährig-Freiwilliger im 75. Infanterieregiment. Es schloss sich ein mehrjähriger Aufenthalt in den USA, beginnend als Journalist, fortgesetzt als Tellerwäscher und Flaschenreiniger und am Ende als Brauerei-Vertreter für die Würzburger Hofbräu, an. Die Rückkehr nach Deutschland verbrachte er auf einem Dampfer als Kohlentrimmer, angeblich aufgrund einer Wette. In Kontakt mit der Arktis kam Lerner bei anschließenden Fahrten auf Fischdampfern der Norwegischen Westaalen-Gesellschaft, die ihn nach Norwegen und Island führten.

Theodor Lerner war 1896 als Presseberichterstatter für den Berliner August Scherl-Verlag (»Die Woche«) tätig. In einem Café in Hannover anlässlich einer Wehrübung las er im Frühjahr des Jahres erstmals in der Zeitung von dem geplanten Ballon-Polflug des Schweden Salomon Andrée. Von Scherl beauftragt, Augenzeuge dieses Aufstiegs zu sein, ging er nach Norwegen, wo ihn Direktor Witt von der Westaalen-Dampfschiffgesellschaft engagierte. Mit dem kleinen Dampfer »Expres« dieser Gesellschaft, begleitet von mehreren Engländern, besuchte er Andrée.

Dieser ankerte seit dem 23. Juni 1896 mit dem Schiff »Virgo« in einer Bucht vor der Däneninsel in Spitzbergen. Die Ballonfahrer waren neben Salomon August Andrée als Leiter Dr. Nils Ekholm als Meteorologe und Astronom und Nils Strindberg als Physiker und Fotograf. Am 13. Juli kam Lerner mit seiner Jagdgesellschaft von sechs Engländern an. Die erste Nacht ver-

604 1897: Der Ballon hebt ab

Was ich in den vielen Jahren erlebt habe, ist mit einem Zusatz von Optimismus und Situationskomik wahrheitsgetreu geschildert. Rührselige Betrachtungen über erlittenes Ungemach oder ausgestandene Entbehrungen wird man kaum finden. Sollten sie sich einmal hervorgewagt haben, werden sie sofort vom rheinischen Humor verdrängt. (Lerner 13)

601 Ballonflieger S. Andrée

brachte er im verlassenen Holzhaus des Briten Arnold Pike, der hier 1889 überwintert hatte. Zunächst präsentierte er sich als Zigarrenhändler, räumte dann aber ein, dass er für die Kölnische Zeitung schreibt. Auch verfügte er über wenig Proviant und hoffte, der Besatzung der »Virgo« einiges abzukaufen. Nachdem ihm erklärt wurde, dass er unerwünscht sei, verließ Lerner den Ballonplatz. Andrée notierte in seinem Tagebuch, dass er Lerner für einen Schwindler hielt, der schon Schiffsfahrten ohne Bezahlung unternommen hätte. Da allerdings bis zum 17. August kein geeigneter Wind aufkommen wollte, musste das Unternehmen abgebrochen werden.

Nachdem die klimatischen Bedingungen für Andrée den ganzen Sommer 1896 über ungünstig blieben, wurde die Aktion in das nächste Jahr verlegt. Auch 1897 tauchte Lerner wieder bei Andrée im Virgohafen auf. Diesmal hatte sich Andrées Meinung zu Lerner freilich entschieden gewandelt. Er bat ihn um Mitarbeit beim Ballonaufstieg und um Anlage eines Depots bei den Sieben Inseln. Lerner machte die letzen Fotos der Mannschaft und konnte auch den Abflug des Ballons auf Platten bannen. Die Besatzung des Ballons hatte sich geändert. An Stelle von Ekholm, der zunehmend skeptisch hinsichtlich der Leistungsfähigkeit des Ballons war, nahm Ingenieur Knut Fraenkel die dritte Stelle ein. Am 11. Juli 1897 herrschte auf der Däneninsel günstiger Südwind.

Um 13.46 Uhr hob der Ballon ab. Um 14.14 Uhr flog er in 600 m Höhe. Um 14.24 Uhr kühlte der Ballon in einer Nebelwolke ab und sank aufs Wasser. Um 15.12 Uhr wurde die erste Flasche Bier an Bord getrunken. Gegen 15.30 Uhr notierte Strindberg: »Vergebens nach dem Dampfboot ausgeschaut.« Er meinte damit Lerners »Expres«, der auf den Sieben Inseln ein Vorratslager anlegen sollte. Gegen 17.30 Uhr verschwand Spitzbergen aus dem Sichtfeld der Ballonfahrer. In den folgenden Tagen vereiste der Ballon immer mehr und gewann kaum an Höhe. Immer wieder stieß er auf dem Eis auf. Am 14. Juli resignierte die Besatzung und landete um 7.19 Uhr morgens auf dem Eis. Die drei Ballonfahrer versuchten zunächst 12 Tage lang, Franz Josef-Land zu erreichen. Doch die Drift des Eises ging in südwestliche Richtung. Die nächsten 40 Tage nahmen sie Kurs auf die Sieben Inseln vor dem Norden Spitzbergens, wo Lerners Depot zu erwarten war. Am Vormittag des 17. September kam die Insel Vitö (Norwegisch: Kvitoya = Weiße Insel) in Sicht. Obwohl sie sich weiter südwärts treiben lassen wollten, mussten sie am 5. Oktober nach Vitö »umziehen«. Sie versuchten, hier zu überwintern. Das letzte Lebenszeichen ist eine Tagebucheintragung Strindbergs vom 17. Oktober um 7.05 Uhr vormittags.

Im Sommer 1930 startete die Norges Svalbard-og Ishavsundersökelser unter Leitung des Geologen Dr. Gunnar Horn mit dem gecharterten Robbenfänger »Braatvaag« in Richtung Franz Josef-Land. Bei gutem Wetter und unbeschwert durch Treibeis wurde am 5. August Vitö angesteuert. Horn ließ anlegen und eine Wanderung mit dem Gesteinshammer folgte. Am 6. August entdeckten die Robbenjäger Olaf Salen und Karl Tusvik unweit der Küste ein Segeltuchboot Andrées. Am 1. September kam die »Bratvaag« mit zwei der Leichen in Tromsö an und die Nachricht von der Entdeckung Andrées ging um die Welt. Theodor Lerner, der acht Monate später verstarb, hatte noch Kenntnis von der Auffindung Andrées und seiner Gefährten bekommen. Er kam gerade noch dazu, dies in sein erstes Kapitel einzuarbeiten.

In Romanform hat der schwedische Schriftsteller Per Olof Sundman (*1922) im Jahr 1967 das Ballonabenteuer verarbeitet, wofür er mehrere Literaturpreise zugesprochen bekam. Sundman beschreibt darin die Ankunft Lerners als erstes fremdes Schiff, das Andrée seit seiner Abfahrt aus Tromsö zu sehen bekam. Die »Expres«, gechartert von Lerner für 1500 Kronen pro Monat, habe einen Sack Post für Andrée mitgebracht. Bei einem gemeinsamen Abendessen gab Lerner eine Kiste Sekt aus, die er von seinem Auftraggeber, der »Kölnischen Zeitung«, erhalten habe. Der zweite Mann, Dr. Violet vom »Berliner Lokal-Anzeiger«, sei ein nüchterner sympathischer Mann gewesen und als dritten Teilnehmer erwähnt Sundman auch den jugendlichen Reporter Meisenbach. Schließlich wird dargestellt, dass Lerner noch vor dem Start des Ballons auf Veranlassung von Andrée und Swedenborg zu den Sieben Inseln abfuhr, um dort ein Notdepot anzulegen.

Im Sommer 1898 organisierte Theodor Lerner die deutsche naturwissenschaftliche »Helgoland«-Expedition, so genannt nach dem Schiff der Teilnehmer. Leitung und Vorbereitung geschah durch Prof. Friedrich Römer, den späteren Direktor des Frankfurter Senckenberg-Museums. Mit von der Partie war auch der Berliner Zoologe Fritz Schaudinn. Schiffsarzt war Dr. Ludwig Brühl, der sich auf dieser Reise heftig mit Lerner verfeindete. Das Schiff fuhr rund um Spitzbergen. Die Fahrt diente auch der Suche nach der seit Juli 1897 verschollenen Ballonexpedition von Andrée, Strindberg und Fraenkel. Unter Korvettenkapitän Hugo Rüdiger unternahm das Schiff 1898 einen bemerkenswerten Vorstoß zum König-Karl-Land, einer kleineren Inselgruppe östlich vor Spitzbergen. Diese drei Inseln wurden erkundet und erstmals exakt vermessen. Auf der östlichsten Insel, der Abel-Insel, verzeichnet eine spätere Kartenskizze Lerners zu den Ereignissen des Jahres 1913 ein »Kap Lerner«. Im Norden erreichte

603 Theodor Lerner und die Besatzung des »Expres«

die Expedition in diesem außergewöhnlich milden Sommer eine Höhe von 81° 32'.

Dank der günstigen Eisverhältnisse des Jahres konnten an 51 Stellen auf Spitzbergen Jagd- und Landexkursionen durchgeführt werden. Als weitere Erfolge sind zu nennen: zahlreiche Tiefenlotungen, die Aufnahme des König Karls Landes, die erste Umfahrung des Nordost-Landes von Süden und Osten nach Westen. Die naturwissenschaftliche Ausbeute konnte in dem bedeutenden Monumentalwerk »Fauna Arctica« niedergelegt werden. Die Route der »Helgoland« ist dort auf zwei ausgezeichneten Karten im Anhang eingetragen, worin auch die neue Lokalisierung von König Karls-Land und der Great Insel verzeichnet ist.

Lerner bezieht sich in seiner Schilderung oft auf die Spitzbergenunternehmungen des Zoologen Willy Kükenthal. Die erste Expedition Kükenthals erfolgte 1886 auf dem Schiff »Hvidfisken« mit dessen Besitzer, dem Waljäger Morton Ingebrigtsen. Im Jahr 1889 strandete Kükenthal mit seinem Schiff »Berentine« auf den König-Ludwigs-Inseln. Ein zufällig vorbeifahrendes Fangschiff rettete ihn und seinen Reisegenossen Walter von diesem öden Felsen. In seiner »Allgemeinen Länderkunde« behandelte er später das Kapitel »Polargebiete«. Im Auftrag der Senckenbergischen Naturforschenden Gesellschaft in Frankfurt bereiste Kükenthal 1894 Malaysia und die Molukken.

Kapitän Wilhelm Bade, auf der »Hansa« bei der Zweiten Deutschen Nordpolar-Expedition 1869 / 1870 Steuermann und in den 1890er Jahren Unternehmer von Touristenfahrten ins Nordmeer, hatte 1892 die Idee einer deutschen Beteiligung an der Ausbeutung von Bodenschätzen im nördlichen Eismeer. Mit einem Kapital von 200.000 Mark gründete er die »Nordische Hochseefischerei-Gesellschaft«. Ihr Zweck war unter anderem, den natürlichen Hafen auf der Südseite der Bäreninsel auszubauen und dort Kohle zu gewinnen. Während der »Helgoland«-Expedition hat Theodor Lerner 1898 zum ersten Mal auf der Bäreninsel für seine Zwecke gewirkt. Es ging ihm um die Erschließung der Insel und vor allem um den Abbau der auch von ihm festgestellten umfangreichen Kohlenflöze. Zum Zwecke der Landnahme stellte er Pfähle mit den deutschen Farben auf, zog einen Zaun auf der menschenleeren Insel und erklärte das Land zum Grundbesitz von Theodor Lerner und Hugo Rüdiger per Tafel vom

609 »Helgoland«-Expedition 1898

*Hier dacht ich zu kochen manch köstlich Gericht,
Doch Robben und Bären bekamen wir nicht.
Für Jäger bedeutet es Schreck und Graus
Zu wohnen in einem Vegetarierhaus. (Lerner 137)*

13. Juni 1898. Unbewusst kam er damit einem Plan der deutschen Reichsregierung in die Quere, der von Kaiser Wilhelm II. persönlich stammte.

Gleichzeitig mit der »Helgoland«-Expedition begab sich 1898 das deutsche Kriegsschiff »Olga« unter Kapitän zur See a. D. August Dittmer in die Gewässer um Spitzbergen. An Bord war eine Kommission des Deutschen Seefischerei-Vereins, welche offiziell die Ausbeutung der Fischgründe zwischen Norwegen und dem 81. Breitengrad untersuchen wollte. Tatsächlich aber sollte eine deutsche Präsenz auf der Bäreninsel gezeigt werden, welche deutsche Interessen um den Besitz dieser Insel begründen konnte. Der Kaiser sah in deutschen Ansprüchen auf die Bäreninsel ein mögliches Kompensationsobjekt gegenüber Russland. Als die Besatzung der »Olga« vor der Bäreninsel ankam, sah sie einiges Land bereits von Theodor Lerner und Hugo Rüdiger umzäunt, darunter die beiden besten Häfen Sörhamna und Kvalrossbukta. Übrig blieb nur eine Ankerung an der ungünstigen Nordseite der Insel. Lerner setzte die deutsche Presse am 30. Juli 1898 mit großen Worten von seiner Erwerbung in Kenntnis. Die Folge war ein gewaltiger Presserummel, der auch dem Ausland nicht verborgen bleiben konnte.

Die geheimen kolonialen Pläne des Auswärtigen Amtes hatte Lerner damit, ohne es zu wissen, gründlich verpatzt. Es blieb der Besatzung der »Olga« nur übrig, ganz offiziell bis September 1898 westlich Spitzbergens und auf der Spitzbergenbank bis zur Bäreninsel mit Grundschleppnetz zu fischen und wissenschaftliche Beobachtungen durchzuführen.

Im Jahr 1899 ging das bizarre Rennen um die Bäreninsel in die zweite Runde. Lerner kam, finanziert von einem Hamburger Konsortium, im Juni 1899 mit drei Wochen Vorsprung vor seinen Konkurrenten als erster an. Seinen Partnern konnte er offenbar vermitteln, dass sich im Bergbau, in Fischerei und Walfang der Bäreninsel gute Chancen ergeben. An Tirpitz schrieb Lerner zudem, dass die Bäreninsel sich gut für die Unterbringung von Kriminellen eignen würde. Er umzäunte in diesem Jahr die gesamte Südhälfte der Insel und stellte schwarz-weiß-rot gestrichene Grenzpfähle auf. Diese Erwerbungen teilte er dem Deutschen Reichskanzler und der interessierten Presse mit.

Ebenfalls im Jahr 1899 schickte der Deutsche Seefischerei-Verein eine aus zwei Fischdampfern und einem Schoner bestehende Expedition unter Hafenmeister Duge aus Bremerhaven nach der Bäreninsel. Im nördlichen Teil der Insel wurde am sog. Herwighafen ein solides Stationsgebäude angelegt. Ein Ziel der Unternehmungen war offiziell der Aufbau einer Versorgungsbasis für die deutsche Fischereiflotte mit der örtlichen Kohle. Der Markscheider Kessler führte bergmännische und kartographische

610 Fritz Römer (1866–1909)

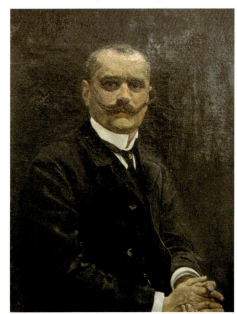

614 Kohleabbau auf der Bäreninsel 1898

612 Karte der südlichen Bäreninsel 1898
613 Südhafen der Bäreninsel (Abbildung unten)

Arbeiten auf der Nordseite durch. Er stellte bedeutende Kohlevorkommen fest, deren Abbau freilich problematisch sei. Die Südseite der Bäreninsel mied diese Expedition, da dort zur gleichen Zeit Lerner mit ähnlicher Zielsetzung tätig war. Die Schiffe des Seefischerei-Vereins kehrten in der zweiten Augusthälfte nach Deutschland zurück. Das offizielle Deutschland machte klar, dass es überhaupt nichts mit der Lerner'schen Besitznahme zu tun hatte und diese auch nicht anerkannte.

Das derart alarmierte Kaiserreich Russland schickte den Kreuzer Svetlana zur Bäreninsel. Am 21. Juli 1899 kam dessen Besatzung mit Lerner auf der Bäreninsel in Kontakt. Die Begegnung schildert er ausführlich in seinem Buch »Polarfahrer. Im Banne der Arktis«. Drei Tage später teilte ihm das Auswärtige Amt unmissverständlich mit, dass es für seine Landerwerbungen keine legale Grundlage gäbe, dass er keinerlei Unterstützung durch das Deutsche Reich zu erwarten habe und dass ihm

Theodor Lerner, Polarfahrer

Meine und meiner Leute Gewandtheit, sich in dem arktischen Nebel zurecht zu finden, ist von den norwegischen Eismeerfahrern oftmals anerkannt worden. Bei einer festlichen Gelegenheit gab mir da ein Spaßvogel den Namen »Nebelfürst«, ohne allerdings zu ahnen, was er damit angerichtet hatte. (Lerner 58)

Gewaltakte gegenüber der russischen Flotte verboten seien. Im August 1899 verließ Lerner die Bäreninsel und reiste nach Deutschland. Seine Leute wurden im Oktober nachgeholt. Diese Aktivitäten Lerners, publizistisch in aller Breite der interessierten Öffentlichkeit mitgeteilt, führten zu Lerners Ehrennamen »Nebelfürst«. Als Fridtjof Nansen am 11. Juli 1912 den Hafen und die Hütte Lerners im Süden der Bäreninsel besucht, beschreibt er in seinem Tagebuch sarkastisch-ironisch die Geschichte »dieses seltsamen Deutschen, der sich zum Herrscher über diese Nebelinsel ausgerufen hatte«. Nach zweimonatiger glanzvoller Regierung habe der »Nebelfürst« dann sein Reich wieder aufgegeben.

So erlebte der arktische Sommer 1899 das kuriose Phänomen, dass sich zwei konkurrierende deutsche Konsortien mit dem Abbau von Kohle auf der Bäreninsel beschäftigten. Im Winter 1899/1900 löste sich Lerners Konsortium auf. Der preußische Gesandte in den Hansestädten erschien in geheimer Mission bei Lerners Geschäftspartnern Knöhr und Burchhard, um diesen nahezulegen, sich von Lerner zu trennen. Damit war Lerner aus dem Spiel. Die Nachfolgegesellschaft, die »Bäreninsel-Gesellschaft Hamburg« der Firma Knöhr und Burchard Nfl. unternahm im Sommer 1900 zusammen mit dem Deutschen Seefischerei-Verein eine ausführliche Erkundung der Bäreninsel hinsichtlich Abbau und Transport der Kohle, aber auch der Wasser, Eis- und Nebelverhältnisse. Leiter der Expedition waren Hafenbaumeister Hagen und Professor Henking. Damit fanden diese Bestrebungen zunächst ihr Ende. Weitere Expeditionen des »Deutschen Seefischerei-Vereins« folgten erst wieder 1912 und 1924. Präsident des »Deutschen Seefischerei-Vereins« war Walther Herwig (1838–1912). Als solcher wurde er von Lerner zu Recht als Gegner betrachtet. Umgekehrt opponierte Herwig geradezu hasserfüllt heftig gegen Lerners Unternehmungen.

Um seine Kenntnisse Spitzbergens finanziell umzusetzen, hegte Theodor Lerner noch 1902 den Gedanken, eine GmbH für jährliche Gesellschaftsexpeditionen ins Polargebiet zu gründen. Als Interessenten sah er Jäger, Naturwissenschaftler und Pelzhändler.

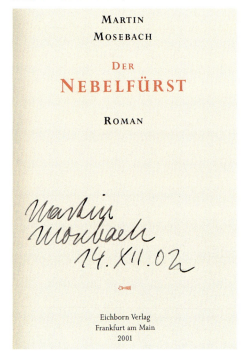

620 Martin Mosebach, »Der Nebelfürst«

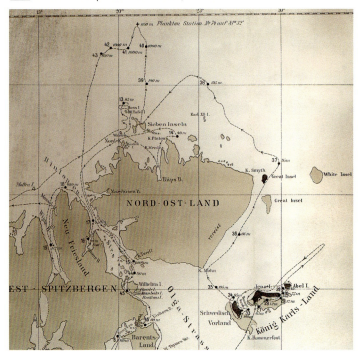

621 Karte des Expeditionsberichtes, 1901

Eine Überwinterung auf Spitzbergen

Im Frühjahr 1906 erhielt Lerner von seinem Berliner Verleger den Auftrag, diesmal den geplanten Flug des Amerikaners Wellman mit einem lenkbaren Luftschiff journalistisch und auch fachlich zu begleiten. Walter Wellmann (1858 – 1934), selbst Journalist, wollte mit einem motorisierten Luftschiff als erster Mensch den Nordpol erreichen. Lerner charterte den kleinen 30 Fuß langen »Expres«, seine Begleiter waren unter anderem sein langjähriger Gefährte und Harpunier Klaus Thue und der Marinemaler Erich Riemeyer.

Wellman verfügte durchaus über Polarerfahrung: Bei seiner ersten Spitzbergen-Unternehmung im Jahre 1894 charterte er das norwegische Dampfschiff »Ragnvald Jarl«. Von 7. – 10. Mai weilte er auf der Dänen-Insel und bewohnte die Hütte von Arnold Pike. Am 14. Mai erreichte Wellman die Sieben Inseln. Vor Walden-Island wurde das Schiff vom Eis eingeschlossen und sank bald darauf. Mit den Beibooten konnte sich Wellman zur Dänen-Insel retten und nach Norwegen zurückfahren.

Im Sommer 1898 unternahm Wellman mit dem Eisdampfer »Frithjof« eine Expedition nach Franz Josef-Land. Er besichtigte das Hauptquartier der Jackson-Harmsworth-Expedition bei Cap Flora auf der Hall-Insel, wo Nansen und Johansen nach ihrem Marsch zum Pol ankamen, und legte am 30. Juli bei Cap Tegetthoff auf der Hall Insel ein eigenes Quartier an, »Harmsworth House« genannt. Nach drei Tagen legte die »Frithjof« ab und die Crew überwinterte hier, bis sie im Juli 1899 wieder abgeholt wurde. Ein Vormarsch gen Norden erreichte Kap Heller bei knapp 81 Grad Nord. Bei der gesamten Unternehmung brach sich Wellman ein Bein, als er auf dem Eis ausglitt, der Norweger Bernt Bentzen verstarb an Fieber.

Im Sommer 1906 begann Wellman mit dem Bau einer großen Ballonhalle auf der Dänen-Insel, unmittelbar neben der Stelle, wo Andrée mit seinem Ballon aufgestiegen war. Am 23. Juli telegraphierte er an Präsident Roosevelt, dass er bei gutem Wetter zum Polflug abheben werde. Doch als die Ballonhalle fertig war, musste die Nordpolexpedition auf das nächste Jahr vertagt werden. Es war schon zu spät im Jahr für den Polflug. Wellman wollte 1907 sein Vorhaben fortsetzten. Die zahlreichen Touristen, Globetrotter und Journalisten, darunter auch Lerner, waren enttäuscht. Die Mannschaft von Lerners »Expres« verlegte sich auf das Schießen von Eisbären und Theodor Lerner kam so zu seinem 25. Bärenfell.

Währenddessen unternahm der französische Luxusdampfer »Isle de France« planmäßig seine 31. Kreuzfahrt vom 8. Juli bis 6. August 1906 ins Nordmeer und nach Spitzbergen. Der Conférencier der Kreuzfahrt war Nils Otto Nordenkjöld. Die Direktion bestand aus Louis Olivier, dem Direktor der »Revue Générale des Sciences« und L. Roullet, dem Generalsekretär dieser Zeitschrift.

622 Das Hotel in der Adventbai, um 1896

An Bord der »Isle de France«, deren komplette Passagierliste sich im Nachlass Theodor Lerners erhalten hat, befanden sich mit René Bazin, Theodor Zichy und Nils Otto Nordenskjöld einige recht bekannte Persönlichkeiten.

René Bazin (1853 – 1932) wurde nach Studium in Angers und Paris Professor für Jura an der katholischen Universität Angers. Reisen führten ihn nach Spanien und Italien. Bekannt wurde er als Schriftsteller. Viele seiner Bücher spielen im ländlichen Milieu, wobei die Darstellung stark idealisierend gefärbt ist. Im einfachen, aber eleganten Stil zeigt er seine Liebe zur Natur und zu den menschlichen Tugenden. Den Loyalitätskonflikt der Elsässer behandelte er in seinem Roman »Les Oberlé« (1901). Im Jahr 1903 wurde er Mitglied der Akadémie Francaise. Graf Theodor Zichy war Mitglied des österreichischen Abgeordnetenhauses. Nils Otto Nordenskjöld (1869 – 1928) war der Neffe des Naturforschers Adolf Erik Nordenskjöld. Er studierte Mineralogie und Geologie an der Universität Uppsala. 1895 – 1897 war er Leiter einer Expedition nach Patagonien und Feuerland. Er segelte ab Oktober 1901 von Göteborg mit der »Antarctic« in die Antarktis, wo er im Februar eine Forschungsstation auf Snow Hill Island an der Graham-Küste einrichtete. Hier überwinterte er mit fünf Gefährten. Sein Schiff, das den Sommer über vor South Georgia ankerte, wurde beim Versuch, die Forscher abzuholen, im Februar 1903 im Packeis zerstört. Nach einer weiteren Überwinterung rettete das argentinische Schiff »Uruguay« ihn im November 1903. Nordenskjöld wurde 1905 Professor für Geographie und 1923 der erste Rektor der Wirtschaftsuniversität von Göteborg.

Während Wellman seine Ballonhalle bauen ließ, unternahm Lerner Erkundungsfahrten entlang der Nordseite Spitzbergens. Dabei entdeckte die Mannschaft rein zufällig am Osteingang der Red-Bai den französischen Touristendampfer »Isle de France«. Das Schiff hatte sich zwischen zwei unterseeischen Felsrücken verkeilt und saß fest. Ein Versuch der kleinen »Expres«, den Dampfer loszuziehen, misslang. Ein Schiff mit größerer Kraft musste her. Dem Vernehmen nach befand sich der holländische Kreuzer »Friesland« in der Nähe, um auf der Amsterdam-Insel ein Grabmal für die auf Spitzbergen verstorbenen holländischen Walfänger zu errichten. Lerner machte sich auf die Suche nach diesem Schiff und entdeckte es tatsächlich in der Wijde-Bai. Kapitän Smethlage von der »Friesland« erklärte sich zur Hilfestellung bereit. Dem Kriegsschiff und der »Expres« gelang es mit vereinten Kräften, die »Isle de France« frei zu schleppen. 150 Passagieren fühlten sich gerettet und waren überglücklich. Theodor Lerner bekam von ihnen einen schweren goldenen Chronometer zum Andenken an seine Rettungstat geschenkt.

Walter Wellman kehrte mit der »Frithjof« Ende Juni nach Virgo-Hafen zurück. Der Zeitungsverlag Lerners rüstete wieder eine kleine Expedition aus, diesmal begleitet von zwei Topographieoffizieren und dem bekannten Ballonexperten Dr. Elias. Sie trafen Wellman bereits startklar an. Doch das Wetter war erheblich kälter und schlechter als im Vorjahr, so dass sich der Start wiederum verzögerte. Am 2. September 1907 wurde mit Hilfe Theodor Lerners und des »Expres« der erste Flug von 15 Meilen Distanz durchgeführt, den Lerner eindrucksvoll in seinem Buch beschreibt. Nach der Bruchlandung und Rettung durch Lerner gab Wellman für das Jahr 1907 auf.

1909 führte Wellman seinen zweiten, letzten und in gewisser Weise erfolgreichsten Polarflug durch. Er konnte am 15. August von der Dänen-Insel 40 Meilen nordwärts fliegen. Der Verlust an Hydrogen zwang ihn zur Aufgabe und die Mannschaft stieg auf das zufällig in der Nähe befindliche norwegische Schiff »Farm« um. Seine Erlebnisse publizierte Wellman 1911 in dem Buch »The Aerial Age«. Noch heute sind umfangreiche Reste seiner Unternehmung in Virgohamnar zu sehen. Sie waren Gegenstand einer archäologischen Untersuchung durch den Polararchäologen Peter Joseph Capelotti.

627 Tagebuch von Hjalmar Johansen

Im Herbst 1907 beschloss Lerner, auf Spitzbergen zu überwintern. Er wollte frühzeitig im kommenden Jahr zur Nordseite der Inselgruppe zurückgehen, um dort seine begonnenen wissenschaftlichen Arbeiten zu vollenden. Er wählte eine alte Hütte auf Kap Boheman im Eisfjord aus, da sich in der Nähe ein Kohlenflöz befand. Partner der Überwinterung war Hauptmann Hjalmar Johansen (1867 – 1913), den er im September 1907 getroffen hatte. Er engagierte Johansen für eine Überwinterung und eine Gletscherdurchquerung Spitzbergens.

Johansen war ein hochberühmter Nordlandreisender. Er war 1893 – 1896 mit Nansen auf der Fram unterwegs. Zu zweit versuchten sie 1895, den Pol zu erreichen. Bei 86° 14' nördlicher Breite gaben sie auf. Auf dem Rückweg erreichten sie das Kaiser Franz Josefs-Land und überwinterten dort. Ihre glückliche Rückkehr gelang im Mai 1896. Mit Amundsen war Johansen 1911 auf dem Weg zum Südpol unterwegs. Es kam zu Auseinandersetzungen zwischen Amundsen und Johansen, wobei letzterer von der Teilnahme am Marsch zum Pol ausgeschlossen wurde. Hjalmar Johansen, zutiefst verletzt, verschuldet und dem Alkohol zugetan, beging am 9.1.1913 Selbstmord.

Der Dampfer »Willian D. Munroe« setzte Lerner und Johansen im Herbst an einer Hütte auf Kap Boheman, nordwestlich des heutigen Longyearbyen, ab. Schon gegen Weihnachten schwanden die Vorräte. Heizkohle konnte dagegen vor Ort im Tagebau gewonnen werden. Im Februar gingen die Männer über den zugefrorenen Eisfjord zum englischen Bergwerk in der Advent-Bai, um die Vorräte zu ergänzen. Am 24. April 1908 brachen beide mit sechs Hunden in Richtung der nördlichen Gletscher auf. Die Route führte über den Nordfjord und den Dicksonfjord. Am 15. Mai 1908 gelangten sie über den Monacogletscher zum Liefdefjord. Von hier gingen sie in den Raudfjord und entlang der Küste zum Virgo-Hafen auf Danskoya. Dies war die erste Schlittenüberquerung der nordwestlichen Halbinsel Spitzbergens.

Das erzwungene monatelange Beisammensein bewirkte keine Freundschaft zwischen den beiden Männern. Tief zerstritten lagerten sie mehrere Hundert Meter auseinander, warteten auf Schiffe und verließen den Ort getrennt. In seinem Tagebuch fällte Johansen ein negatives Urteil über die menschlichen Qualitäten Lerners. Er sei anmaßend, egoistisch und rücksichtslos. Außerdem habe er, Johansen, keine rote Öre an Lohn bekommen. Lerner sieht die gemeinsame Zeit im Rückblick positiver. Er schreibt: »Ich aber erinnere mich dankbar der gemeinsam ertragenen Freuden und Leiden während eines ereignisvollen Jahres und widme die Schilderung dieser Zeit dem lieben Kameraden.«

Kritisch und verständnislos beschreibt Hermann Rüdiger vier Jahre später diese Unternehmung: »Der Journalist Theodor Lerner plante 1907 eine deutsche Polarexpedition nach dem sagenhaften, vermutlich nordöstlich von Spitzbergen gelegenen Gillis-Land mit der Vorexpedition im Jahre 1907 und der Hauptexpedition im folgenden Jahre. Dieses Projekt schien Projekt geblieben zu sein, bis vier Jahre später Petermanns Mitteilungen eine Notiz brachten, nach der Lerner zusammen mit dem Norweger Hjalmar Johansen, dem bekannten Begleiter Nansens, die nordwestliche Halbinsel Spitzbergens, am 24. April 1908 von Kap Boheman aufbrechend, in etwa vier Wochen durchquert hatte. Dieses Unternehmen scheint mit dem obigen Plan identisch zu sein. ... Das Ganze ist aber außerordentlich bezeichnend für die Art und die geographische Bedeutung solcher Durchquerungen. Den Titel »Deutsche Polarexpedition« verdienen sie jedenfalls nicht.«

Im Sommer lernte Lerner 1908 bei der Rückkehr an die Küste der Insel die Frankfurterin Lydia Stoltze (1873 – 1954) ken-

630 Familienbild Lerners 1912
628 Das Kreuzfahrtschiff »Thalia«

Theodor Lerner, Polarfahrer

Jedenfalls bekam ich einen schweren Ohnmachtsanfall. Das Zelt drehte sich um mich, und ich glaubte, in eine unergründliche Tiefe zu versinken, den letzten, hilfesuchenden Blick auf Johansen gerichtet. Dann war Stille und Frieden um mich her. (Lerner 203)

nen. Sie war das jüngste von acht Kindern aus der 59-jährigen Ehe des Dichters Adolf Stoltze. Lydia Stoltze hatte im August eine Reise auf dem Dampfer Thalia vom Österreichischen Lloyd unternommen. Auf der Stelle verliebte sie sich in den Polarfahrer, der in einem eher verwilderten Zustand vor ihre Augen getreten war. Die beiden verlobten sich sofort unter dem 80. Breitengrad. Die Eltern in Frankfurt waren entsetzt. »Der un kein annerer« sagte Lydia Stoltze. Im Spätsommer zurück in Frankfurt, nahm der sorgende Vater Adolf Stoltze den Polarfahrer, der immerhin der Sohn des Bürgermeisters von Linz am Rhein war, mit zum Apfelwein nach Sachsenhausen. Beim vierten Schoppen und vielen Erzählungen kamen sich die beiden Herren menschlich näher. Nach dem achten Schoppen akzeptierte der Vater den neuen Schwiegersohn. Das Paar heiratete im Februar 1909.

Sie wohnten zunächst in Berlin-Charlottenburg, Schlüterstr. 76. Von Juli bis Dezember 1910 weilten sie in Norwegen. Seit Anfang 1911 wohnten Theodor und Lydia Lerner in Frankfurt. Am 9. Oktober 1911 wurde dem Paar in Frankfurt die Tochter Luise Magdalena Lydiastochter geboren.

Noch im Sommer des Jahres 1909 hatte das Paar geplant, nach Spitzbergen zu fahren, wo Lydia als erste Frau der Welt zu überwintern gedachte. Sie fuhr schon einmal für einige Wochen nach Berlin, um sich die Ausrüstung zu kaufen. Doch bald darauf depeschierte sie nach Hause: »Überwinterung aufgegeben – Theodor plant mit Zeppelin eine Nordpolexpedition – Lydia«.

Der Luftschiffbauer August von Parseval trug sich im Herbst 1908 mit dem Gedanken, ein Pol-Luftschiff zu bauen. Es kam zum Gedankenaustausch und zur Zusammenarbeit mit Lerner in dieser Sache. Am 25. Mai 1909 wurde in Frankfurt am Main die »Internationale Luftfahrt-Ausstellung« eröffnet. An diesem Tag erzählte Lerner, empfohlen von Heinrich Hergesell, dem Grafen Zeppelin von seinem Gedanken eines Polflugs. Zeppelin zeigte sich interessiert. Daraufhin löste Lerner im Juni 1909 seinen Vertrag mit Parseval, der ja ähnlichen Zielen diente. Auf

634 Silbermedaille August von Parseval
637 Silbermedaille Ferdinand von Zeppelin

einer Tagung in Karlsruhe am 18. Juni 1909 gründeten Theodor Lerner, Ferdinand von Zeppelin und Heinrich Hergesell die »Deutsche Arktische Luftschiff-Expedition«. Theodor Lerner wurde Generalsekretär dieser Gesellschaft. Im Frühjahr 1910 teilte Zeppelin Lerner dessen Entlassung mit. Ihm, Zeppelin, seien von verschiedensten Seiten Mitteilungen über die Vergangenheit Lerners zu Ohren gekommen, in denen von ehrenrührigen Handlungen Lerners die Rede sei. Lerner forderte die Herausgabe der Namen der Verleumder. Zeppelin lehnte dies ab. Es kam zu einer Duellforderung Zeppelins gegen Lerner. Lerner nahm an. Eine Ehrenkommission klärte die Angelegenheit und stellte fest, dass Lerner Unrecht widerfahren sei. Zeppelin erklärte sich für schuldig, worauf Lerner seine Forderung zurückzog. Gerichtlich wäre Zeppelin zur Mitnahme Lerners bei einer Expedition verpflichtet gewesen. Auch der Zivilprozess endete mit einem Sieg für Lerner. Die darin festgelegte Entschädigungssumme wurde ihm aber nicht ausgezahlt, da Zeppelin in Berufung ging.

Zur Erkundung eines möglichen Polflugs unternahm Ferdinand Graf Zeppelin im Sommer 1910 eine Expeditionsreise nach Spitzbergen. Das Schiff der Reise war der Lloyd-Dampfer »Mainz« unter Kapitän Max Dietrich (1870 – 1916). Weitere Teilnehmer der Reise waren Prinz Heinrich von Preußen und der Polarforscher Erich von Drygalski (1865 – 1949). Man inspizierte unter anderem den Wellman-Hangar in Danskoya. Vor Ort kamen die Teilnehmer der Reise freilich zu der Meinung, dass eine Erreichung des Pols mit dem Zeppelin nicht in Angriff genommen werden sollte. Diese Erkundungsfahrt fand ihren Niederschlag in einem wohl ausgestatteten Buch.

639 Satirische Postkarte: Zeppelin kommt
640 Satirische Postkarte: Zeppelin am Pol

Die Rettungsexpedition von 1913

Leutnant Herbert Schröder (* 9. Juni 1884 auf Rittergut Stranz in Westpreußen), aus einer alten Bremer Patrizierfamilie stammend, hatte den Plan, im Jahr 1913 die Nordostpassage zu durchfahren. Er hatte 1904 in Deutsch-Südwestafrika gegen die aufständischen Herero gekämpft, ganz Amerika bereist und Argentinien per Pferd durchquert und später Karelien und die Halbinsel Kola durchstreift. Seinen Plan, finanziell unterstützt von Herzog Ernst von Sachsen-Altenburg, nannte er die »Deutsche Arktische Expedition«. Vorab wollte er im Sommer 1912 eine Probeexpedition nach Spitzbergen unternehmen, um Teilnehmer und Ausrüstung an arktische Verhältnisse zu gewöhnen. Das Personal der Reise bestand aus zehn deutschen Seeleuten und Wissenschaftlern sowie fünf norwegischen Matrosen.

Zwei Teilnehmer aus Frankfurt waren Mitglied dieser Expedition. Der Zoologe Dr. Erwin Detmers, geboren am 30. Dezember 1888 in Frankfurt, war aufgewachsen in Lingen/Ems, wo er die Schule und das Gymnasium Georgianum besuchte. Von Jugend an war er von tiefem Interesse für Natur und Tierwelt beseelt. Bereits als 15-Jähriger konnte er seinen ersten gedruckten Aufsatz in einer zoologischen Zeitschrift lesen. Mit 16 erschien seine erste Monographie, ein Buch über die Pflege und Abrichtung von Raubvögeln. Zum Studium der Naturwissenschaften ging Detmers 1908 an die Universität Berlin, wo er bereits im 6. Semester, im März 1911, zum Doktor promoviert wurde. Der Titel seiner Dissertation lautet: »Studien zur Avifauna im Emslande«. Im Juni 1911 erhielt er die Einladung, sich als Zoologe an der Deutschen Arktischen Expedition zu beteiligen. Mit Begeisterung ergriff er diese Gelegenheit, seinen fachlichen Gesichtskreis erheblich zu erweitern.

641 Polarübungen im Wannsee, 1912

642 Erwin Detmers (1888–1912)

Der Schiffsmaschinist Wilhelm Eberhard wurde am 13. März 1886 in Frankfurt geboren. Wohnhaft in der Elbestraße 27, war er zunächst als Monteur und Chauffeur tätig. Mit dem Beginn des Flugwesens bildete er sich als Flugtechniker fort. Ursprünglich war er für die Betreuung von Motorschlitten und Flugapparaten engagiert worden, die dann doch nicht mitgenommen wurden. Dennoch nahm er an der Reise teil, wobei ihm die Pflege der Zughunde oblag und er ab Tromsö den Posten des Maschinisten bekam.

Leutnant Schröder-Stranz kam am 1. August in Tromsö an und teilte seinen Leuten eine Änderung der Planungen mit, vor allem die gefährliche Durchquerung des Nordostlandes. Zwei Teilnehmer, der Arzt Dr. Ludwig Kohl und der Meteorologe Dr. August Wedemeyer zogen es unter diesen Umständen vor, wieder zurückzureisen. Am 5. August verließ die »Herzog Ernst« die Reede von Tromsö. Die Fahrt ging längs der Westküste zur Magdalenenbucht. Dank günstiger Eisverhältnisse gelangte das Schiff bis östlich des Nordkaps von Nordostland. Hier ließ sich am 14. August 1912 die Schlittenabteilung mit Herbert Schröder-Stranz, seinem Sekretär Unteroffizier Richard Schmidt, Kapitänleutnant August Sandleben und dem Geographen Dr. Max Mayr östlich des Nordkaps von Nordostland aufs Packeis setzen. Seitdem blieben diese vier Männer für immer verschollen.

Das Schiff selbst, die »Herzog Ernst«, wurde im September des Jahres in der Treurenberg (oder: Sorge-) Bay von Kapitän Alfred Ritscher absichtlich auf Land gefahren. Dort begann das zweite Unglück. Obwohl Proviant genug für eine Überwinterung zur Verfügung stand und das Schiff eine gewisse Sicherheit gewährte, versuchten acht Personen der Unternehmung, darunter alle Deutschen und zwei der Norweger, zu Fuß die ca. 200 km entfernte rettende Adventbai zu erreichen. Drei der Norweger blieben beim Schiff zurück. Alle acht erreichten zunächst zusammen die »Polheim« genannte Hütte in der Mosselbai. Hier erklärten die Wissenschaftler Erwin Detmers und der Biologe Walter Moeser, dass sie zu zweit auf eigene Faust den Weg zur Advent-Bay machen wollten. Einige Tage gingen sie der übrigen Gruppe stets kurz voraus und wurden zuletzt am 2. Oktober gesehen. Sie kamen nie an ihrem Ziel an. Viele Jahre später wurden ihre Überreste von Walfängern gefunden.

Die verbliebene Gruppe von sechs Personen erreichte am Nachmittag des 4. Oktober eine Hütte in der Wijdebai. Hier mussten Dr. Hermann Rüdiger, dessen linker Fuß zur Hälfte erfroren war, und mit ihm Marinemaler Christopher Rave zurückgelassen werden. Ihnen wurde Hilfe binnen sechs Wochen versprochen. Als diese nicht eintraf, machten beide einen qualvollen Marsch zurück zum Schiff in der Treurenbergbai. Sie erreichten die »Herzog Ernst« am 1. Dezember 1912.

643 Wilhelm Eberhard (1886 – 1912)

Übrig blieben vier Personen: Kapitän Ritscher, Maschinist Eberhard und die beiden Norweger Rotvold und Stenersen. Sie marschierten weiter bis zu einer Hütte nördlich von Kap Petermann. Hier wurden sie infolge schlechten Wetters am Weitermarsch gehindert. Am 19. Dezember teilte sich auch diese Gruppe. Kapitän Ritscher ging allein, ohne Schlafsack und nur mit einem Rucksack voll Rentierfleisch zur Adventbai, wo er am 27. Dezember ankam, mit zwei erfrorenen Füßen und einer erfrorenen Hand. Von hier gingen die ersten Telegramme nach Deutschland, die über das Schicksal der Expedition berichteten.

Die drei übrigen Personen, Eberhard, Rotvold und Stenersen, marschierten unterdessen zum Schiff zurück. Am 23. Dezember erreichten sie die inzwischen von Rave und Rüdiger verlassene Hütte. Am Heiligabend überquerten sie die Wijdebai ostwärts. Eberhard war noch recht mobil, blieb aber gelegentlich zurück. Auffällig war die aschfahle Farbe seines Gesichtes, die auf Erfrierungen hindeutete. Kurz vor Betreten des Eises der Mosselbai auf dem Bangenhookland, etwa 10 km vor der Hütte »Polheim«, ist Wilhelm Eberhard seinen beiden Begleitern im Schneetreiben verloren gegangen. Sein Schicksal war damit besiegelt. Es war in den frühen Morgenstunden des Weihnachtstags 1912.

Das Ergebnis dieser schlecht vorbereiteten Unternehmung war das größte Desaster der deutschen Polarforschung. Sieben der zehn deutschen Teilnehmer starben in Schnee und Eis. Außerdem verstarb der norwegische Koch Knut Stave am 24. Februar 1913 an Bord des Schiffes in der Treurenberg-Bai; zwei weitere Teilnehmer wurden zu Invaliden. Die verbliebenen Teilnehmer verdanken ihre Rettung allein dem heldenhaften Marsch Kapitän Rischers durch die Polarnacht zur Ansiedlung in der Adventbai, wo er Ende Dezember 1912 mehr tot als lebendig ankam, aber um Hilfe rufen lassen konnte.

Am 7. Januar 1913 gelangte ein alarmierender Funkspruch von Spitzbergen nach Deutschland. Die Expedition des Leutnants Herbert Schröder-Stranz war verschollen. Zur Rettung dieser Expedition gründeten sich umgehend zwei Hilfskomitees. Das Berliner Komitee stand unter der Leitung von Geheimrat Adolf Miethe. Weitere führende Mitglieder waren Hofmarschall von Breitenbach (Altenburg), Prof. Brauer (Berlin), Geheimrat Prof. Hergesell (Strassburg) und Arthur von Gwinner (Berlin).

Inspiriert von Lerner gründete sich am 26. Januar ein Frankfurter Hilfskomitee, dem auch sein Schwiegervater Adolf Stoltze angehörte. Die Wortführer waren Prof. Otto zur Strassen, der Direktor der Senckenbergischen Naturforschenden Gesellschaft, Prof. Wachsmut vom Physikalischen Verein und Apotheker Richard Szamatolski, der die Geschäftsführung innehatte. Die wichtigsten Personen beider Komitees trafen sich am 7. Februar in Berlin zum gemeinsamen Vorgehen. Es sollte eine Expedition zur Rettung von Schröder-Stranz und seinen Leuten organisiert werden. Als geeigneter Leiter kam nach Ansicht zur Strassens nur eine Person in Frage: Theodor Lerner. Zur Strassen hatte eine hohe persönliche und vor allem fachliche Meinung von Lerner als Expeditionsführer und trat immer wieder als Förderer und Fürsprecher Lerners in Erscheinung.

Genau dieser wurde von Berlin als Leiter kategorisch abgelehnt. Die Ablehnung, ja der Hass auf Lerner, begründete sich auf einen Berg von Verleumdungen, Halbwahrheiten und Intrigen. Lerner war in den letzten 15 Jahren zu oft Berliner Unternehmungen in die Quere gekommen. Lerners Feinde brachten an allen erreichbaren Stellen gegen ihn Beschuldigungen vor. In den Akten stehen namentlich die Personen: Ministerialdirektor Dr. Theodor Lewald vom Reichsamt des Inneren und Dr. Ludwig Brühl (Friedenau). Letzterer bot zur Strassen an, ihm ein gesammeltes Dossier an negativen Aufzeichnungen über Lerner zu schicken, ein Ansinnen, das zur Strassen deutlich angewidert ablehnte. Brühl war Schiffsarzt auf Lerners Spitzbergen-Expedition von 1898, wo er sich aus nicht näher bekannten Gründen wohl

644 Rettungsschrift Lerners 1913

zutiefst mit Lerner verfeindete. Namen weiterer Gegner sind Drygalski, Hergesell und Miethe. Ein Vorwurf gegen Lerner bezog sich auf einen angeblich unverschämten Brief, den Lerner an das Auswärtige Amt geschrieben haben sollte. Tatsächlich ging dieser Brief an das Reichsmarineamt und wurde von Tirpitz als durchaus höflich empfunden und auch beantwortet. Generell behaupteten seine Gegner, Lerner sei ein unehrenhafter Mann. Er habe Schulden in Tromsö und sei dort verhaftet worden. Dies war ebenso unwahr wie die Behauptung, Lerner habe nie auf Spitzbergen überwintert.

Zur Strassen musste Lerner mitteilen, dass er als Expeditionsleiter unerwünscht sei. Am 11. Februar antwortete ihm Lerner, dass er bis zum 1. März eine eigene Expedition aufstellen werde. Das Schiff habe er schon zur Hand. Nun wolle er mit allen Mitteln der Reklame und Sensation für seine Hilfsfahrt werben. Somit gab Lerner nicht auf und warb für eine zweite, ihm unterstellte Hilfsexpedition. Lerners wichtigste Helfer wurden drei junge Sportler des Akademischen Freiburger Ski-Clubs aus dem Schwarzwald. Bernhard Villinger, Dr. Rudolf Biehler und Gerhard Graetz sowie der Filmfotograf der Freiburger Expressfilmkompanie, der 18-jährige Sepp Allgeier, ließen sich von Lerner begeistern. Die jungen Leute fanden sogar zwei Gönner, Herrn Dr. Deetjen in Heidelberg und Herrn Kalbfleisch in Mannheim, die die Fahrt finanzierten.

Aus einem vertraulichen Brief zur Strassens vom 13. Dezember 1913 geht hervor, dass es bei der Aufstellung der Expedition durch Lerner eine unangenehme Affäre gab. Lerner wollte Biehler nicht auf seiner Expedition dabeihaben. Schließlich nahm er ihn nur unter Protest mit und unter der Bedingung, dass Biehler erst an dritter Stelle hinter Villinger und Graetz rangieren sollte, obwohl er deutlich älter und promoviert war. Biehler habe dann versucht, Villinger als ersten Anwärter bei der Leitung von Expeditionen dadurch zu verdrängen, dass er Lerner mitteilte, Villinger sei lungenkrank und müsste geschont werden. Diese falsche Angabe wurde wider besseres Wissen gemacht, doch vermieden alle Beteiligten darüber einen öffentlichen Krach.

Eine allererste Suche nach den Verschollenen ging von dem Deutschen Geophysikalischen Observatorium im Crossfjord aus. Dieses wurde auf Initiative Heinrich Hergesells zuerst 1911 im Adventfjord eingerichtet. Im Juni 1912 erfolgte die Verlegung desselben in den Ebeltofthafen am Westufer des Crossfjord. Mit zwei Helfern, dem Monteur Michaelis und dem Leichtmatrosen Schwarz, erbauten 1912 / 1913 Dr. Kurt Wegener (Göttingen), der Bruder Alfred Wegeners, und Dr. Max Robitzsch (Marburg) diese Station. Sie bestand aus einem zweistöckigen Wohnhaus, einer Ballonhalle und einem Lagerschuppen. Die Deutsche Telefunkengesellschaft hatte den Wissenschaftlern eine Funkstation zur Verfügung gestellt. Robitzsch, dem deren Bedienung oblag, konnte im November sogar Zeitsignale von der Station in der Spitze des Eiffelturms empfangen. Eine Fundnachricht vom Unglück der Schröder-Stranz-Expedition wurde am 23. Januar 1913 empfangen. Eine Vierergruppe unter Leitung von Dr. Kurt Wegener, mit dem Engländer Millar, dem Schweden Olafson und dem Norweger Abrahamsen, machte sich vom 4. bis zum 31. März auf die mühsame und vergebliche Suche nach den Verschollenen. Sie überquerten das nordwestliche Binnenland und untersuchten die Küsten der Wood Bai und der Wijde Bai. Dr. Robitzsch wurde fußkrank in der Crossbay zurückgelassen. Er versuchte genauere Funksprüche aufzufangen und weitere Hilfe zu organisieren. Das Observatorium wurde 1913 / 1914 mit O. Stoll und K. Hoffmann und 1914 mit M. Robitzsch und M. Herath besetzt. Der Meteorologe Max Robitzsch (1887 – 1952) war an der Universität Marburg tätig. Am Ende seiner beruflichen Laufbahn war er von 1950 – 1952 Leiter des Geophysikalischen Instituts der Universität Leipzig.

Die Frankfurter Hilfsexpedition Theodor Lerners verließ am 5. April 1913 Frankfurt und erreichte am 21. April Tromsö. Von unterwegs ließ Lerner telegraphisch mitteilen, dass er im Notfalle auch die konkurrierende Hilfsexpedition von Hauptmann Arve Staxrud retten werde. Diese Mitteilung, so zur Strassen in einem Brief an den Komiteesekretär Szamatolski, »ist echt Lerner«. Doch meinte der Senckenberg-Direktor, dass »die Energie und der Mut, mit dem er seine Sache durchgefochten hat, doch aufrichtige Anerkennung verdienen, und wenn ich ihm einen bedeutenden Erfolg seines Unternehmens wünsche, so ist dies nicht nur im Interesse der Vermissten und seinem eigenen, sondern auch ein wenig aus Freude über die damit verbundene Enttäuschung seiner grimmigen Gegner in Berlin.« Mit dem Expeditionsschiff »Löwenskiold« erreichte die Frankfurter Expedition am 27. April die Südspitze Spitzbergens. Am 30. April traf Lerners Expedition in der Treurenbergbai mit Arve Staxrud und seinen Leuten zusammen.

Die Expeditionen vereinbarten eine Arbeitsteilung auf der Suche nach Schröder-Stranz. Hauptmann Staxrud mit der offiziellen deutschen Expedition sollte das nördliche West-Spitzbergen absuchen, wo es wärmer war und das Eis weniger Probleme bereitete. Lerners Expedition übernahm die deutlich schwerere und gefährlichere Aufgabe, nämlich das polare Nordostland abzusuchen, die Gegend, wo Schröder-Stranz sich hatte an Land setzen lassen. Mit jugendlichem Elan und hoher Geschwindigkeit suchten die Freiburger Skiläufer Hunderte von Kilometern des Nord-Ost-Landes ab, freilich ohne Ergebnis. Nachdem ihr Schiff durch Eispressungen verloren war, begab sich Lerners Expedition zurück über die Hinlopen-Straße zum Lager von Staxrud. Dessen Expedition hatte mehr oder weniger untätig auf besseres Wetter gewartet.

Nach dem Abschluss beider Expeditionen bot sich in Berlin und Frankfurt ein Vergleich beider Leistungen an. Hier schnitt Lerner erheblich besser ab. Deutlich wurde dies bei einer Nebensache, der geplanten Verleihung von Medaillen an die Teilnehmer der Berliner Rettungsexpedition, wovon Lerner ausgeschlossen werden sollte. Otto zur Strassen war empört. Er schrieb am 10. November 1913 an Miethe: »Ja wenn es sich bei Lerner und seiner Expedition um Spitzbuben handelte!« und fügt vielsagend hinzu, dass er die Leistungen der Lernerschen Hilfsexpedition »mit denen unserer eigenen Expedition nicht näher vergleichen will«. Am 3. Januar 1914 ergänzt zur Strassen in anderer Sache, dass er Lerner als selbstlosen und taktvollen Menschen kennen gelernt habe, und dass Geheimrat Miethe beim Studium bestimmter Korrespondenz zu der Meinung kommen würde, dass »das berüchtigte Polar-Rauhbein Lerner doch sehr viel besser sei als sein Ruf.«

645 Lerners Expeditionsschiff in der Eispressung 1913

Miethe scheint dies in gewisser Weise eingesehen zu haben. Er stimmte Strassens Bitte zu, die überschüssigen Gelder des Berliner Komitees an Lerner zwecks Bezahlung von dessen Expeditionsschulden zu überweisen. Am 25. Mai 1914 sprang Miethe über seinen eigenen Schatten. Er überwies das Restgeld in Höhe von 650 Mark an Lerners Rechtsanwalt, um damit »der ewigen Seeschlange endlich ein Ende zu machen«.

In seinem Buch »Die Arktis ruft« von 1930 gab Bernhard Villinger eine gute Parallelschilderung zu Lerners Erzählung. Hier fand die Konkurrenz zwischen den beiden Expeditionen ebenso ihre Darstellung wie die Schilderung der alltäglichen menschlichen Verhältnisse zwischen den Teilnehmern solcher Expeditionen. Gerne wurden solche Reibereien in späteren Darstellungen weggelassen. Villinger beschreibt ein häufig vorkommendes Phänomen dieser Reisen, die Polarpsychose. Sie äußerte sich in krankhafter Reizbarkeit und Unverträglichkeit. Jedes fremde Wort wurde dann sofort als Lüge betrachtet, jeder Seitenblick erweckte Misstrauen. Fast noch wichtiger als körperliche Widerstandskraft waren gute Nerven und ein verträglicher Charakter. Hinzu kamen landsmannschaftliche Reibereien, wie in den vorliegenden Fällen etwa zwischen Norwegern und Deutschen.

Lerner selbst, so lässt Villinger erkennen, hatte die Fähigkeit, Begeisterung zu entfachen. Lerners Planungen erwiesen sich meistens als fundiert und umsichtig. An Bord hatte Lerner das Sagen, teilte die Arbeit ein und entschied alles alleine. Bernhard Villinger unternahm vom März bis Oktober 1926 eine Grönland-Expedition zum Zwecke von Filmaufnahmen für die UFA. 1931 war er Mitglied der Crew des amerikanischen U-Bootes »Nautilus«.

Eine zweite Parallelschilderung stammt von dem jüngsten Teilnehmer der Expedition, dem seinerzeit 18-jährigen Kameramann Sepp Allgeier (1895 – 1968). Allgeier war ein Pionier des Berg- und Schneefilms. Als erster drehte er in der Luft, im Schnee und in der Arktis. Sein filmisches Werk ist berühmt, sind doch darunter Filme wie »Wunder des Schneeschuhs« (1921/22, Arnold Fanck, mit Hannes Schneider und Bernhard Villinger), »Kampf ums Matterhorn« (1928, mit Luis Trenker), »Die weiße Hölle vom Piz Palü« (1929, G.W. Pabst/Arnold Fanck, mit Ernst Udet), »Über den Wolken« (1930, Arnold Fanck/Leni Riefenstahl, mit Ernst Udet), »Tagebuch einer Verlorenen« (1929, G. W. Pabst) und »Triumph des Willens« (1934/35, Leni Riefenstahl). Die Express-Film Co. bot am 24. 12. 1913 den Film «Mit der Kamera im ewigen Eis« über die Lerner-Expedition an. Aus 3 km Rohfilm hatte Sepp Allgeier 935 Filmmeter zusammengestellt, die ein Verkaufsschlager der Firma wurden. Lerner präsentierte den Film am 23. Oktober 1913 im Festsaal des Kaufmännischen Vereins in Frankfurt, begleitet von einem ausführlichen Vortrag. Die örtliche Presse berichtete darüber ausführlich. Stolz zitiert Allgeier, was Lerner über ihn schrieb: »Mehr als alle Lobsprüche verrät die vorzügliche Filmaufnahme, dass der achtzehnjährige Allgeier mit aller Überlegung und mit all seiner großen Kunst bei der Sache war, trotzdem er mehrfach sich und seine nicht leichte Kamera in eilfertigen Sprüngen vor den Pressungen in Sicherheit bringen musste. Vor dem scharf beobachtenden, unerbittlichen Objektiv aber spannte sich der Mut in der Brust eines jeden.« Der Expeditionsfilm von 1913 musste lange als verloren gelten, da Nachforschungen bei allen bedeutenden Filmarchiven ergebnislos verliefen. Erst in jüngster Zeit (Mitteilung Juli 2007) hat Falk Mahnke, der seit 12 Jahren in Sachen Schröder-Stranz recherchiert und Mitarbeiter der Arved Fuchs Adventure & Media Services GmbH ist, einen Teil des Filmes wieder aufgefunden.

651 Film-Einladung 1913

zu dem am **Donnerstag, den 23. Oktober**, nachmittags **5 Uhr**, im großen Festsaale des **Kaufmännischen Vereins** stattfindenden Vortrage des Führers der deutschen Hilfsexpediton für Schröder-Stranz

Herrn **Theodor Lerner.**

Der Vortrag wird von einer ausführlichen **kinematographischen Darstellung** der Expeditionserlebnisse begleitet.

Nach dem Vortrage findet zu Ehren der Expeditionsteilnehmer ein gemeinsames Abendessen im **Carlton-Hotel** statt. (Trockenes Gedeck Mk. 5.–, Gesellschafts-Anzug.)

Der Verwaltungsrat der deutschen Hilfsexpedition.

Anmeldungen zum Abendessen sind bis zum 21. Oktober 1913 an Herrn Rechtsanwalt **Thormann**, Katharinenpforte 6, erbeten.

Forschen für Senckenberg

»Der unruhige Geist macht nämlich diesen Sommer schon wieder eine Spitzbergenexpedition zu wissenschaftlichen Zwecken«, schrieb Otto zur Strassen im Mai 1914 an Geheimrat Miethe in Berlin. Schon am 23. Februar 1914 hatte Lerner einen zweiseitigen Plan einer neuerlichen Spitzbergenexpedition vorgelegt. Zweck der Reise sollte die Gewinnung von zoologischen Präparaten, Erstellung fotografischer Aufnahmen sowie kartographische Vermessungen sein, verbunden mit geographischer Namengebung. Bei einem Etat von 20000 Mark sollte in der Grönlandsee, bei Spitzbergen und in der Barentssee geforscht werden. Die Errichtung eines Denkmals würde extra berechnet werden. Die Expedition sollte, wenn auch nicht in dem geschilderten Umfang, zustande kommen.

Für die Durchführung der Expedition wurde am 12. Mai 1914 in Frankfurt ein notariell beglaubigter Vertrag zwischen Lerner und den Teilnehmern, Architekt Carl Knabenschuh in Frankfurt, Arnsburger Str. 10, und Dr. Albert Koch vom Zoologischen Institut der Universität Münster, geschlossen. Wichtigste Vertragsinhalte betreffen die absolute Weisungsbefugnis des Expeditionsleiters und die wissenschaftliche Auswertung der Ergebnisse.

Carl Knabenschuh wurde der Expeditionsfotograf der Lernerschen Nordpolexpedition. Geboren wurde er am 12. Mai 1873 zu Frankfurt im Sandweg als ältestes von acht Kindern des Bauunternehmers Friedrich Knabenschuh (1838–1891). Dieser war Inhaber der Firma Knabenschuh-Wallot, die den Eisernen Steg konstruierte und dessen Pfeiler im Main verankerte. Der mütterliche Urgroßvater Heinrich Martin Warmbrod (1773–1850) hatte als Zimmermeister die Kuppel der Paulskirche ausgeführt und brachte zum Richtfest das goldene Kreuz darauf an. Carl Knabenschuh hatte an der TH Stuttgart Architektur studiert. Für die Teilnahme der Expedition hatte er erhebliche private Mittel aufgebracht. Jahrzehnte später, am 15. Juli 1945, verstarb er in Frankfurt. Ein weiterer Teilnehmer war der Präparator Christian Kopp vom Senckenberg-Museum. Die Senckenbergische Naturforschende Gesellschaft beurlaubte Kopp und steuerte zur Ausrüstung 16 Kisten an Gegenständen bei, deren Liste zur Strassen, Koch und Kopp gemeinsam erstellten. Am 14. Mai gingen die ersten 12 Kisten bereits nach Tromsö zu Konsul Aagard.

Der Frankfurter Magistrat hatte am 12. Juni 1914 einen Betrag von 5000 Mark für die Expedition bewilligt. Davon gab es 3000 Mark sofort und weitere 2000 Mark wurden in Aussicht gestellt, wenn er für die SNG eine gute wissenschaftliche Ausbeute mitbrächte. Dieser Betrag stand später kriegsbedingt nicht mehr zur Verfügung.

Im Juni fuhren die Teilnehmer nach Tromsö. Am 7. Juli schrieb Lerner aus Tromsö an zur Strassen, dass im sämtliche Geldquellen abhanden gekommen seien und er für die Expedition mindestens noch 5000 Mark als Fehlbetrag sehe, die er nach Ende der Reise zunächst als persönliche Verbindlichkeit hätte. Dennoch startete er die Reise nach Spitzbergen mit dem Schiff »White Rose« unter Kapitän Peder Pedersen. Jedoch brach er die Expedition einen Monat früher ab, um die militärpflichtigen Expeditionsteilnehmer nach Deutschland zurückzubringen.

Von der Crossbay liegt Lerners Mitteilung an Aagard vor, die dieser an die SNG schickte: »Lerner drahtet von Crossbay Spitzbergen alles wohl beabsichtige Heimfahrt. Aagard. 14.8. 1914«. Am 2. September 1914 telegraphierte Lerner von Tromsö, dass er unter Zurücklassung seines Eigentums im Wert von 2000 Mark und 450 zoologischen Nummern die Expedition abgebrochen habe. Kapitän Pedersen standen noch unbezahlte Frachtkosten in Höhe von 4850 Kronen zu, für die er die Expeditions-

649 Karl Knabenschuh (1873–1945)

gegenstände als Pfand zurückbehielt. Diese galten als Lernersche Privatschulden. Darunter befanden sich vier Kisten im Privatbesitz von Assistent Dr. Koch, um deren Rückgabe dieser sich intensiv bemühte. Lerner sei dafür haftbar, war aber, da im Felde befindlich, nicht zu erreichen. Pedersen verlangte für die Kisten 1000 Mark, was er im Dezember 1914 auf 400 Mark verringerte. Die Kisten stellten Koch zufolge einen Wert von 203 Mark dar.

Im März 1916 endlich erwarb der Kaiserlich Deutsche Konsul Theodor Jebens in Tromsö die vier Kisten für 180 Kronen und schickte sie gegen Erstattung der Kosten Koch nach Münster zu. Eine Kiste mit ausgestopften Vögeln für die SNG konnte Andreas Aagard bei Kapitän Pedersen für 50 Kronen auslösen und im Juni 1916 auf den Weg bringen. Per Dampfer »Badenia« kam sie am 27. Juni 1916 in Lübeck an. In einem Schreiben an Knabenschuh fragte Aagard: »Existiert Herr Lerner noch; man erzählt hier, dass er im Kriege gefallen ist.«

Zu Beginn des Ersten Weltkrieges war Lerner vor Toul im Schützengraben als Landwehr-Offiziersstellvertreter und im Argonnerwald eingesetzt. Im November des Jahres lag er mit dem 81. Infanterieregiment in vorderster Feuerlinie im Priesterwald. Hier zeichnete er sich durch große persönliche Tapferkeit aus, avancierte zum Leutnant, wurde Führer der 3. Kompanie und erhielt im Dezember 1914 das Eiserne Kreuz 2. Klasse. Späterhin wurde er sogar zum Ritter des Eisernen Kreuzes befördert. Im Februar 1915 ließ Lerner in Frankfurt nahe der Festhalle einen Musterschützengraben anlegen, ausgestattet mit Fußangeln, Stacheldrahtverhau und spanischen Reitern. Für ein Eintrittsgeld war diese Anlage dem interessierten Frankfurter Publikum zugänglich. Im November 1918 kehrte Lerner zurück zu seiner Familie. Er wurde Mitglied der Kriegerkameradschaft Frankfurt und stand politisch der Deutschnationalen Volkspartei nahe, die er 1924 auch finanziell unterstützte.

Der Nordpol, der lag vor unserer Nas,
Merr hawwen gesucht mit dem Opernglas
Un hätten gefunne auch sicherlich bald,
Wers in der Gegend net gar so kalt.
Auch is es zu glatt uff dem ewige Eis
Dazu mecht der Schnee eim, der viele, was weis!
Un wie mer des alles betracht un bedacht,
Da hawwe zerr uns auf den Heimweg gemacht.
Ich glaub, dass in der Zukunft vielleicht
Der Zeppelin – den Nordpol erreicht!
(Lydia Stoltze, 225)

646 Theodor Lerner in Lappentracht

652 Grab Theodor Lerners in Frankfurt

Im Jahr 1926 plante er zusammen mit russischen Stellen eine Flugbootexpedition mit Dornier-Flugbooten. Die Anstrengungen der Planung ließen ihn aber schwer herzkrank werden, so dass er den Plan aufgab. Theodor Lerner starb 65-jährig zwei Tage nach einem Schlaganfall am 12. Mai 1931 im Grüneburgweg 95. Er war gerade damit beschäftigt, seine 25-jährige Polarfahrertätigkeit in seinem Buch »Im Banne der Arktis« niederzuschreiben, als ihn der Tod ereilte. Sein Grab befindet sich auf dem Frankfurter Hauptfriedhof nördlich vom alten Hauptportal. Er hatte sieben Polarfahrten unternommen. Eine Inselgruppe in der Liefde-Bai und ein Kap am König Karls Land in Spitzbergen wurden nach ihm benannt.

601 Luftschiffer Oberingenieur Professor Andrée
Anonym, Deutschland, um 1898 / Holzstich aus einer Wochenzeitung, H 9 cm, B 7,5 cm / Privat

602 Postkarte von Nils Strindberg
Nils Strindberg, Spitzbergen 1896 / Papier, H 9 cm, B 14,2 cm. An seinen Bruder Tore. Nebenstempel Smeerenburg 30. VII. 96. Den Brief transportierte Wilhelm Bade auf der »Earling Jarl« nach Norwegen / Polarpostsammlung Siegfried Nicklas, Frankfurt

603 Die Besatzung des »Expres«
Anonym, Tromsö 1898 (?) / Foto, H 31,2 cm, B 24 cm. Theodor Lerner im Hafen von Tromsö inmitten seiner Besatzung / H. & M. Bodensohn, Frankfurt

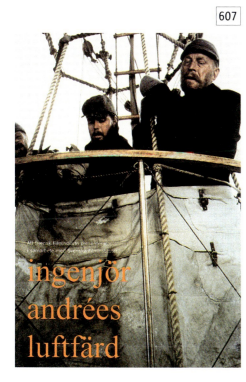

604 Aufstieg Andrées
Theodor Lerner, Spitzbergen 1897 / Foto von vom Glasnegativ / Nachlass Theodor Lerner, Naturmuseum Senckenberg, Frankfurt

605 Expeditionsbericht 1897
Leipzig 1930 / Buch: Andrée, Salomon, Dem Pol entgegen, Auf Grund der während Andrées Polarexpedition 1897 geführten und 1930 auf Vitö gefundenen Tagebücher S. A. Andrées, N. Strindbergs und R. Fraenkels herausgegeben von der Schwedischen Gesellschaft für Anthropologie und Geographie, 278 Seiten, 122 Tafelabb., 5 Karten / Universitätsbibliothek Senckenberg, Frankfurt

606 Die Auffindung Andrées
Anonym, Deutschland 18. August 1930 / Zeitungsseite: Andrée's Flug ins weisse Schweigen. H 86 cm, B 31,8 cm / Pfalzmuseum für Naturkunde Bad Dürkheim, Georg von Neumayer Archiv

607 Spielfilm
Jan Troell, Schweden 1982 / Ingeniör Andrées Luftfärd. Von Jan Troell, mit Max von Sydow als Andrée. 142 Minuten, VHS / Privat

608 Spitzbergenkarte
Anonym, London 1908 / Papier auf Leinen, H 102,5 cm, B 68,5 cm; SPITSBERGEN. Compiled principally from the observations made during the Swedish Expedition in 1861-4 under the direction of N. Dunér & A. E. Nordenskiöld. Additions in West-Spitsbergen from Sir Martin Conway, 1898, H.S.H. the prince of Monaco, 1906 – 07 and Dr. W.S. Bruce, 1906 – 7. Verwendet und aus dem Besitz von Theodor Lerner / H. & M. Bodensohn

609 Helgoland-Expedition
Anonym, Norddeutschland 1898 / Foto. Abfahrt des Dampfers »Helgoland« 1898 mit Theodor Lerner, Fritz Schaudinn und Fritz Römer / Nachlass Theodor Lerner, Naturmuseum Senckenberg, Frankfurt

Theodor Lerner, Polarfahrer

610 Fritz Römer

Anonym, Frankfurt um 1908 / Ölgemälde, H 58 cm, B 41 cm / Naturmuseum Senckenberg, Frankfurt

Fritz Römer (Moers 1866 – Frankfurt 1909), 1898 Teilnehmer der »Helgoland«- Expedition, war 1907 bis 1909 erster Direktor des Museums der Senckenbergischen Naturforschenden Gesellschaft.

611 Postkarte von Fritz Römer

Fritz Römer, Spitzbergen 1898 / Papier, H 9,5 cm, B 14,2 cm, Stempel Advent Bay 15. VII. 1898. Jena 25.7. 1898 / Polarpostsammlung Siegfried Nicklas, Frankfurt

An Stabsarzt Dr. Cammert in Jena. Auf der Vorderseite der Text zwischen drei lithographischen Abbildungen des Andrée-Aufstiegs, des Touristenhotels und des Eisfjords

612 Karte der südlichen Bäreninsel

E. Eickhof, Lithographische Anstalt, Hamburg 1898 / Autographie im Maßstab: 1:50.000. H 59 cm, B 45,7 cm / Nachlass Theodor Lerner, Naturmuseum Senckenberg, Frankfurt

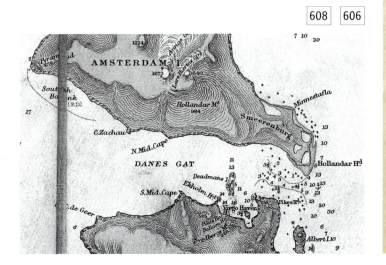

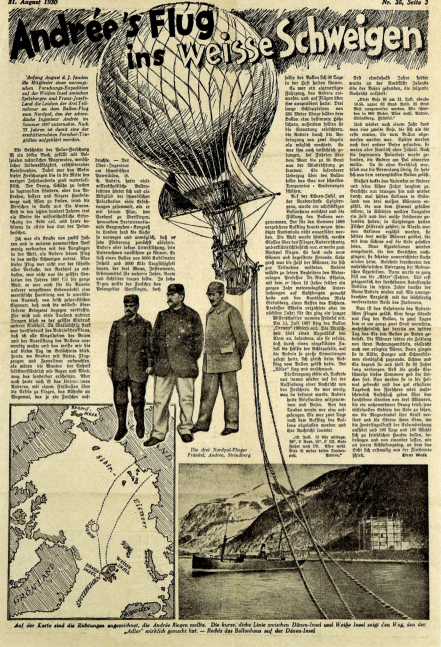

611

616 Bohrkern
Gipsdalen, Zentralspitzbergen, Bünsow Land, zwischen Billefjord und Tempelfjord / 23 cm x 4,5 cm x 2,5 cm. Präkambrische Quarzite und Phyllite transgressiv von einem unterkarbonen Steinkohlenflöz (Alter: ca. 360 Millionen Jahre) überlagert. Die Phyllite sind an der Überlagerungsfläche verwittert (Bodenbildung). Die kristallinen Gesteine gehören zur Lomfjord-Supergroup (vermutlich spät-Proterozoisches Basement der Veteranen-Group von Ny Friesland) / Prof. Dr. Friedhelm Thiedig, Norderstedt

617 Korallenstock aus dem Oberkarbon,
Stuphallet, Brögger-Halvöya, Kongsfjord, West-Spitzbergen / 21 cm x 9 cm x 8 cm. Röhren-Koralle (Multithecopora syn. mit Syrinopora sp., ca. 290 Millionen Jahre alt). Zu dieser Zeit befanden sich Nord-Europa und Nord-Grönland mit Spitzbergen in Äquatornähe / Prof. Dr. Friedhelm Thiedig, Norderstedt

613 Panorama vom Südhafen der Bäreninsel
Anonym, Spitzbergen 1900 / Aus: Henking 1900, Anhang Fig. 5 – 8 / Pfalzmuseum für Naturkunde Bad Dürkheim, Georg von Neumayer Archiv

614 Kohleabbau auf der Bäreninsel
Theodor Lerner, Spitzbergen 1898 / Foto vom Glasnegativ / Nachlass Theodor Lerner, Naturmuseum Senckenberg, Frankfurt

615 Schutzbrille
Theodor Lerner, Spitzbergen 1898 und 1906 / Leder, durchlöchertes Blech. H 5,6 cm, B 15 cm. Benutzt von Theodor Lerner gegen Splitterflug beim Kohleabbau / H. & M. Bodensohn, Frankfurt

615

616

Theodor Lerner, Polarfahrer

618 Abdrücke von Zweigen des Urwelt-Mammutbaumes (Metasequoia disticha, Cypressengewächs),
Longyearbreen, Adventdal, Isfjord / 12 cm x 8 cm x 2 cm, ca. 50 Millionen Jahre alt / Prof. Dr. Friedhelm Thiedig, Norderstedt

619 Blatt-Abdrücke von Laubbäumen in feinsandigem Tonstein der Van Mijengroup (Eozän, ca. 50 Millionen Jahre alt, mit tertiärzeitlichen Steinkohlenflözen).
Longyearbreen, Adventdal, Isfjord / 15 cm x 11 cm x 2 cm / Prof. Dr. Friedhelm Thiedig, Norderstedt

620 Martin Mosebach, Der Nebelfürst
Frankfurt 2001 / Privat
Literarische Verarbeitung der Bäreninsel-Unternehmungen Theodor Lerners. Vom Autor signiert

621 Expeditionsbericht 1898
Jena 1901 – 1933 / Buch: Römer, Fritz / Schaudinn, Fritz, Fauna Arctica. Eine Zusammenstellung der arktischen Tierformen mit besonderer Berücksichtigung des Spitzbergen-Gebietes auf Grund der Ergebnisse der Deutschen Expedition in das Nördliche Eismeer im Jahre 1898. Band 1, Jena 1900; Band 2, Jena 1902; Band 3, Jena 1904; Band 4, Jena 1906; Band 5, Jena 1929; Band 6, Schlussband, Jena 1933 / Pfalzmuseum für Naturkunde Bad Dürkheim, Georg von Neumayer Archiv

622 Fayenceschale
Villeroy & Boch, Mettlach um 1896 / Fayence, längsoval 46 x 31 cm, Auf der Rückseite bezeichnet mit: Spitzbergen. Adventbay. Hotel. DEC 151 / Sammlung Siegfried Nicklas, Frankfurt
Hotelgebäude in Longyearbyen am Eisfjord. Das Hotel wurde 1896 von der Vesteralens Damsskipselskap, einer norwegischen Küstenschiffslinie, die heute noch als Hurtigruten existiert, errichtet. Es war nur zwei Sommer in Betrieb, in denen es zweiwöchentlich von Tromsö aus angelaufen wurde. Anschließend wurde es von zwei norwegischen Jägern bewohnt, die dort von 1898 auf 1899 überwinterten. 1904 kaufte es James Munroe Longyear zur Beherbergung von Minenarbeitern seiner »Arctic Coal Company«. 1908 wurde es nach Longyearbyen versetzt und diente als Lagerhaus und Geschäftsraum. Deutsche Soldaten brannten es am 8.9. 1943 ab. Der ehemalige Standort nahe des heutigen Flughafens hieß lange Zeit »hotelneset«. (Mitteilung Per Kyrre Reymert, Longyearbyen)

623 Goldene Uhr
Paul Ditisheim, La Chaux de Fonds um 1900 / Gold, Glas, Email, Eisen. Dm 5,5 cm, Dicke 1,5 cm, Gewicht 155 g. Auf der Rückseite eine Reliefdarstellung der Allegorie der Geographie: Eine weibliche Gestalt vermisst mit Zirkel den Globus. Von Alphée Dubois / H. & M. Bodensohn, Frankfurt
Geschenk der Passagiere der »Isle de France« an Theodor Lerner für ihre Rettung im Sommer 1906

624

624 Messer mit Scheide

Norwegen um 1900 / Stahl, Horn, Leder. L 28 cm, B 3,5 cm. Benutzt von Theodor Lerner 1907 / 1908 bei der Durchquerung Spitzbergens mit Hjalmar Johansen / H. & M. Bodensohn, Frankfurt

625 Dolch mit Scheide

Norwegen um 1900 / Stahl, Holz, Leder L 39,5 cm, B 4,5 cm. Benutzt von Theodor Lerner 1907 / 1908 bei der Durchquerung Spitzbergens mit Hjalmar Johansen / H. & M. Bodensohn, Frankfurt

626 Hufeisen

Norwegen um 1900 / Eisen. L 8 cm, B 8 cm. Benutzt von Theodor Lerner als Glücksbringer / H. & M. Bodensohn, Frankfurt

627 Tagebuch Hjalmar Johansens

Skien 1998 / Buch: Hjalmar Johansen, Dagboken fra Spitsbergen, Skien 1998, 62 Seiten / Privat

Bericht über die Überwinterung auf Kap Boheman und die Durchquerung des Nordwestlandes von Spitzbergen zusammen mit Theodor Lerner 1907 / 1908

628 Das Kreuzfahrtschiff »Thalia«

Anonym, Triest, um 1905 / Postkarte. H 8,9 cm, B 13,7 cm. Kreuzfahrtdampfer des österreichischen Lloyd in Triest / H. & M. Bodensohn, Frankfurt

629 Gedrucktes Reiseprogramm

Anonym, Triest um 1905 / Papier, H 23 cm, B 17,2 cm / H. & M. Bodensohn, Frankfurt

Für die Nordmeerreise des Jahres 1908 des Kreuzfahrtdampfers »Thalia« des österreichischen Lloyd in Triest

630 Familienbild Lerner

Frankfurt um 1912 / Foto von Theodor Lerner mit Frau Lydia und Tochter Louise. H 15 cm, B 10,5 cm / H. & M. Bodensohn, Frankfurt

631 Albert Honoré von Monaco (1848 – 1922)

Monaco 1891 / Goldmünze zu 100 Francs 1891. Vorderseite: Kopf nach links, darum ALBERT I. PRINCE DE MONACO. Rückseite: Das monegassische Wappen, oben auf Band DEO JVVANTE, unten CENT FRANCS, beidseits 18 – 91. Durchmesser 35 mm, Gewicht 32,2 gr. / Historisches Museum Frankfurt, Inv.-Nr. MK 25-134

Fürst Albert war Polarforscher und Meeresbiologe. Er forschte gleichzeitig mit Theodor Lerner in den Gewässern um Spitzbergen.

Theodor Lerner, Polarfahrer

632 ILA Frankfurt 1909

Anonym, Frankfurt 1909 / Emailliertes Abzeichen für die Teilnehmer im Festausschuss der Internationalen Luftschiffahrt-Ausstellung. 63 x 39 mm oval / Historisches Museum Frankfurt, Inv.-Nr. X 26085

633 ILA Frankfurt 1909

W. O. Prack, Frankfurt 1909 / Silbermedaille. Vorderseite: Nackte junge Frau auf Hügel, vor ihr ein Luftschiff. Unten: DURCH DIE SCHWEBENDE WELT / FUEG ICH DES WINDES FLUG. Schiller. Rückseite: Fesselballon, auf der Kugel ILA, beidseits LUFTSCHIF – FAHRT / AUSSTEL – LUNG / FRANK – FURT a / M / 1909. Durchmesser 61 mm, Gewicht 81,5 gr. / Historisches Museum Frankfurt, Inv.-Nr. MK 7-65-1

634 August von Parseval (1861 – 1942)

K. Goetz, Frankfurt 1909 / Silbermedaille. Vorderseite: Brustbild in 3/4 Ansicht, darum MAJOR z.D. AVGVST VON PARSEVAL. Rückseite: Adler auf Luftschiff über den Wolken, darum FERNFAHRTEN 12. – 19. OKTOBER 1909. FRANKFURT NÜRNBERG AUGSBURG MÜNCHEN – STUTTGART MANNHEIM – KÖLN. Durchmesser 65 mm, Gewicht 138,1 gr. / Historisches Museum Frankfurt, Inv.-Nr. MK 7-65-4

635 Visitenkarte

Anonym, um 1908 / Papier, bedruckt. H 6,5 cm B 10 cm. Von August von Parseval, gegeben an Theodor Lerner / Nachlass Theodor Lerner, Naturmuseum Senckenberg, Frankfurt

636 August von Parseval

August von Parseval, 1913 / Brief an Theodor Lerner vom 5. März 1913, betreffend die Zusendung von Broschüren zur Rettung der Schröder-Stranz Expedition. H 28,4 cm, B 21,4 cm / Nachlass Theodor Lerner, Naturmuseum Senckenberg, Frankfurt

637 Ferdinand von Zeppelin (1838 – 1917)

K. Goetz 1909 / Silbermedaille. Vorderseite: Brustbild Zeppelins in 3/4 Porträt nach rechts, darum: GRAF FERDINAND VON ZEPPELIN. Rückseite: Luftschiff über aufgehender Sonne, vorne ein nackter Knabe, die Stationen eines Rundfluges aufzeichnend. Durchmesser 65 mm, Gewicht 139,1 gr. / Historisches Museum Frankfurt, Inv.-Nr. MK 7-65-6

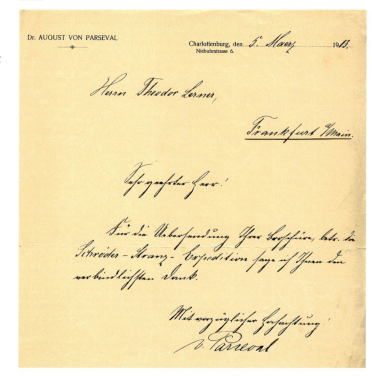

638 Zeppelin-Expedition Spitzbergen 1910
Berlin 1911 / Buch: A. Miethe / H. Hergesell, Mit Zeppelin nach Spitzbergen. Diese Reise zur Erkundung der Möglichkeit eines Zeppelinfluges zum Nordpol wurde von Theodor Lerner angeregt. Abbildung: Absturz des Louis Mayer Gletschers in der Crossbay. Foto A. Miethe / Privat, Frankfurt

639 Satirische Postkarte
Anonym, Deutschland 1910 / Papier, bedruckt, H 8,4 cm, B 13,6 cm, Zeppelin kommt zum Nordpol / Polarpostsammlung Siegfried Nicklas, Frankfurt

640 Satirische Postkarte
Anonym, Deutschland 1910 / Papier bedruckt. H 8,8 cm, B 13,6 cm. Cook und Peary streiten darum, wer von ihnen zuerst den Pol erreicht habe und balgen sich. Stattdessen hat Zeppelin den richtigen Punkt erreicht / Polarpostsammlung Siegfried Nicklas, Frankfurt

641 Herbert Schröder-Stranz
Anonym, Berlin 1913 / Zeitungsseite, Papier, H 28,5 cm, B 17,3 cm / Nachlass Theodor Lerner, Naturmuseum Senckenberg, Frankfurt
Zeitungsbericht »Kleine Presse«, Berlin vom 8.3. 1913 über Expeditionsvorbereitungen des Leutnants Schröder-Stranz mit Kajaks im Wannsee. Zu dieser Zeit war die Expedition bereits verschollen.

642 Erwin Detmers
Hermann Rüdiger, Berlin 1913 / Abbildung aus: Rüdiger, 1913, S. 59 / Privat
Der Frankfurter Zoologe Dr. Erwin Detmers, Teilnehmer der Schröder-Stranz-Expedition von 1912, ist nach dem 2. Oktober 1912 im Norden Spitzbergens verschollen.

643 Wilhelm Eberhard
Hermann Rüdiger, Berlin 1913 / Abbildung aus: Rüdiger, 1913, S. 141 / Privat
Der Frankfurter Maschinist Wilhelm Eberhard, Teilnehmer der Schröder-Stranz-Expedition von 1912, ist am 24. Dezember 1912 im Scheetreiben im Norden Spitzbergens verschollen.

644 Rettungsschrift 1913
Theodor Lerner, Frankfurt 1913 / Heft: Deutsche Hilfe für die Schröder-Stranz-Expedition. Eine offenherzige Werbeschrift vom Polarfahrer Theodor Lerner, Im Selbstverlag, 40 Seiten / Privat

638

Theodor Lerner, Polarfahrer

645 Der »Löwenskiold« in der Eispressung

Theodor Lerner, Spitzbergen 1913 / Foto vom Glasnegativ / Nachlass Theodor Lerner, Naturmuseum Senckenberg, Frankfurt
Die Rettungsexpedition Theodor Lerners von 1913 geriet selbst in Seenot. Sein Schiff musste von der Besatzung verlassen werden.

646 Theodor Lerner in Lappentracht

Anonym, Frankfurt 1913 / Doppelseite der Illustrierten Frankfurter Woche Nr. 6, Februar 1913, mit Bildern von Lerners Rettungsexpedition. H 31,7 cm, B 43,7 cm / Nachlass Theodor Lerner, Naturmuseum Senckenberg, Frankfurt

648 Theodor Lerner in Tromsö

Tromsö 1914 / Studiofoto, H 15,2 cm, B 7,4 cm / H. & M. Bodensohn, Frankfurt

649 Karl Knabenschuh

Selbstporträt, Frankfurt um 1914 / Repro eines Fotos aus: Michael Schroeder (Hrsg.), Frankfurt in frühen Farbaufnahmen von Carl Knabenschuh, Frankfurt 1993, Einleitung, S. 29 / Privat
Karl Knabenschuh war Teilnehmer der Lerner-Expedition von 1914.

647

647 Filmbilder 1913

Theodor Lerner, Frankfurt 1913 / »Mit der Kamera im Ewigen Eis«, Filmbilder aus der Illustrierten Kino-Woche (1913?), zwei Blatt, H 33,5 cm, B 22,9 cm / Nachlass Theodor Lerner, Naturmuseum Senckenberg, Frankfurt

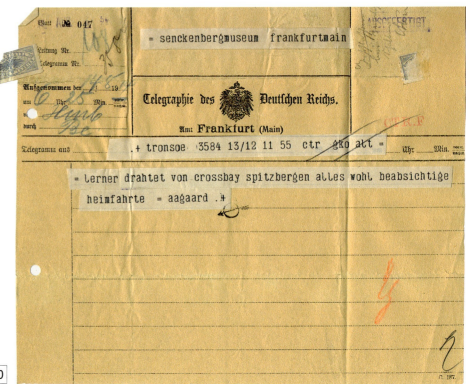

650

650 Telegramm

Theodor Lerner, Tromsö 1914 / Papier / Nachlass Theodor Lerner, Naturmuseum Senckenberg, Frankfurt

Theodor Lerner brach wegen Ausbruch des Weltkrieges seine Expedition ab. Dies meldete Konsul Aagaard dem Senckenbergmuseum am 14.8.1914.

651 Film-Einladung

Theodor Lerner, Frankfurt 1913 / Papier. Vortrag und kinematographische Darstellung Theodor Lerners im großen Festsaal des Kaufmännischen Vereins zu Frankfurt am Main am 23. Oktober 1913. H 19,3 cm, B 29,3 cm / Nachlass Theodor Lerner, Naturmuseum Senckenberg, Frankfurt

652 Grab von Theodor Lerner

Frank Berger, Frankfurt 2004 / Foto / Frank Berger

653 Reiseberichte Theodor Lerners

Zürich 2005 / Buch, als Manuskript niedergeschrieben 1930 / 1931. Erschienen 2005 als: Theodor Lerner, Polarfahrer, herausgegeben von Frank Berger / Privat

654 Lerner-Expedition Spitzbergen 1913

Sepp Allgeier, Stuttgart 1931 / Buch: Die Jagd nach dem Bild. 18 Jahre als Kameramann in Arktis und Hochgebirge. Abbildung: Allgeier filmt das Verlassen des Schiffes »Löwenskiold« durch die Lerner-Expedition / Privat.

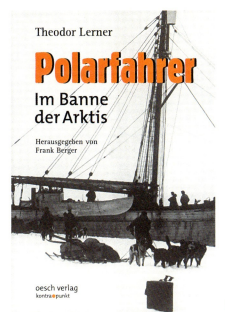

653

654

Auf nach Grönland!

Die Erforschung der Küsten Grönlands war im 19. Jahrhundert das Ziel der ersten beiden Deutschen Nordpolar-Expeditionen. Daher steht es in einer gewissen Traditionslinie, dass die deutsche Polarforschung nach dem Ersten Weltkrieg dort weitermachte, wo ihre Ursprünge liegen.

701 Hans Krüger und Age Rose Bjare 1929

Die Erste Hessische Grönlandexpedition von Hans Krüger und Fritz Klute 1925

Die Erste Hessische Grönlandexpedition wurde von August bis November 1925 durchgeführt. Es handelt sich um geologische Forschungen an der Westküste Grönlands zwischen Disko-Insel und Melville-Bai. Die Expedition bestand aus Hans Krüger von der Technischen Hochschule Darmstadt und Dr. Fritz Klute von der Universität Gießen.

Hans Kurt Erich Krüger (*1886 in Lissa bei Posen) wuchs in Sachsen auf. Im Mai 1907 zogen die Eltern nach Frankenthal und im März 1916 nach Bensheim. Hans Krüger studierte von 1905 bis 1910 Jura in Jena und Göttingen. Dann beendete er seine akademische Laufbahn und begab sich, bereits von geologischen Interessen geleitet, nach Deutsch-Südwestafrika. Dort beschäftigte er sich mit Bergbau und Minenwesen. Auch kam er in Kontakt mit Herbert Schröder-Stranz, der sich mit dem Gedanken einer Durchfahrung der Nordostpassage trug. Im Krieg war er zusammen mit aufständischen Buren als Guerillakämpfer gegen die Briten tätig, wurde gefangen genommen, zum Tode verurteilt, entfloh, wurde wieder eingefangen und schließlich begnadigt. Nach dem Krieg blieb er bis 1923 als Minenexperte in Südafrika. Seit dem WS 1923/1923 hörte er Geologie an der Technischen Hochschule Darmstadt und wurde im Sommer 1924 Assistent am Geologischen und Mineralogischen Institut.

Angeregt durch die Polarexpedition Vilhjalmur Stefanssons von 1916, der 1921 seinen Bericht über diese Reise in den nordkanadischen Polargebieten publizierte, begann er mit den Planungen einer eigenen Expedition. Über die Gefahren und Probleme einer solchen Unternehmung korrespondierte er mit Stefansson. Hans Krüger stellte seine Pläne in einem Vortrag vom 7. Januar 1925 beim Frankfurter Verein für Geographie und Statistik vor. Der Vorstand des Vereins erklärte Krüger seine große Sympathie für diese Pläne.

Die Reise nach Westgrönland galt als Vorexpedition für eine spätere größere arktische Unternehmung. Die Mittel dafür stammten vom hessischen Staat. Dabei sollten polare Erfahrungen gesammelt werden, aber auch wissenschaftliche Ziele wurden bereits verfolgt. Mit dem dänischen Versorgungsschiff »HANS EGEDE« fuhren Krüger und Klute von Kopenhagen über Godthaab, Holstensborg, Egesminde, Godhavn, Jakobshavn durch das Vaigat nach Umanak. Sie verließen hier am 29. August das Schiff und bereisten zu Fuß, im Ruder- und Motorboot die Gegend um Katsuarsuk und Qaersut, die Insel Agpat und die Gegend um Ikerasaq. Sie überquerten die Nugsuak-Halbinsel nach Süden und berührten Qerqertaq, Sarqaq, Ritenbek, Jakobshavn, Christianshaab, Claushavn, Egesminde, Qeqertarsuatsiaq, Kangatsiaq und Agto und fuhren von dort wieder nach Holstensborg. Dort gingen sie wieder an Bord der »HANS EGEDE« und legten auf der Rückreise noch in Julianehab an. Am 29. November 1925 waren sie wieder in Kopenhagen. Es wurden bedeutende Erkenntnisse gewonnen. Vor allem die Feststellung, dass sich die Westküste Grönlands seit dem letzten Rückzugsstadium der letzten Eiszeit um 120 m gehoben hatte. Daneben gewannen die Forscher Kenntnisse über Wirtschaft, Siedlung und Kultur der Einheimischen. Eine Sammlung von über 400 Belegstücken seltener Mineralien aus dem bereisten Gebiet im Norden wurde dem Geologischen Institut der Technischen Hochschule Darmstadt mitgebracht.

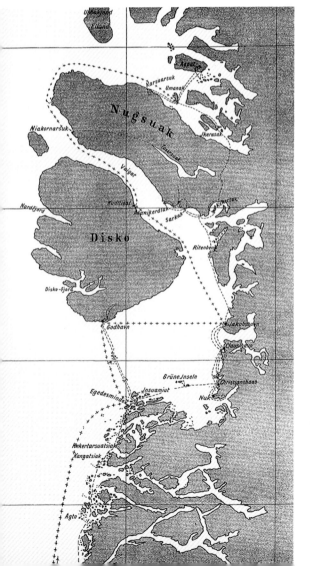

702 Hessische Grönlandexpedition 1925

Waldemar Coste und der Film »Milak der Grönlandjäger« 1926

Die Universum-Film AG drehte von März bis Oktober 1926 auf Spitzbergen und Grönland. Leiter war Dr. Bernhard Villinger aus Freiburg. Weitere Teilnehmer waren Helmer Hansen, der Begleiter Amundsens auf allen seinen Expeditionen, Waldemar Coste aus Frankfurt und Harry Bellinghausen als Darsteller sowie Sepp Allgeier, Richard Angst und Albert Benitz als Operateure. Während der Expedition entstand der Film »Milak der Grönlandjäger«. Sepp Allgeier beschrieb Waldemar Coste als »ein Nordgermane und tüchtiger Mann in Beruf und Sport, war in seiner überlegenen Art sehr vielversprechend und lief mit uns schon seit Jahren Ski. Er war auch blondgelockt und baumlang.«

Waldemar Coste (1887 – 1948) lebte seit seiner Jugend bis zum Jahr 1928 in Frankfurt. Dann verlegte er den Wohnsitz seiner Frau Katharina geb. von Baumgarten und seiner beiden Söhne nach Erlach in der Schweiz. Ausweislich des Adressbuchs von 1926 wohnte er in der Justinianstraße 12, dem Kavaliershaus des Holzhausenschlösschens. Er begann sein Kunststudium am Städelschen Kunstinstitut und setzte es fort bei Wilhelm Trübner in Karlsruhe, der dort von 1903 – 1917 als Professor an der Kunstakademie tätig war. Coste und seine Mitschüler gründeten die Hollerbacher Malerkolonie im Odenwald. Sie bestand von 1905 bis 1929. Coste war auch Mitglied im Frankfurter Künstler-Bund. Er war spezialisiert auf Aquarelle, Ölgemälde, Fresken, Bildnisse, Landschaften, religiöse und mythologische Darstellungen. Von ihm sind unter anderem die Fresken im Treppenhaus der Alten Aula der Universität Tübingen und im Haus der Frankfurter Filiale der Deutschen Bank, Kaiserstraße 24. Er hatte 1914 und 1932 eigene Ausstellungen im Frankfurter

3. August. In der Nacht sind wir einige Seemeilen gefahren, dann kam der Nebel wieder. Wir liegen an einer großen Scholle und driften mit ihr stark nach NNO. Unsere Höhe ist 81°45'. Das Eis ist ziemlich schwer. (Sieburg 127)

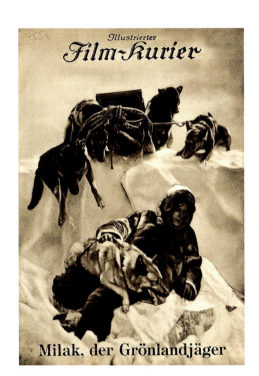

705 Filmprogramm 1926

Kunstverein. Studienreisen führten ihn nach Spanien, Italien, Dänemark und Schweden.

Villinger und Allgeier fühlten sich im April 1926 in Tromsö bereits recht heimisch, noch in Erinnerungen der Lerner-Expedition von 1913 schwelgend. Hier wurden das Gerät und der Proviant zusammengestellt und an Bord gebracht. Auch erste Filmaufnahmen, bei denen Helmer Hansen den Kapitän spielen musste, wurden bereits abgedreht. Villingers Schiff, die »Vaaland«, passierte den Eisfjord von Spitzbergen, um Ende April im noch winterlichen Magdalenenfjord das Hauptlager für dreimonatige Filmarbeiten aufzuschlagen. Die Basisstation, das sogenannte Polarhaus, stand auf dem Waggonwaygletscher am Fuß des Rotgesberges. Mehrere Wochen lang wurde in der Nähe der Station gefilmt, mit nur kleinen Ausflügen nach Norden und Südosten. Mit ihrem Schiff fuhren die Filmemacher auch weiter südlich in die Kingsbay, wo Amundsen und Byrd gerade in Konkurrenz zueinander den Polflug vorbereiteten und auch durchführten. Vor allem Amundsen brachte dem deutschen Filmteam allergrößtes Misstrauen entgegen, fürchtete er doch ein illegales Filmen seines Fluges mit dem Luftschiff »Norge«.

Ende Juni plante Villinger mit seinen Leuten eine mehrtägige Reise mit Schlittenhunden nach Süden über die Inlandgletscher. Waldemar Coste nahm nicht an dieser Inlandseistour teil, weil seine Anwesenheit bei diesen Filmaufnahmen nicht erforderlich war. Auf eigene Bitte ließ er sich in einer leeren Fanghütte am Südgatt mit einem Proviantdepot aussetzen und verabredete mit Villinger den Zeitpunkt der Abholung. Er wollte dort in der Zwischenzeit seine angefangenen Bilder fertig malen.

Die kleine Filmtruppe verließ das Polarhaus entlang der Losvik-Berge nach Südosten. Die Route ging über das Staxrud-Plateau zum Luoet-Gletscher und von dort nach Süden zum Penck-Gletscher. Zwischenzeitlich wurde der Hauptdarsteller Nils Focksen als Eskimojäger »Milak« filmisch aufgenommen. Tagelang ging es durch Nebel und über unwegsame Gletscher, wobei sich immer wieder die Polarerfahrung Helmer Hansens auszahlte. Vorbei am Supan-Gletscher ging es hinab zur Cross-Bay, wo das Schiff zum verabredeten Zeitpunkt ankam. Freilich lag die »Vaaland« weit draußen an der Eiskante, so dass unter Lebensgefahr eine lange Strecke über brüchigem Eis zurückgelegt werden musste. Glücklich wieder an Bord, konnte sich Villinger nach Norden wenden, um Coste am Südgatt gegenüber der Däneninsel abzuholen.

Bei Ankunft vor Costes Fanghütte rührte sich nichts. Der Maler und Schauspieler war dem Tod nahe. Am fünften Tag seiner freiwilligen Einsamkeit erkrankte Coste schwer am Blinddarm und wurde zusammengebrochen in Fieber und Schmerzen aufgefunden. Bernhard Villinger operierte den todkranken Coste zweimal unter primitivsten Umständen. In der Rückschau vermerkte Villinger launig: »Es scheint wahrhaftig für jedermann ratsam, den Wurmfortsatz des Blinddarms sich vor Antritt einer Expedition abzwacken zu lassen.« Nach vier Wochen konnte ihn der zufällig vorbeifahrende Lloyddampfer »Stuttgart« aufnehmen und nach Deutschland zurückbringen. Damit war dem Film der Hauptdarsteller ausgefallen und das Drehbuch musste umgeschrieben werden, damit die mit Coste gedrehten Szenen nicht mehr im Mittelpunkt standen. Noch weitere drei Wochen wurden die Filmaufnahmen auf Spitzbergen fortgesetzt. Das Lager befand sich in dieser Zeit auf einer Seitenmoräne des Smeerenburggletschers am Südende der Smeerenburgbai.

Vom 9. bis 13. August fuhr die »Vaaland« nach Westen Richtung Grönland, wobei das Schiff im Meereseisgürtel vor Ostgrönland havarierte und nach Island zur Reparatur fuhr. Bei einem erneuten Versuch konnte der Treibeisgürtel gequert werden, und die Filmexpedition legte in der Siedlung Angmagsalik in Südostgrönland an. Hier wurden einige Wochen lang intensive Filmaufnahmen mit den Einheimischen gedreht, bis es Mitte September nach Tromsö zurückging.

Nach Aussage von Sepp Allgeier war die Ausbeute der Filmaufnahmen eine Enttäuschung für die UFA. Den Originalaufnahmen vor Ort fehlte die Spannung. Der halbe Film wurde bei Kunstschnee im Studio nachgedreht. Als er Ende 1926 in die Kinos kam, war er hinreichend erfolgreich. Dieser zweite deutsche Spitzbergen-, Grönland- und Eskimofilm sollte den Boden bereiten für den späteren populären UFA-Grönlandfilm »SOS Eisberg« (1933).

706 »Milak«-Expedition 1926

Die Zweite Hessische Grönlandexpedition 1929/1930 und das Verschwinden Hans Krügers

Hans Krüger betrieb nach seiner Rückkehr im Dezember 1925 energisch eine sogenannte Zweite Hessische Grönlandexpedition. Die Vorbereitungen zogen sich hin, vor allem durch die fehlenden Genehmigungen kanadischer Stellen zur Forschungsreise. Derweil blieb Hans Krüger nicht untätig. Er publizierte eine Flut geographischer und geologischer Artikel in englischer und deutscher Sprache, präsentierte mit Fritz Klute seine Ergebnisse dem hessischen Landtag, promovierte in Heidelberg mit einer Arbeit über die Geologie der Diskobucht, wurde Fellow der Londoner Royal Geographic Society und verlobte sich mit der Baronesse Hilda Schad von Mittelbiberach.

Ende 1928 wurde die zweite Expedition realistischer. Die Gelder kamen vom hessischen Staat und der hessischen Industrie, der Preußischen Akademie der Wissenschaften und von der Notgemeinschaft der Deutschen Wissenschaften. Unter Führung von Hans Krüger waren als Wissenschaftler noch die Mineralogen Dr. F. Drescher aus Darmstadt und Dr. H. Nieland aus Heidelberg sowie der Däne Age Rose Bjare als Dolmetscher und Führer beteiligt. Die Gruppe schiffte am 1. Juni 1929 in Kopenhagen ein und verließ das Schiff am 17. Juni in Umanaq. Von hier fuhr die Gruppe mit einem Motorboot nach Norden, erreichte den Umiviq-Fjord und überquerte Svartenhuk Halvö hin zum Avfertuarsuaq Fjord. Es schloss sich eine Fahrt nach Süden um den Nugsuaq Halvö und durch die Diskobucht nach Egesminde an. Von dort fuhren Drescher und Nieland zurück nach Deutschland.

Krüger und Bjare fuhren von Godhavn mit den kanadischen Regierungsschiff »Boethic« über die Baffinbucht bis zur Siedlung Nequi an der Robertson Bay in Nordgrönland, wo sie am 4. August ankamen. Von dort machten sie einen spätsommerlichen Trainingsmarsch in das Innere Nordwest-Grönlands zum Humboldt-Gletscher und nach Washington Land. Auf dem Rückweg erkrankten beide schwer und erreichten nur noch mit Mühe Nequi. Hier verbrachten sie den Winter 1929/1930. Anfang März 1930 brachen Krüger, Bjare und der Inuit-Führer Akqioq von Nequi auf. Sie überquerten den Smith-Sund und begaben sich zur Bache-Halbinsel auf Ellesmere Island. Akqioq war ein erfahrener, 38-jähriger Inughuit, der auf eine reiche Expeditionserfahrung zurückblicken konnte. Am 12. März erreichten die drei mit einem Versorgungsteam den Royal Canadian Mounted Police-Posten auf der Bache Halbinsel. Der zuständige Offizier vermerkte im Journal der Station, dass Krüger schwere Magenprobleme hätte. Am 19. März brachen die drei mit Hunden und Schlitten nach Westen auf.
Ein Versorgungsteam begleitete sie noch bis zum Depot Point am Eureka-Sund im Westen von Ellesmere Island und kehrte

704 Primus-Kocher, um 1930

dann um. Die zurückkehrenden Inughuit wussten in Bache zu berichten, dass die Schlitten hoffnungslos überladen seien und sich zudem Krüger und Bjare in schlechtem körperlichem Zustand befunden hätten. Krügers Gruppe wandte sich nach der Trennung entlang des Eureka-Sundes nach Norden. Hans Krüger, Age Rose Bjare und Akqioq wurden seitdem nie wieder gesehen.

Über Krügers Absichten und Route ist wenig bekannt. Auf einer von ihm nach Deutschland geschickten Karte hatte er einen Weg eingetragen, der durch den Nansen Sund zur Nordspitze von Axel Heiberg Island führte, dann einige hundert Kilometer nach Nordwesten Richtung Pol ging, beim 106. Längengrad senkrecht nach Süden abbog zum Kap Isachsen auf Isachsen Island, weiter nach Osten zum Meighten Island, dann südwärts zum Amund Rignes Island, um von hier weiter nach Osten über den Baumann Fjord wieder den Smith Sund zu erreichen.

Eine andere Version überlieferte Jahrzehnte später Kurt Holler, ein Mitarbeiter Krügers. Demzufolge erwog Krüger, sofern sich die Bedingungen als günstig erweisen sollten, das Nordpolarmeer in Richtung auf Poluostrov Taymyr oder Severnaya Zemlya zu überqueren.

Auf der Suche nach Krüger, Bjarne und Akqioq fand Corporal Stallworthy 1932 in einem Cairn (Steinmann) am Kap Thomas Hubbard nahe der Nordspitze von Axel Heiberg Island einen Zylinder mit einer ersten Nachricht der drei, datiert vom 24. April. Darin steht, dass sie von Lands Lokk kamen und weiter nach Meighten Island gehen wollten.

Alle weiteren Nachrichten über den Verbleib Krügers unterlagen dem Zufall. Die Kanadier Robert Christie und Geoffrey Hattersley-Smith entdeckten bei einer Schlittenreise auf Ellesmere Island südlich von Cap Colgate eine zweite Nachricht Krügers in einem Cairn, datiert vom 22. April 1931. Von Nerke in Nordgrönland via Bay Fjord kommend, würden sie zur Nordspitze von Heiberg Island gehen, schrieb Krüger. Die 16 Hunde und der Schlitten befänden sich in guter Verfassung. Dieser Weg wurde in der Tat auch eingeschlagen, wie die vorhergenannte Nachricht bestätigt, welche von Krüger zwei Tage später hinterlegt worden war.

Im Jahr 1957 wurde von R. Thorsteinsson am Andersen Point auf Meighen Islands in einem von V. Stefansson 1916 errichteten Cairn das dritte und letzte Lebenszeichen Krügers gefunden. Darin war eine Notiz untergebracht, datiert vom 5. Mai 1930 und unterschrieben von Bjare, Akqioq und Krüger. Die kurze Mitteilung endete mit dem Satz: »Wir gehen weiter nach Kap Sverre auf Amund Ringnes Island.« Dies lag etwa 200 km südlich des Standortes der Steinpyramide.

Am 3. Juli 1999 erforschten die Geologen John England, Art Dyke und Michelle Laurie auf Axel Heiberg Island das Gebiet zwischen dem Cape Southwest und dem Ausgang des Surprise-Fjords. Während dieser Arbeiten entdeckten sie im Strandbereich die Überreste eines älteren Expeditionslagers. Sie fanden eine Holzkiste mit einem »small mountain transit«, eine verschlossene Nahrungsmitteldose, einen Blechteller und eine Blechtasse, einen größeren Kanister für Brennstoff, ca. zwei Gallonen fassend, und eine Ansammlung von Steinproben. Aus dem Sand ragte etwas Zeltleinen heraus und ein Stück Textil, vermutlich Unterwäsche, mit einem deutschen Markenschild. Das Messinstrument, eine Art Theodolit, trägt die Gravur der Firma Max Hildebrand, früher August Lingke und Comp. G.m.b.H. Freiberg Sachsen. In der vorliegenden Version wurde es zwischen 1921 und 1925 produziert und verkauft.

Die Zusammensetzung des Fundes ließ die Entdecker nach detaillierten Überlegungen zu dem Ergebnis kommen, dass wir hier das letzte bekannte Lager Hans Krügers vor uns haben. Weitere Nachforschungen vor Ort sind beabsichtigt und sollen weitere Aufschlüsse über das Verschwinden dieses hessischen Polarforschers bringen.

Friedrich Sieburg und Änne Schmücker als Propagandisten Grönlands

Friedrich Sieburg, geboren am 18. Mai 1893 in Altena, studierte Philosophie, Geschichte und Nationalökonomie in Heidelberg, München, Freiburg und Münster. Nach Kriegsteilnahme von 1914 bis 1918 promovierte er 1919 und wurde freier Schriftsteller in Berlin. 1924 begann seine Tätigkeit für die Frankfurter Zeitung. Für dieses Blatt war er Auslandskorrespondent in Kopenhagen (1924–1926), Paris (1926–1930; 1932–1939) und London (1930–1932). Seine stilsicheren und kritischen Artikel beförderten den Ruhm der Frankfurter Zeitung. In deren Auftrag reiste er in die Arktis und die Sowjetunion. Sieburg arbeitete bis zum Verbot der Zeitung 1944 in deren Redaktion.

708 Knud Rasmussen, um 1930

707 Friedrich Sieburg auf der »Malygin«

Von 1956 bis 1964 wurde er Leiter des Literaturblatts im Nachfolgeorgan »Frankfurter Allgemeine Zeitung«. Hochgeehrt vor allem um seine Verdienste für die deutsch-französische Verständigung verstarb er am 19. Juli 1964 in Gärtringen bei Stuttgart.

In seiner Kopenhagener Zeit erlernte Friedrich Sieburg die dänische Sprache und war ganz besonders von Grönland und dem Leben der Eskimos in der Arktis fasziniert. In Kopenhagen lernte er den berühmtesten aller Grönländer, den dänischen Polarforscher und Ethnologen Knud Rasmussen (1879–1933) kennen. Einmal konnte er Rasmussen in seinem Schoner »Seekönig« nach Grönland begleiten und sah das hochsommerliche Thule und die eisgefüllte Melville-Bucht. Umgekehrt konnte Sieburg Rasmussen 1932 »sein« Paris zeigen. Später schrieb Sieburg: »Er war mein Freund.« (Rasmussens Thulefahrt, Frankfurt 1934, S. 14). Auch nach seiner Kopenhagener Zeit verbrachte Sieburg oft den Sommer in Dänemark, meist in Hornbaek auf

Seit vielen Stunden schon steht das Säulenkap zum Greifen nah vor uns. Die flache Teplitzbucht ist deutlich zu erkennen. Durch das Glas sieht man die vier Boote, die der Herzog von Abruzzen im Jahre 1900 hier zurückgelassen hat, wie graue Fische auf dem Uferkies liegen. (Sieburg 139)

Seeland. Zwei Bücher zeugen von der Freundschaft der beiden Männer:

Knud Rasmussen, Rasmussens Thulefahrt. Zwei Jahre im Schlitten durch unerforschtes Eskimoleben, aus dem Dänischen übersetzt, herausgegeben und eingeleitet von Friedrich Sieburg, Frankfurt (Societäts-Verlag) 1926. 509 S.; 2. Auflage, Frankfurt 1934, 348 S.

Knud Rasmussen, Die große Jagd (Leben in Grönland), aus dem Dänischen von Friedrich Sieburg, Frankfurt (Ruetten & Loening) 1927. 174 S.

712 Malygin und LZ 127

Einige Jahre später hatte Friedrich Sieburg ein weiteres arktisches Erlebnis. Er konnte im Sommer 1931, auf Kosten der »Frankfurter Zeitung« zum Preis von knapp 2000 US-Dollar, an der ersten Polarfahrt des sowjetischen INTOURIST-Reisebüros teilnehmen. Die Fahrt ging von Archangelsk nach Kaiser Franz Josef-Land auf dem Eisbrecher »Malygin«. Dieser erste russische Eisbrecher von 3200 Tonnen war 1912 in Dienst gestellt worden. 1928 nahm das Schiff an der Suche nach den verunglückten Leuten Umberto Nobiles teil. Die touristische Fahrt von 1931 sollte einem spektakulären Treffen gewidmet sein. Am 27. Juli 1931 traf die »Malygin« vor der russischen Polarsiedlung Tichaja in der Stillen Bucht der Hooker-Insel planmäßig den Zeppelin LZ 127 auf dessen Polarflug. Friedrich Sieburg (Die rote Arktis, S. 94 – 96) beschrieb die Begegnung von Bord der »Malygin« aus:

»In Stille Bucht war es, wo wir mit dem »Graf Zeppelin« zusammentrafen. ... Nun sollte das Luftschiff kommen mit seinen Photographen, seinen Berichterstattern, Telegraphisten und Postbeamten und würde uns auf eine höchst geräuschvolle und unwillkommene Art der Welt zurückgeben. Uebrigens verriet auch der »Graf Zeppelin« keinen besonderen Eifer, mit uns in Verbindung zu treten. Er hielt es nicht einmal für der Mühe Wert, uns durch Radio von seinem Start in Leningrad zu verständigen. Er war kurz angebunden, und seine Umgangsformen schienen seinen äußeren Umrissen zu entsprechen, die gewaltig, aber keineswegs zierlich sind. Die Oeffentlichkeit war wochenlang vorher damit beschäftigt worden, welches Ereignis von praktischer Tragweite diese »Zusammenarbeit« zwischen Luftschiff und Eisbrecher im hohen Norden sein werde, aber weder Luftschiff noch

Eisbrecher glaubten ein Wort davon. Wir hatten von der »Aero-Arktischen Gesellschaft« genaue Instruktionen erhalten, wie wir uns zu benehmen hätten, wenn das Luftschiff käme. Insbesondere sollten wir ihm uns erst nach ausdrücklicher Aufforderung nähern. Aber das Luftschiff hatte diese Instruktion offensichtlich vergessen und konnte nicht begreifen, warum unser Boot nicht schneller kam. Kurz, wir waren gewissermaßen ohne Zeugen und benahmen uns beide dementsprechend. (Obwohl das staatliche Reisebüro »Intourist« seit Monaten mit dem dem Zusammentreffen mit dem deutschen Luftschiff geschäftliche Reklame gemacht hatte, führte der »Malygin« nicht einmal eine deutsche Fahne an Bord.) Wir wussten ja alle, dass Dr. Eckener der Weihnachtsmann des deutschen Volkes ist, dessen mutlosen Blick er immer wieder nach oben lenkt. Uns gegenüber aber war er einfach knapp, und erst zwei Stunden vor seinem Eintreffen sandte er uns eine Botschaft mit Angabe seiner Position. Er behandelte uns gewissermaßen von oben herab, was für ein in tausend Fuß Höhe fliegendes Luftschiff ja ganz angemessen ist. Als er dann schließlich da war und unser Boot sich ihm genähert hatte, wurden hastig die Postsäcke ausgetauscht, Dr. Eckener rief: »Schnell, schnell«, – das auf die Wasserfläche aufgestützte Luftschiff trieb nämlich mit der Strömung beunruhigend rasch auf die Felsküste zu – und damit war die Zusammenarbeit vorbei.

Aber schön war es doch. Von dem Augenblicke an, wo das Luftschiff am Eingang des Britischen Kanals als kleiner schwarzer Strich zwischen goldenen Wölkchen auftauchte, konnten wir seiner Spiegelung im Meer folgen, die ebenso klar war wie die Wirklichkeit. Die Leichtigkeit, mit der dann die vordere Gondel auf den regungslosen Wasserspiegel aufsetzte, hatte etwas von der wohlausgeglichenen Anmut eines gewaltigen Tieres. Das matte Silber seines Leibes erschien völlig schwarz zwischen den glühend weißen Gletschern und dem Uebermaß des sommerlichen Polarlichtes, und erst als die schräge Sonne ihn erfasste

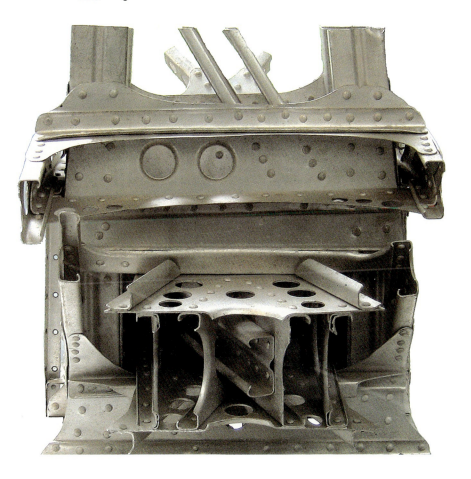

714 Ringkreuz der LZ 127

Auf nach Grönland!

715 Mokkatasse der LZ 127
716 Schraube der Station »Tichaja«

und mit Gold überzog, wurde auch er Licht vor dem überirdischen Lichte dieser arktischen Mitternachtsstunde.«

Aufgrund günstiger Eisverhältnisse ging die Reise nach Norden bis zur Teplitzbucht auf Kronprinz Rudolf Land. An Bord der »Malygin« befanden sich auch Umberto Nobile sowie Nikolay V. Pinegin und Vladimir Y. Vize (Wiese), letzterer als wissenschaftlicher Conferencier. Beide Russen waren Teilnehmer der Sedow-Expedition von 1913/1914 und ausgewiesene Kenner von Kaiser Franz Josef-Land.

Eine andere Propagandistin Grönlands war Anna (genannt Änne) Schmücker. Geboren am 2. Juli 1893 in Berleburg, machte sie 1914 in Kassel Abitur und studierte von 1917 bis 1923 in Frankfurt, Münster und Freiburg Geographie, Geschichte und Deutsch. Danach bereiste Änne Schmücker Skandinavien. Von 1924 bis 1926 verbrachte sie ihre Vorbereitungszeit (Referendariat) an der Schillerschule in Frankfurt. Ab 1926 lehrte sie am Lyzeum des Philantropin in Frankfurt. 1928 unternahm sie eine Islandreise. Im Sommer 1929 bewarb sich Änne Schmücker als Studienrätin an der Schillerschule. Sie wurde auch als solche erwählt. Da sie von der Grönlandreise dieses Jahres erst am 5. November zurückkehrte, wurde ihre Anstellung nicht vollzogen. 1930/1931 wurde sie nach Breslau versetzt. 1932 bis 1936 war sie zurück in Frankfurt, um mit 80 % ihrer Bezüge an der Elisabethenschule zu lehren. Eine persönliche Eingabe ihrer Freundin Edith Fischer-Defoy an Oberbürgermeister Krebs vom 13.3.1936 mit Bitte um Einstellung Änne Schmückers als Studienrätin blieb ohne Erfolg. Ihre Frankfurter Adressen waren Friedrichstr. 37 und Niedenau 59. 1936 wurde sie nach Wiesbaden versetzt. Änne Schmücker starb 1986.

Änne Schmücker war über den Schuldienst hinaus geographisch-wissenschaftlich tätig. Entscheidend für ihren weiteren Werdegang war ihre Reise nach Westgrönland von Juli bis Oktober 1929. Dort machte sie die Bekanntschaft von Knud

Rasmussen (1879 – 1933) und wurde seine enge Mitarbeiterin. Sie arbeitete dort als Ethnologin. Anfang Oktober ging sie an Bord der »Gertrud Rask« und traf am 2. November in Kopenhagen ein. Mit an Bord waren auch Wegener, Loewe, Georgi und Sorge, von ihrer Vorexpedition zurückkommend. 1933 wurde sie von Rasmussen als Teilnehmerin der achten Thule-Expedition ausgewählt. In Frankfurt arbeitete sie zu dieser Zeit mit Leo Frobenius zusammen als Expertin für arktische Kulturen. Nach dem Tod Rasmussens arbeitet sie an einer Teilherausgabe seines Nachlasses. Davon ist erschienen:

Knud Rasmussen, Die Gabe des Adlers. Eskimoische Märchen aus Alaska, Übersetzung und Bearbeitung von Änne Schmücker. Frankfurt (Societätsverlag) 1937. 216 S.

Knud Rasmussen, Mein Reisetagebuch. Über das grönländische Inlandseis nach dem Peary-Land. Eingeleitet und übertragen von Änne Schmücker. Berlin (S. Fischer) 1938, 222 S.

Rasmussen, Knud, Die große Schlittenreise. Mit einer Einführung: Knud Rasmussen, ein Heldenleben der Arktis, von Änne Schmücker. Essen (Chamier) 1944. XLV, 245 S.

Knud Rasmussen, Schneehüttenlieder. Eskimoische Gesänge. Übertragen und herausgegeben von Änne Schmücker. Essen (Chamier) 1947. 190 S.

719 **718** Polarbriefe LZ 127 – Malygin
717 Polarbrief Malygin – LZ 127

Auf nach Grönland!

10.9.30 morgens. Guten Morgen! Noch lebe ich. Nachts –38° C. Weckeruhr blieb vor Kälte stehen. (Georgi 84)

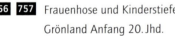 Frauenhose und Kinderstiefel, Grönland Anfang 20. Jhd.

709 Knud Rasmussen (1879–1933)

1938 arbeitete Johannes Georgi den Plan einer Vierten Deutschen Grönlandexpedition aus. Die wissenschaftliche Konzeption sollte in Absprache mit der Senckenbergischen Naturforschenden Gesellschaft von Frankfurt ausgehen. Änne Schmücker war als eine der vier Führungspersonen dieser für 1940 projektieren Unternehmung ins Auge gefasst worden. Dazu sollte es kriegsbedingt nicht kommen.

Änne Schmücker und Friedrich Sieburg haben auf diese Weise das Grönlandbild der Deutschen geprägt, wie es sonst nur noch für Hans Fancks erfolgreichen Spielfilm »SOS Eisberg« galt. Knud Rasmussen war Berater und »Schirmherr« dieser Produktion des Jahres 1932 mit Leni Riefenstahl und Ernst Udet als Hauptdarstellern. Die Bücher Änne Schmückers erlebten in den 1950er Jahren Neuauflagen und wirkten auf diese Weise fort.

759 Modell eines Bootes, Grönland um 1920

Johannes Georgi »im Eis vergraben« 1930/1931

727 Johannes Georgi, Eismitte 1931

Der Zoologe und Meteorologe Johannes Georgi wurde am 14. Dezember 1888 im Frankfurter Stadtteil Bornheim als ältester Sohn des Schullehrers Johannes Georgi (1861 – 1945) geboren. 1908 machte er Abitur am Lessing-Gymnasium. Er studierte in Göttingen, Zürich (bei Albert Einstein) und Marburg Mathematik und Physik. Im Jahr 1910 nahm er in Marburg an meteorologischen Übungen des Privatdozenten Alfred Wegener teil. Im ersten Weltkrieg war er zuerst als Luftschiffer, dann bei der Marine als Meteorologe tätig. 1919 ging er an die Meteorologische Versuchsanstalt der Deutschen Seewarte Hamburg, deren Leiter Alfred Wegener zu dieser Zeit war. Georgi sollte sein Nachfolger werden. 1926 und 1927 nahm Georgi als Meteorologe an der ersten und zweiten Hamburgischen Island-Expedition unter Ferdinand Dannmeyer als Physiker teil. An der äußersten NW-Spitze Islands im Gebiet Skaladal wurden Messungen der Sonnenstrahlung und Höhenwinde durchgeführt. Es gelang der Aufstieg von Pilotballonen bis zu einer Höhe von 20 km. Georgi stellte gewaltige Hochstürme (Höhenwinde) von bisher unbekannter Geschwindigkeit und Mächtigkeit fest, die nicht im Zusammenhang mit den unteren Luftschichten standen. Bis dahin unbemerkt, konnten sie nicht sofort von der Meteorologie erklärt werden. Auf diese Weise wurden die später so genannten »Jet Streams« festgestellt, als deren Entdecker Johannes Georgi seitdem gilt. 1927 erfolgten weitere Höhenwindmessungen zwischen Island und Norwegen. Grönland, sein späteres Untersuchungsgebiet, betrat Georgi 1928 erstmals während einer Fahrt mit dem Forschungsschiff »Meteor«.

Johannes Georgi beabsichtigte ab 1928, seine aerologischen Messungen auf die grönländische Ostküste und auf eine

723 Fotoalbum »Island 1926 – 1927«

Auf nach Grönland!

Überwinterungsstation auf dem Inlandeise auszuweiten. Sein Lehrer Alfred Wegener hegte schon seit langem den Gedanken, das Inlandeis Grönlands und sein Klima zu erforschen. Schließlich hatte Prof. Wilhelm Meinardus aus Göttingen an Wegener den Plan herangetragen, auf Grönland Eisdickemessungen vorzunehmen. Alle drei Aspekte vereinigte Wegener im Herbst 1928 in einer Denkschrift, die zu der großen Grönlandexpedition von 1930/1931 führte. Geplant war die Errichtung dreier gleichzeitiger Stationen auf Grönland, auf gleicher Höhe an der Westküste, der Ostküste und dazwischen auf »Eismitte«. Zwecks Errichtung und Versorgung der Station »Eismitte«, wo auch eine Überwinterung stattfinden sollte, waren mehrere Durchquerungen des Inlandeises erforderlich. Gegenstand der Untersuchungen waren unter anderem die Messung der Eisdicken, die »Ernährung« des Inlandeises durch Schneeauftrag, das Klima in Eismitte und an den Küsten und die Rolle Grönlands für das Wetter der Nordhalbkugel. Die Geldmittel kamen von der Notgemeinschaft der Deutschen Wissenschaft unter Präsident Dr. Schmitt-Ott.

725 Entladen in Westgrönland 1930

724 Expeditionsteam 1930

Im Sommer 1929 ging eine Vor-Expedition mit Johannes Georgi, Ernst Sorge, Fritz Loewe und Alfred Wegener nach Westgrönland und erkundete den Aufstiegsweg auf das Inlandeis. Sie fanden eine geeignete Passage beim Kamarujuk-Gletscher unter 71 Grad nördlicher Breite. Am 4. Mai 1930 erreichte die Hauptexpedition mit dem Schiff »Gustav Holm« die Umanak-Bucht. Sofort und ständig gab es erhebliche Schwierigkeiten beim Entladen des Schiffes und vor allem beim Transport der Ausrüstung auf das schon nahe der Küste über 1000 m hohe Inlandeis. Die als Innovation im arktischen Transportwesen eingesetzten Propellerschlitten erwiesen sich als sehr problematisch und erfüllten ihre Funktion nur unzulänglich. Über dem Kamarujuk-Gletscher auf 950 m Höhe wurde zuerst die Weststation eingerichtet.

Alle weiteren Unternehmungen galten der Einrichtung der Station »Eismitte«, 400 km von der Küste entfernt auf 3000 m Seehöhe gelegen. Die erste Lastreise dauerte 16 Tage und erreichte am 30. Juli 1930 den Punkt, der als Eismitte bestimmt wurde. Es wurde das Sommerzelt aufgestellt, das

726 Alfred Wegener 1930

729 Eismitte Grönland 1931

Johannes Georgi nach Rückkehr der Schlitten alleine bewohnte. Am 18. August kam die zweite Schlittenreise an mit Loewe, fünf Grönländern und 900 kg Nutzlast. Bereits am 19. August reisten die Kameraden zurück und Georgi ist wieder allein in Eismitte. Die dritte Schlittenreise mit Sorge, Wölcken, Jülg und sieben Grönländern kam am 13. September an und hatte 1530 kg Nutzlast dabei. Sorge sollte nun planmäßig in Eismitte bleiben.

In dieser Situation gab es schicksalhafte Überlegungen. Auf drei Hundeschlittenreisen waren 3206 kg Ausrüstung in Eismitte angekommen. Tatsächlich sollten im Herbst 1930 6379 kg dort angelangt sein. Der Grund dafür waren erhebliche technische Schwierigkeiten mit den Propellerschlitten, aber auch die Weigerung vieler Grönländer, sich weit ins Land hineinzubewegen. Über der gesamten Unternehmung lagen dunkle Wolken ständiger Nachschubschwierigkeiten. Daher schrieben Sorge und Georgi an Wegener, noch eine vierte Versorgungsreise durchzuführen. Sie listeten auf, was noch bis zum 20. Oktober hergebracht werden sollte. Sollte dies nicht bis zu diesem Datum erfolgt sein, würden sie mit Handschlitten den Rückweg zur Westküste antreten. Mit dieser Nachricht verließen Wölcken und Jülg Eismitte am 14. September.

Montag 8.12. früh. Seit Tagen abscheuliches Wetter trotz Mondschein. Aber immer um –45°, Minimum –50°, und ohne Pause ein starker Ostwind. (Georgi 142)

Wegener verließ mit 15 Schlitten am 21. September die Westküste, um weitere 1900 kg Winterbedarf nach Eismitte zu bringen. Wegen katastrophaler Witterung musste der Großteil des Nachschubs unterwegs zurückgelassen werden, und auch alle Grönländer bis auf einen schickte Wegener zurück. Auf Eismitte gaben derweil Sorge und Georgi den Kampf gegen die Kälte auf und bauten ihr Zelt ab. Sie hatten nach und nach eine Höhlenwohnung in den Firn gegraben und sich darin vergleichsweise wohnlich eingerichtet. Die Kälte war erträglich; es gab einen Wohn- und einen Vorratsraum sowie mehrere Räume zu wissenschaftlichen Messungen. Ein 16 m tiefer Schacht führte nach unten zur Analyse der Eisschichtung. Von außen erkannte man die Station an einem Rundturm aus Firnblöcken, auf dem der Theodolit postiert wurde. Als der angekündigte Abzugstermin, der 20. Oktober, da war, beschlossen Georgi und Sorge, auf der Station zu verbleiben und die geplante Überwinterung trotz schlechter Versorgungslage vorzunehmen.

Zehn Tage später, am 30. Oktober, erreichten Alfred Wegener, Fritz Loewe und Rasmus Willumsen bei –54 Grad Kälte die Station Eismitte. Sie hatten den Proviant, um ihr eigenes Leben zu retten, unterwegs in Depots niedergelegt. Loewe musste in der Station bleiben, weil er starke Erfrierungen an den Füßen hatte und nicht mehr gehfähig war. Bereits am 1. November, dem 50. Geburtstag Alfred Wegeners, traten Wegener und Rasmus den Rückmarsch an die Westküste an. Loewe, Sorge und Georgi überwinterten zu dritt in Ihrer Firnschneewohnung und kamen vergleichsweise gut durch die Polarnacht. Am 7. Mai 1931 trafen die Kameraden der Weststation mit Hunde- und Propellerschlitten wieder in Eismitte ein. Sie berichteten, dass

732 Ballonmeteorograph mit Messwalze

Wegener und Rasmus im Herbst nicht an die Westküste zurückgekehrt seien. Die Schlitten verließen die Station wieder am 9. Mai, dabei waren Sorge und Loewe, während Georgi wieder alleine auf Eismitte zurückblieb. Auf der Rückreise fanden Sorge und Weiken 190 km vor der Westküste die Leiche Wegeners, von Rasmus im Firn bestattet und mit gekreuzten Skiern kenntlich gemacht. Wegener war nicht erfroren, sondern scheint einem Herzschlag erlegen zu sein. Rasmus blieb verschollen.

Ab dem 9. Mai war Johannes Georgi wieder alleine in der Station. Ständig ist er mit Messungen beschäftigt. Mehr und mehr beunruhigte ihn das Ausbleiben der nächsten Schlitten. Im Juli erwog er schon, sich alleine und zu Fuß auf den Rückweg von 400 km zu machen und machte eine Proviantliste für diese Reise. Endlich, am Morgen des 24. Juli, kamen die Propellerschlitten mit Sorge, Schif, Kraus und Jeremias ein zweites Mal nach Eismitte. Sie berichteten Georgi vom Tod Wegeners und Verschwinden Rasmus'. In den folgenden Tagen macht Sorge mittels Sprengungen seine berühmten Eisdickenmessungen. Das Ergebnis war eine Eisdicke von ca. 2600 m an dieser Stelle auf ca. 1000 m Landhöhe. Georgi verweilte weitere Monate allein in »Eismitte«, um das geplante volle Beobachtungsjahr zu sichern. Am 5. August 1931 wurde Eismitte geräumt und am 7. September 1931 reiste die Mannschaft von Umanak ab und kehrte nach Hause zurück.

Gleiches galt für die Besatzung der Oststation im Scoresby-Fjord. Ihr Leiter war Dr. Walter Kopp (Lindenberg); unterstützt wurde er von dem Wissenschaftler Dr. Hermann Peters (Kiel) und dem Techniker Arnold Ernsting (Darmstadt). Die Station war planmäßig im Sommer 1930 errichtet worden. Im Herbst 1931 kehrte die Besatzung mit ihrem Beobachtungsmaterial nach Europa zurück.

Der Erfolg der Deutschen Grönlandexpedition von 1930/1931 wird vom Tod Alfred Wegeners überschattet. Die Ursache der Katastrophe lag wohl an der falschen Einschätzung der Nachschubmöglichkeiten für »Eismitte«. Vor allem die Propellerschlitten erwiesen sich als nur begrenzt einsatzfähig. Johannes Georgi wurde der Vorwurf gemacht, eine Mitschuld am Tod Wegeners zu haben. Denn durch seine ultimative Forderung nach mehr Nachschub und dem daraufhin erfolgten Aufbrechen Alfred Wegeners zur Versorgung von Eismitte habe er die tragische Situation herbeigeführt. Die Witwe Else Wegener und der Bruder Kurt Wegener dachten in diese Richtung. Die Meinungen der beteiligten Wissenschaftler waren unterschiedlich.

753 Ernst Sorge filmt »SOS Eisberg«

Sonnabend, 17.1.31. Am späten Nachmittag sank draußen die Temperatur zum erstenmal unter –60°, und zugleich fror die Registriertinte des Thermo-Hydrographen, der damit aufhörte zu schreiben! (Georgi 158)

Der Tod Alfred Wegeners lastete schwer auf Johannes Georgi. Im Herbst 1931 kehrte er in seine Stelle als Leiter des Instrumentenamtes der Seewarte nach Hamburg zurück. Er verfolgte und unterstützte weiter die polare Tätigkeit, insbesondere in Grönland, mit großer Aufmerksamkeit. Bedingt durch weitere Schicksalsschläge, wie den Kriegstod seines einzigen Sohnes und die schwere Krankheit seiner Frau, ging er vorzeitig in den Ruhestand. Johannes Georgi verstarb am 24. Mai 1972 in Hamburg.

In Anlehnung an die Wegener-Expedition von 1930/31 begab sich 1932 eine UFA-Filmexpedition nach Westgrönland. Der dort mit großem Aufwand gedrehte Film »SOS Eisberg« erzählt die Versuche um die Rettung des auf Grönland verschollenen Polarforschers Professor Karl Lorenz. Dr. Arnold Fanck, der maßgebliche Eis- und Schneeregisseur seiner Zeit, produzierte einen spannenden und erfolgreichen Abenteuerfilm. Spektakulär waren dabei vor allem die Flugaufnahmen mit Ernst Udet und das Filmen vom Abbrechen und Rollen der Eisberge. Zusätzliche Popularität bekam der Film durch so bekannte Schauspieler wie Gustav Diessl, Leni Riefenstahl, die hier zum letzten Mal vor der Kamera stand und sich die Drehpausen mit Büchern über Adolf Hitler verkürzte, und Sepp Rist. Die Szenen mit den Eskimos entstanden vor Ort in Zusammenarbeit mit Knud Rasmussen. Als Mitglieder der Wegener-Expedition von 1930/1931 fungierten Fritz Loewe und Ernst Sorge als wissenschaftliche Berater und Drehbuchmitarbeiter des Films. Einer der Kameramänner war wiederum der eiserfahrene Sepp Allgeier. Der Film »SOS Eisberg« lief 1933 mit großem Erfolg in den Lichtspielhäusern des Deutschen Reiches.

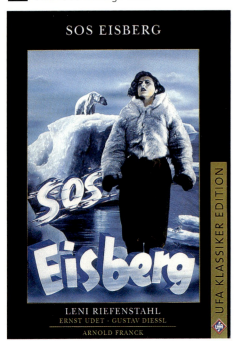

754 Film »SOS Eisberg« 1933

733 Sonnenkompass 1930

Die Internationalen Polarjahre

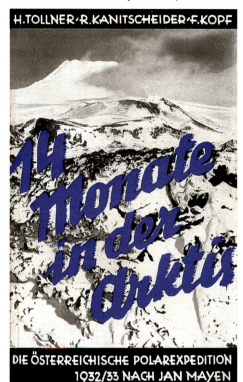

764 Österreich im Polarjahr 1932/1933

Es war Johannes Georgi in Hamburg, von dem im Jahr 1927 in einer Sitzung der Deutschen Seewarte die entscheidende Anregung zum Zweiten Internationalen Polarjahr 1932/1933 ausging. Zur weiteren Erforschung der Höhenwinde und ihrer Auswirkung auf das Wetter der Nordhalbkugel dachte er an eine überstaatliche Zusammenarbeit der betroffenen Länder. Dabei berief sich Georgi ausdrücklich auf das 50 Jahre zuvor durchgeführte Erste Internationale Polarjahr von 1882/1883 und auf Carl Weyprecht als Begründer dieser Unternehmung. Das internationale Meteorologische Komitee griff 1928 die Anregung auf und berief eine Internationale Polar-Kommission. Georgi wurde Mitglied der Deutschen Polarkommission für das Polarjahr. An diesem Projekt beteiligten sich 49 Staaten, von denen 14 in der Arktis eigene Stationen anlegten. Die Republik Österreich richtete der Tradition des ersten Polarjahres folgend wieder eine Station auf Jan Mayen ein. Die Mittel des Deutsche Reichs schmolzen aufgrund der Wirtschaftskrise auf nur 25.000 RM zusammen, womit keine selbständige Forschungstätigkeit mehr möglich war.

Dennoch kam es im zweiten Polarjahr zu vier Arbeitsvorhaben deutscher Wissenschaftler. Kieler Wissenschaftler um Dr. Max Grotewahl errichteten auf dessen eigene Kosten eine private deutsche wissenschaftliche Polarstation in Kajartalik in Südwest-Grönland. In der von Italien eingerichteten Station in Julianehaab auf Grönland konnte Dr. G. Baumann mitarbeiten. Norwegen lud Dr. W. Bauer und Dr. A. C. Kreielsheimer ein, auf einer kosmischen Beobachtungsstation in Tromsö bei Polarlichtuntersuchungen mitzuwirken. Besonders großzügig zeigte sich die Sowjetunion. Dr. K. Woelcken arbeitete 1932/1933 auf der Polarstation Russkaja Gawan auf Nowaja Semlja an Eisdickenmessungen. Auf Kaiser Franz Josefs-Land arbeitete Joachim Scholz, Assistent am Meteorologisch-Magnetischen Observatorium Potsdam und Fachmann auf dem Gebiet der Luftelektrizität. Er war vom Arktisinstitut der Sowjetunion zur Teilnahme am Internationalen Polarjahr eingeladen worden. Die Notgemeinschaft der Deutschen Wissenschaft hatte seine Ausrüstungsmittel bereitgestellt. Auf ihrer zweiten touristischen Reise nach Franz Josef-Land besucht der Eisbrecher »Malygin« am 22. bis 25. August 1932 die Polarstation in der Stillen Bucht. Dabei treffen die an Bord befindlichen Touristen Walter Bruns und Arthur Judesius den Forscher Jochen Scholz an. Dieser kehrte 1933 wieder nach Deutschland zurück und starb unter ungeklärten Umständen am 19. Januar 1937.

Fortan sollten alle 50 Jahre derartige Internationale Polarjahre stattfinden. Doch aufgrund der explosionsartigen Vermehrung der wissenschaftlichen Daten, Methoden und Kenntnisse

763 Deutscher Beitrag 1932/1933

762 Deutsche Polarstation 1932/1933

halbierte sich bald dieser Zeitraum. Die Dachorganisation der wissenschaftlichen Gesellschaften beschloss im Oktober 1952, den Zeitraum vom 1. Juli 1957 bis zum 31. Dezember 1958 zum Ersten Internationalen Geophysikalischen Jahr (International Geophysical Year, IGY) zu erklären. Der Anreger des IGY, Lloyd Berkner, hatte zunächst das 3. Internationale Polarjahr beabsichtigt. Das IGY sollte der Vermessung und Erforschung des Erdballs in seinem gesamten Umfang, vor allem aber der Atmosphäre, gewidmet sein. Etwa 80 000 Wissenschaftler aus 67 Ländern waren daran beteiligt. Die Bundesrepublik Deutschland schickte in diesem Zusammenhang das Fischereiforschungsschiff »Anton Dohrn« und das Vermessungsschiff »Gauss« zu Messungen in den nördlichen Atlantischen Ozean. Die Vereinigten Staaten und die Sowjetunion hatten 1955 bereits verkündet, zum IGY künstliche Erdsatelliten zu schaffen. Pünktlich zur Eröffnung des 8. Internationalen Astronautischen Kongresses in Barcelona eröffnete die Sowjetunion mit dem Erdsatteliten »Sputnik 1« am 4. Oktober 1957 das Weltraumzeitalter. Am 3. November 1958 erfolgte der Start von »Sputnik 2« mit der Hündin »Laika« an Bord. Sie hat sieben Tage lang die Erde lebend umkreist. Mit »Sputnik 3«, gestartet am 15. Mai 1958, platzierte die UdSSR erstmals ein geophysikalisches Laboratorium in die Erdumlaufbahn. Dieses maß Dichte und Temperaturen der Hochatmosphäre, Höhen- und Ultraviolettstrahlung, Mikrometeoriten und Elektronendichte in der Ionosphäre.

Ein weiteres Ergebnis des IGY war der 1959 unterschriebene Antarktisvertrag. Darin einigten sich Argentinien, Australien, Belgien, Chile, Frankreich, Großbritannien, Japan, Neuseeland, Norwegen, Südafrika, die UdSSR und die USA darauf, die Antarktis ausschließlich friedlich zu nutzen und sie gemeinsamer Forschung vorzubehalten. Es war ein besonderer Zug des IGY, dass hier nationale Ansprüche zurücktreten konnten gegenüber friedlicher wissenschaftlicher Kooperation.

Die Anregung zum 4. Internationalen Polarjahr kam im Jahr 2001 von dem US-amerikanischen Geologen Leonard Johnson. Er äußerte seine Überlegungen anlässlich der Verleihung der Georg-von-Neumayer Medaille an ihn am 26. Juni 2001 in Bad Dürkheim. Unter Berufung auf Carl Weyprecht bezog er sich auf das 125-jährige Bestehen der Polarjahre in 2007.
»As a dream, I would hope by then«:
1. Die Durchführung eines Internationalen Polarjahres
2. Die Realisierung des Aurora-Borealis-Programms zur Erforschung der geologischen Struktur und Evolution des arktischen Untergrundes
3. Selbsttätig arbeitende Meeresboden-Observatorien in der Arktis

Das Vierte Internationale Polarjahr begann am 1. März 2007.

754 Sputnik als Spieluhr, Sowjetunion 1957

701 Hans Krüger
Hans Krüger (links) und Age Rose Bjare, Robertson Bay, Kanada 1929 / Repro eines Fotos: Aus: William Barr, The career and disappearance of Hans K. E. Krüger, Arctic geologist, 1886 – 1930. In: Polar Record 29 (171), 1993, S. 286 / Privat

702 Hessische Grönlandexpedition 1925
Hans Krüger, Westgrönland 1925 / Karte mit der Route der vom hessischen Staat finanzierten Grönlandexpedition von Hans Krüger in Fritz Klute. Aus: Petermanns Geographische Mitteilungen 72, 1926, Tafel 8 / Universitätsbibliothek Senckenberg, Frankfurt

703 Nord-Amerika
Justus Perthes, Gotha 1907 / Stahlstich-Karte 1:25.000.000 mit Eintrag von Heiberg und Ellef Rignes Land im Norden Kanadas. H 39,9 cm, B 48 cm / Privat

703

704 Primus Gaskocher
Primus AB, Solna / Schweden. Modell um 1930 / Dose, Blech, L 9 cm, B 9 cm, H 14,6 cm, Kocher, Eisen, Messing, H 12,8 cm, Dm des Behälters 8,5 cm / Privat

705 Milak, der Grönlandjäger
Berlin 1926 / »Illustrierter Film-Kurier«. Filmprogramm zu acht Seiten, H 30,5 cm, B 22 cm / Privat

706 »Milak«-Expedition Spitzbergen 1926
Bernhard Villinger, Freiburg 1929 / Buch: Die Arktis ruft, Freiburg 1929. Abbildung: Bild 14. Aufstieg zum Waggonway-Gletscher bei den Filmarbeiten zu »Milak der Grönlandjäger« / Privat
Villinger berichtet von mehreren seiner Polarexpeditionen. Ein Kapitel ist der Expedition mit Theodor Lerner 1913 gewidmet, ein weiteres den Filmaufnahmen für den »Milak«-Film.

707 Friedrich Sieburg auf dem »Malygin«, Juli 1931
Anonym, 1931 / Foto / Societätsverlag, Frankfurt

708 Knud Rasmussen, Rasmussens Thulefahrt
Friedrich Sieburg, Frankfurt 1934 / Buch: Zwei Jahre im Schlitten durch unerforschtes Eskimoland. Herausgegeben und eingeleitet von Friedrich Sieburg. Frankfurt (Societäts-Verlag) 1934. Der bekannte Publizist Friedrich Sieburg von der »Frankfurter Zeitung« war mit Rasmussen befreundet und propagierte die Verbreitung seiner Werke im Deutschen Reich. Abbildung S. 270: Rasmussen sammelte die von Raubtieren zerstreuten Gebeine von Männern der Franklin-Expedition ein und erbaute darüber ein Denkmal. / Privat

709 Knud Rasmussen, Die große Schlittenreise.
Änne Schmücker, Essen 1944 / Buch: Mit der Einführung »Knud Rasmussen, ein Heldenleben der Arktis« von Änne Schmücker, Essen 1944. Die Frankfurter Geografin und Studienrätin Änne Schmücker machte Rasmussen durch Publikation seiner Werke im Deutschen Reich populär. / Privat

710 Archangel
Anonym, Hildburghausen um 1850 / Stahlstich, H 18,5 cm, B 25 cm. Abfahrtshafen der »Malygin« / Privat

711 Friedrich Sieburg, Die rote Arktis
Friedrich Sieburg, Frankfurt 1932 / Buch: »Malygins« empfindsame Reise, Societäts Verlag Frankfurt 1932. Französische Ausgabe: L'arctique rouge. Le voyage sentimentale sur un brise-glace soviétique, Paris 1932 / Privat

712 Malygin und LZ 127
Anonym, Sowjetunion 1942 / Öl auf Leinwand, H 92 cm, B 124 cm / Zeppelin-Museum Zeppelinheim
Darstellung des Treffens beider Schiffe in der Hookerbay vor der sowjetischen Forschungsstation Tichaja auf Kaiser Franz Josef-Land

713 Seitensteuerrad der LZ 127
Friedrichshafen 1928 / Aluminium, Eisen, Hartkunststoff. Dm 59 cm / Zeppelin-Museum Zeppelinheim

714 Ringkreuz der LZ 127
Friedrichshafen 1928 / Hinterer Ringkreuzausschnitt der LZ 127 Graf Zeppelin. Duraluminium. H 54 cm, B 30 cm, L 37 cm / Zeppelin-Museum Zeppelinheim

715 Mokkatassen mit Untertassen
Heinrich Elfenbein Porzellan, Selb 1928 / Ausstattung des Restaurants der LZ 127 und LZ 129. Eingebrannt Zeppelin vor Erdkugel und +DEUTSCHE ZEPPELIN REEDEREI+. Goldrand und blauer Steifen auf elfenbeinfarbigem Material. Sieben Sets. Tasse: Dm oben 5,6 cm, DM unten 6,2 cm, Höhe 3,8 cm. Untertasse: Dm 11,0 cm / Historisches Museum Frankfurt, Inv.-Nr. x71:53 und X71:54 a – f

716 Schraube mit Hartkunststoff-Isolation
Sowjetunion um 1950 / Kunststoff, Eisen, Dm 2,2 cm, L 3,2 cm / Privat
Von der russischen Station »Tichaja« auf Kaiser Franz Josef-Land

710

717 Polarbrief Malygin-LZ 127

Kaiser Franz Josef-Land 1931 / Verschlossener Umschlag mit Briefinhalt. H 12 cm, B 14,6 cm. Briefmarken der Sowjetunion zu 35 Kopeken und 2 Rubel, drei Stempel des Eisbrechers »Malygin« vom 18.7. 1931, Nebenstempel der LZ 127, dreizeiliger Schriftstempel, Einschreibestempel, Luftpost-Aufkleber und Ankunftsstempel Friedrichshafen 31.7. 1931 / Polarpostsammlung Siegfried Nicklas, Frankfurt
Die Begegnung der beiden Fahrzeuge fand am 27.7. 1931 statt und dauerte nur kurze Zeit. Eilig wurden Postsäcke von der LZ 127 auf die »Malygin« verladen. Nur eine geringe Menge Post kam von der »Malygin« auf die LZ 127. Zu letzterem gehört dieser Brief.

718 Polarpostkarte LZ 127-Malygin

Kaiser Franz Josef-Land 1931 / Deutsche Polarfahrt-Briefmarke zu 2 Reichsmark, Nebenstempel der LZ 127, Stempel des Eisbrechers »Malygin« vom 27.7. 1931, Luftpost-Aufkleber, Ankunftsstempel Friedrichshafen 27.7. 1931. H 11,4 cm, B 14,6 cm / Polarpostsammlung Siegfried Nicklas, Frankfurt

719 Polarbrief LZ 127-Malygin

Kaiser Franz Josefs-Land 1931 / Deutsche Polarfahrt-Briefmarken zu 4, 2 und 1 Reichsmark mit Stempel Friedrichshafen 24.7. 1931, Nebenstempel der LZ 127, Luftpostaufkleber und Stempel des Eisbrechers »Malygin« vom 17.7. 1931, H 15,8 cm, B 23,7 cm / Polarpostsammlung Siegfried Nicklas, Frankfurt

720 Arktisfahrt des »Graf Zeppelin«

Berlin 1931 / Landung auf dem Eis. Zeitschrift Die Lesestunde. Zeitschrift der Deutschen Buch-Gemeinschaft, Berlin 1. Oktober 1931 / Pfalzmuseum für Naturkunde Bad Dürkheim, Georg von Neumayer-Archiv

721 Friedrich Sieburg, Die rote Arktis

Anonym, Frankfurt o. D. (1932) / Papier, Artikel der Frankfurter Zeitung. H 97 cm, B 39 cm / Pfalzmuseum für Naturkunde Bad Dürkheim, Georg von Neumayer-Archiv

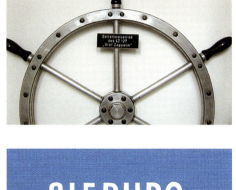

713

711

720

Auf nach Grönland!

722 Nordpolargebiet 1931
Deutschland 1931 / Karte, Papier. H 31 cm, B 19 cm, mit Arktis und Antarktis im Maßstab 1:40.000.000. Unter anderem Eintrag der Polarflüge von Amundsen und Byrd / Privat

723 Fotoalbum Johannes Georgis
Johannes Georgi, Hamburg 1927 / Titel »Island 1926–1927«. Brauner Pappeinband, H 22 cm, B 25,5 cm / Pfalzmuseum für Naturkunde Bad Dürkheim, Georg von Neumayer-Archiv

721   722

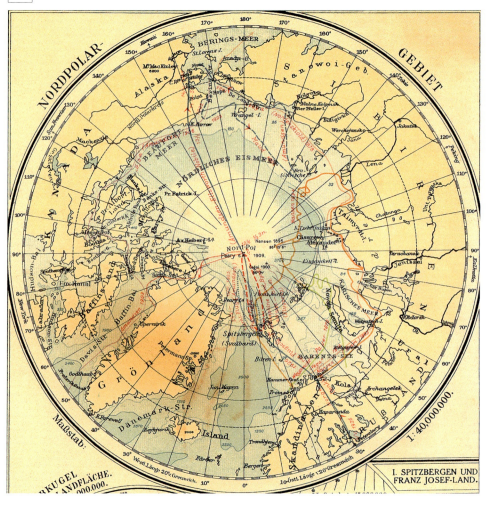

724 – **729** Auswahl aus 44 Original-Fotoabzügen der Wegener-Expedition von 1930 / 1931
Vergrößerungen 23,6 cm x 29,8 cm / Pfalzmuseum für Naturkunde Bad Dürkheim, Georg von Neumayer-Archiv.

724 Expeditionsteam
Stehend von links: Kelbl, Wegener, Kraus, Jülg, Holzapfel, Friedrich, Weiken, Herdemerten, Georgi, Schif, sitzend von links: Lissey, Loewe, Wölken, Sorge

725 Entladen in Westgrönland
Das Schiff »Gustav Holm« beim Ausladen, Pony mit Lastschlitten, Propellerschlitten

726 Alfred Wegener
Wegener fotografiert das Ausladen des Schiffes mit einer Balgenkamera.

727 Johannes Georgi
Georgi bei Messungen in »Eismitte« auf Grönland 1931

728 Station »Eismitte«
Ernst Sorge und Johannes Georgi in der Firnhöhle der Station »Eismitte« auf Grönland

729 Station »Eismitte«
Die oberirdischen Bauten und Messanlagen der Station »Eismitte« auf Grönland

730 Nansenschlitten
Norwegen um 1935 / Holz, B 50 cm, H 18 cm, L 380 cm / Alfred Wegener-Institut für Polar- und Meeresforschung, Bremerhaven

731 Pyrheliometer
Deutschland um 1930 / Metall, Glas. Fuß Dm 12 cm, H 15,5 cm / Alfred Wegener-Institut für Polar- und Meeresforschung, Bremerhaven Deutsche Grönland-Expedition Alfred Wegeners, 1930 / 31. Es dient der Messung der direkten Bestrahlungsstärke in Watt pro Quadratmeter aus der Sonnenrichtung.

731

Auf nach Grönland!

734 735 736 737

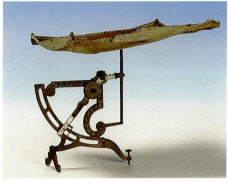

732 Ballonmeteorograph mit Messwalze
Deutschland um 1930 / Metall, Holz, Papier. L 20 cm, B 6 cm, H 10,5 cm / Alfred Wegener-Institut für Polar- und Meeresforschung, Bremerhaven
Deutsche Grönland-Expedition Alfred Wegeners, 1930/31

733 Sonnenkompass
Deutschland um 1930 / Metall; Glas. Durchmesser 9 cm. Kasten: 15 x 12 x 6 cm / Alfred Wegener-Institut für Polar- und Meeresforschung, Bremerhaven
Deutsche Grönland-Expedition Alfred Wegeners, 1930/31

734 Tauwaage
Deutschland um 1930 / Metall, Textil L 30 B 30 H 30 cm / Alfred Wegener-Institut für Polar- und Meeresforschung, Bremerhaven
Deutsche Grönland-Expedition Alfred Wegeners, 1930/31

735 Schneebrille
Deutschland um 1930 / Leder, Glas. L 13,5 cm, B 5,2 cm / Alfred Wegener-Institut für Polar- und Meeresforschung, Bremerhaven
Deutsche Grönland-Expedition Alfred Wegeners, 1930/31

736 Schneebrille
Grönland um 1930 / Holz. L 16 cm, B 4,5 cm / Alfred Wegener-Institut für Polar- und Meeresforschung, Bremerhaven
Deutsche Grönland-Expedition Alfred Wegeners, 1930/31

737 Flachzange
Deutschland um 1930 / Stahl, L 16 cm / Alfred Wegener-Institut für Polar- und Meeresforschung, Bremerhaven
Deutsche Grönland-Expedition Alfred Wegeners, 1930/31. Benutzt von Johannes Georgi zur Amputation erfrorener Zehen von Fritz Loewe und zum Zähneziehen.

738

739

740

738 Petroleumlampe
*Deutschland um 1930 / Eisen, Eisenblech. H 28 cm / Alfred
Wegener-Institut für Polar- und Meeresforschung, Bremerhaven*
Deutsche Grönland-Expedition Alfred Wegeners, 1930/31

739 Petroleumlampe
*Deutschland um 1930 / Eisen, Eisenblech. H 40 cm / Alfred
Wegener-Institut für Polar- und Meeresforschung, Bremerhaven*
Deutsche Grönland-Expedition Alfred Wegeners, 1930/31

740 Balgenkamera Johannes Georgis
*Carl Zeiss Jena um 1928 / Zeiss Ikon COMPUR, Objektiv Tessar
1:3,5 f = 13,5 cm, Carl Zeiss Jena Nr. 1036472 / Pfalzmuseum
für Naturkunde Bad Dürkheim, Georg von Neumayer Archiv*
Deutsche Grönland-Expedition Alfred Wegeners, 1930/31

741 Fotoalbum Johannes Georgis
*Johannes Georgi 1931 / »Hauptexpedition 1930/31. Leica«.
30 Seiten mit Kontaktabzügen, H 32,5, B 23,2 cm / Pfalzmuseum
für Naturkunde Bad Dürkheim, Georg von Neumayer-Archiv*

742 Fotoalbum Johannes Georgis
*Johannes Georgi 1931 / Fotos der Grönland-Expedition von 1930/
31, 24 Seiten, Grünbraun gestreifter Leineneinband, H 23 cm,
B 16 cm / Pfalzmuseum für Naturkunde Bad Dürkheim, Georg
von Neumayer-Archiv*

743 Fotoalbum Johannes Georgis
*Johannes Georgi 1931 / Fotos der Grönland-Expedition von 1930/
31, 24 Seiten, Blaugrüngelb gestreifter Leineneinband, H 23 cm,
B 16 cm / Pfalzmuseum für Naturkunde Bad Dürkheim, Georg von
Neumayer-Archiv*

742

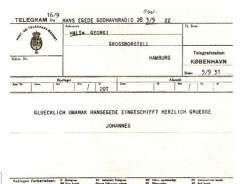

744 Fotoalbum Johannes Georgis
Johannes Georgi 1931 / Fotos der Grönland-Expedition von 1930 / 31, 20 Seiten, Rot marmorierter Pappeineinband, H 25 cm, B 18 cm / Pfalzmuseum für Naturkunde Bad Dürkheim, Georg von Neumayer-Archiv

745 Brief der Optischen Werke Leitz, Wetzlar
Wetzlar 1930 / Brief, H 19,3 cm, B 22,6 cm, an Dr. Johannes Georgi, Umanak / Grönland, vom 2. Juni 1930, betreffs Gelbfilter / Pfalzmuseum für Naturkunde Bad Dürkheim, Georg von Neumayer-Archiv

746 Telegramm
Johannes Georgi, Grönland 1931 / Brief, Papier, H 16,4 cm, B 21,3 cm, von Dr. Johannes Georgi an seine Frau in Grossborstel bei Hamburg, abgesendet von Godhavn auf Grönland am 3.9.1931, postalisch verschickt Kopenhagen 5.9.1931 / Pfalzmuseum für Naturkunde Bad Dürkheim, Georg von Neumayer-Archiv

747 Radiobrief
Johannes Georgi, Kopenhagen 1931 / Papier, H 30,7 cm, B 24,2 cm, gefaltet H 10,4 cm, B 12,3 cm, von Dr. Johannes Georgi an seine Frau, aufgegeben auf der »Hans Egede« am 17.9., postalisch abgeschickt in Kopenhagen am 18.9.1931 um 9.30 Uhr / Pfalzmuseum für Naturkunde Bad Dürkheim, Georg von Neumayer-Archiv

748 Schmucktelegramm
Hamburg 1931 / Karton, H 29,7 cm, B 41,6 cm, versendet von der Geographischen Gesellschaft zu Hannover an Dr. Johannes Georgi, Hamburg, vom 29.9.1931 / Pfalzmuseum für Naturkunde Bad Dürkheim, Georg von Neumayer-Archiv

749 Dankurkunde
Hamburg 1931 / Tinte auf Pergament, in Zylinder aus rotem Leder mit Stadtwappen. H 29,2 cm, B 42,2 cm. Höhe des Zylinders 32,8 cm. Ausgestellt vom Senat der Freien und Hansestadt Stadt Hamburg an Dr. Johannes Georgi am 1.11.1931 / Pfalzmuseum für Naturkunde Bad Dürkheim, Georg von Neumayer-Archiv

750 Expeditionsbericht Grönland 1931 / 1932
Johannes Georgi, München 1933 / Buch: Im Eis vergraben. Erlebnisse auf Station »Eismitte« der letzten Grönland-Expedition Alfred Wegeners, 5. Auflage / Privat

751 Film-Beiheft
Berlin 1940 / Drei Hefte zum Film »Deutsche Grönland-Expedition Alfred Wegener«, Berlin 1940, von Dr. Ernst Sorge. Mit handschriftlicher Widmung des Verfassers für Johannes Georgi, 21. 6. 1940. H 14,5 cm B 10,3 cm / Pfalzmuseum für Naturkunde Bad Dürkheim, Georg von Neumayer-Archiv

Auf nach Grönland!

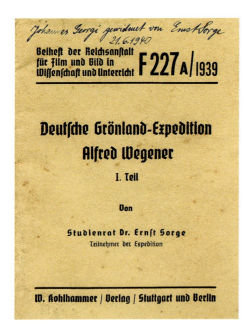

751 750

752 Fotoalbum Johannes Georgis
Hamburg 1958 / Album mit Titel: »Freundesgabe zum 70. Geburtstag«. Grüner Kunststoffeinband, H 25,5 cm, B 25,5 cm / Pfalzmuseum für Naturkunde Bad Dürkheim, Georg von Neumayer-Archiv

753 Begleitbuch »SOS Eisberg«
Berlin 1933 / Buch: Ernst Sorge, Mit Flugzeug, Faltboot und Filmkamera in den Eisfjorden Grönlands. Erlebnisse mit Knud Rasmussen und Ernst Udet. Berlin 1933. Abbildung: Ernst Sorge bei der Filmaufnahme / Pfalzmuseum für Naturkunde Bad Dürkheim, Georg von Neumayer Archiv
Einige Teilnehmer der Wegener-Expedition von 1931/1932 fungierten als wissenschaftliche Berater dieses UFA-Filmes, der 1933 von Dr. Arnold Fanck, dem renommiertesten Bergfilmregisseur Deutschlands, an Originalschauplätzen in Grönland gedreht wurde. Auch Knud Rasmussen beteiligte sich an den Dreharbeiten, insbesondere mit den einheimischen Eskimos in den letzten Sequenzen des Filmes. Ernst Sorge schrieb ein Buch zur Entstehung des Filmes.

754 Spielfilm »SOS Eisberg«
Deutschland 1933 / Spielfilm, 101 Min., Regie Arnold Fanck, Drehbuch Fritz Loewe; Ernst Sorge. Darsteller: Leni Riefenstahl; Ernst Udet; Gustav Diessl; Sepp Rist. Beratung: Knud Rasmussen / Privat

755 Kleidung der Grönländer
A. F. Prévost, Paris 1758 / Kupferstich H 20,2, B 14,4 cm; Habillemens des Groenlandois, B. L. Prévost del, le Veau sculp., Kupferstich aus A.F. Prévost d'Exlies, »L'histoire Generale des Voyages« Band XIX S. 70 / Privat

756 Frauenhose
Eskimo / Grönland DK, Anfang 20. Jh. / Seehundsfell, Leder, Textil, Lederapplikationen / Deutsches Ledermuseum Offenbach, Inv.-Nr. DLM 15945

757 Kinderstiefel
Eskimo / Grönland DK, erworben 1927 / Leder, Applikationen / Deutsches Ledermuseum Offenbach, Inv.-Nr. DLM 2735

758 Modell eines Mannschaftsbootes
Eskimo / Grönland DK, erworben 1921. / »Umiak«, auch »Frauenboot« genannt. Seehundleder über Holzgerüst, Steuerruder Holz / Deutsches Ledermuseum Offenbach, Inv.-Nr. DLM 1983

759 Modell eines Bootes für den einzelnen Jäger
Eskimo / Grönland DK, erworben 1928 / »Kajak«, Rohhaut über Holzgerüst, Holz, Bein, Textil / Deutsches Ledermuseum Offenbach, Inv.-Nr. DLM 3433

760 Spitze eines Wurfspeers
Eskimo / Grönland DK, 19. Jh. / Knochen je nach Schäftung für die Vogel- oder Fischjagd / Deutsches Ledermuseum Offenbach, Inv.-Nr. 11352

761 Spitze eines Wurfspeers
Eskimo / Grönland DK, 19. Jh. oder älter / Knochen, wohl für die Robbenjagd / Deutsches Ledermuseum Offenbach, Inv.-Nr. 11352

752

755

762 Deutsche Polarstation 1932 / 33

Deutschland 1932 / Zeitungsseite o. D. (28. 8. 1932 ?), »Faltboot im Eise«. Von Dr. Max Grotewahl, Leiter der Deutschen Polarstation 1932 / 33. H 93 cm, B 37,5 cm / Pfalzmuseum für Naturkunde Bad Dürkheim, Georg von Neumayer Archiv

763 Deutsche Polarstation 1932 / 33

Hamburg 1939 / Heft: Meteorologische Beobachtungen deutscher Schiffe im Europäischen Nordmeer und in der Barentssee während des Zweiten Internationalen Polarjahres 1932 – 33, Hamburg 1939, 39 Seiten / Pfalzmuseum für Naturkunde Bad Dürkheim, Georg von Neumayer Archiv

764 Österreichische Polarstation 1932 / 33

Wien 1934 / Buch: H. Tollner, R. Kanitscheider, F. Kopf, 14 Monate in der Arktis. Die österreichische Polarexpedition 1932 / 33 nach Jan Mayen, Wien 1934. Expeditionsbericht über den Beitrag Österreichs zum Zweiten Internationalen Polarjahr. Dieser Aufenthalt stand in der Tradition des Beitrags Österreich-Ungarns zum Ersten Internationalen Polarjahr, als ebenfalls die Insel Jan Mayen der Standort der Station war / Privat

760

761

765 Sputnik

Sowjetunion 1957 / Aluminium, Kunststoff, Eisen. Spieluhr mit den Sendetönen des Sputnik, Dm 12 cm, H 15,5 cm / Privat

Das Dritte Internationale Polarjahr fand 1957 / 1958 statt, somit 25 Jahre nach dem Zweiten Internationalen Polarjahr. Es war überwiegend der Erdatmosphäre gewidmet und führte offiziell den Titel »Internationales Geophysikalisches Jahr«. Dieses war der Anlass für eine herausragende wissenschaftlich-technische Leistung der Sowjetunion. Sie konnte den ersten künstlichen Erdtrabanten »Sputnik« in die Erdumlaufbahn bringen.

758

Auf nach Grönland!

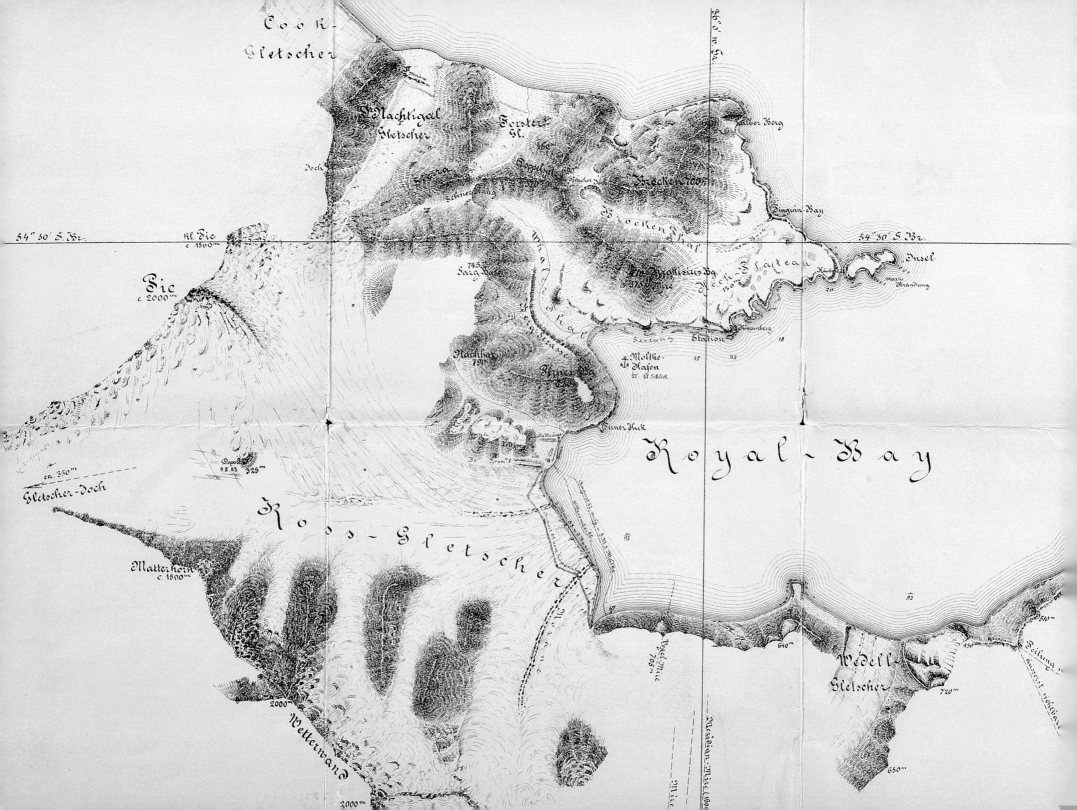

Und der Südpol?

Georg von Neumayers unermüdliche Agitation

Die erste Versammlung Deutscher Meister und Freunde der Erdkunde am 23. und 24. Juli 1865 in Frankfurt am Main gab den Anstoß sowohl für die deutsche Nordpolar- als auch die Südpolarforschung. War August Petermann der generelle Wegbereiter dieser Forschungen, so hatte er doch Präferenzen in Richtung auf die Arktis. Die Mehrheit der Anwesenden dachte in diese Richtung. So war die Forderung nach einer deutschen Nordfahrt auch das zentrale Ergebnis der Tagung.

Die Erforschung der Antarktis dagegen war das leidenschaftliche Bestreben Georg von Neumayers: Georg Balthasar Neumayer (1826 – 1909) stammte aus der Pfalz. Nach Gymnasial-besuch in Speyer wandte er sich in München den Ingenieur- und Naturwissenschaften zu. 1850 sah er erstmals das Meer und machte 1851 sein Schiffer-Examen an der Seefahrtschule Hamburg. 1852 bis 1854 bereiste er als Seemann die Südhemisphäre. Im südlichen Australien und wohl auch in Hobart auf Tasmanien führte er 1854 die Messungen der erdmagnetischen Elemente und ihrer Schwankungen, die James Clark Ross 1841 begonnen und 1849 eingestellt hatte, fort. Zurück in Deutschland gelang es ihm, ideell unterstützt von Alexander von Humboldt, Justus von Liebig und Michael Faraday, beim bayerischen König die Mittel zur Einrichtung eines Observatoriums in Australien zu erwirken. Er war von 1857 bis 1864 Gründer und Leiter des »Flagstaff Observatoriums für die Physik der Erde« in Melbourne. 1865 wohnte er wieder in seiner pfälzischen Heimat und wertete gerade seine in Australien gewonnenen Messdaten aus, als die Einladung nach Frankfurt kam. Bereits seit 1861 propagierte er die Antarktisforschung und blieb dieser über 40 Jahre lang treu. Neumayer folgte der Einladung in der Erwartung, dass die Südpolarforschung und die Gründung einer deutschen Zentralstelle für Hydrographie und maritime Meteorologie bei den Beratungen nicht ausgeschlossen seien.

802 Hobart auf Tasmanien

801 Georg von Neumayer (1826 – 1909)

804 Urkunde für Georg Neumayer

Neumayer wollte in Frankfurt die Erforschung des Südpols gleichberechtigt behandelt sehen. Er trug auf der Versammlung der Geographen am zweiten Tag, dem 24. Juli 1865, zwei Ziele vor: Zum einen die Gründung einer deutschen Zentralstelle für Hydrographie und maritime Meteorologie und zum anderen die Durchführung einer Südpolarexpedition. Der erste Vorschlag wurde allgemein begrüßt, und es war Otto Volger, der den Beschluss formulierte: »Die Errichtung einer Deutschen Seewarte als eine Notwendigkeit für die Hebung des Deutschen Seewesens zu erklären.« (Amtlicher Bericht, S. 56) Wilhelm von Freeden, der auch an der Frankfurter Versammlung beteiligt war, gründete 1868 in Hamburg die Norddeutsche Seewarte. Das Geld dafür kam aus seinem Privatvermögen, von den Handelskammern, den Regierungen von Bremen und Hamburg sowie von Reedern. 1875 übernahm das Deutschen Reich die Einrichtung und gestaltete sie zur »Deutschen Seewarte« um. Von 1876 bis 1903 war Georg Neumayer erster Leiter dieses Reichsinstituts mit Sitz in Hamburg.

Die Idee der Südpolexpedition wurde von der Frankfurter Versammlung nicht aufgegriffen. Das hielt Neumayer nicht davon ab, lebenslang hartnäckig für Südpolarforschung zu werben. Er gewann 1870 den österreichischen Admiral Wilhelm von Tegetthoff für seine Pläne, den Durchgang des Planeten Venus vor der Sonnenscheibe von einer Position im Bereich der Antarktis zu beobachten. Ihm war am 11. Juni 1870 durch Admiral Tegetthoff selbst die wissenschaftliche Leitung dieser Expedition zugesagt worden, an der auch Carl Weyprecht und Julius Payer teilnehmen sollten. Doch der plötzliche Tod des Seehelden am 7.4.1871 beendete alle Planungen. Dieses Scheitern hat Neumayer tief getroffen.

Initiator der ersten Reise eines deutschen Schiffs in antarktische Gewässer war der Hamburger Reeder Albert Rosenthal (1828 – 1882). Dieser teilte seinem Freund August Petermann

810 Brief von Schrader an Neumayer 1882

am 15. Februar 1873 mit, dass er unter Kapitän Eduard Dallmann seine Steam-Bark »Grönland« im Winter 1873 auf 1874 in den Süden schicken wolle. Das Ziel der Reise war der Wal- und Robbenfang im Gebiet der South Shetlands. Die Suche nach Pelzrobben und Polarwalen streifte auch die South Orkney Inseln sowie Palmer, Joinville, Louis Philippe und Grahams Land. Das Schiffstagebuch dieser Reise hat sich erhalten und wurde jüngst vollständig und kommentiert publiziert.

Für den 9. Dezember 1874 war ein bedeutendes astronomisches Ereignis vorhergesagt, der Vorübergang der Venus vor der Sonne. Dies war nur im Bereich zwischen Südostasien und der Antarktis sichtbar. Georg Neumayer war die treibende Kraft einer Reichsexpedition der »Gazelle« in die Südhemisphäre. Von ihm stammten die wissenschaftlichen Instruktionen zu dieser Unternehmung. Die Besatzung der »Gazelle« verweilte vom 26. Oktober bis 23. Dezember 1874 auf den Kerguelen-Inseln, wo sie ein Wohnhaus und ein Observatorium einrichteten. Die astronomischen Messungen und fotografischen Aufnahmen gelangen am entscheidenden Tag gut und die Forscher der »Gazelle« konnten noch einige Wochen lang weitere Messungen und Beobachtungen durchführen.

Die nächste Beschäftigung deutscher Forschung mit der Antarktis fand im Ersten Internationalen Polarjahr 1882 / 1883 statt. Als Carl Weyprecht im Frühjahr 1875 konkrete Schritte zur Planung dieses Großunternehmens unternahm, fand er in Georg Neumayer zunächst einen Opponenten. Es gelang Weyprecht aber noch vor dem 2. Internationalen Meteorologischen Kongress in Rom, sich mit Neumayer über die gemeinsame Zielsetzung abzustimmen. Dieser wurde zum Präsidenten der ständigen Kommission ernannt und es sollte auch Stationen auf der Südhalbkugel geben. Der Kaiser von Brasilien griff zwar den Vorschlag einer Station auf Kap Hoorn nicht auf. Frankreich aber richtete sich auf Vorschlag Weyprechts zu Beobachtungs- und

Auf dem im Juli 1865 in Frankfurt a.M. abgehaltenen Geographentage habe ich die Wichtigkeit einer Südpolar-Unternehmung überhaupt und mit Beziehung auf unsere maritime Entwicklung dargelegt. (Neumayer 70)

809 Süd-Georgien, Weihnachten 1882

Messzwecken auf den Kerguelen-Inseln ein und das Deutsche Reich errichtete eine Station in der Royal Bay auf Südgeorgien. Eine kleine Parallelstation gab es noch in Port Stanley auf Falkland. Bekanntlich konnte Weyprecht die Früchte seiner entbehrungsreichen Vorbereitungen nicht mehr ernten; Georg Neumayer hielt ihm am 31. März 1881 auf dem Friedhof von Bad König im Odenwald die Grabrede.

Auf dem Dritten Deutschen Geographentag in Frankfurt am 29.–31. März 1883 machte Georg Neumayer mit dem Vortrag »Bericht über den Stand der deutschen Polarforschung« eine Bestandsaufnahme des Ersten Internationalen Polarjahres, wünschte aber auch eine intensivere Beschäftigung mit antarktischen Themen. Auch auf dem Hamburger Geographentag von 1885 gab es, so wörtlich, »Referate von Geh. Rat Neumayer, Prof. Ratzel, Dr. Penk und Prof. Peters über die Notwendigkeit und Durchführbarkeit der antarktischen Forschung«.

Das »zweite« Gründerjahr der deutschen Südpolarforschung war 1895. Auf dem internationalen Geographentag zu London war Neumayer Chairman für die Sektion Antarktis, unter dessen Ägide die Planung von Südpolarexpeditionen mehrerer Staaten ihren Anfang nahm. Auf dem anschließend stattfindenden 11. Deutschen Geographentag in Bremen überzeugten die Redner Georg Neumayer und Erich Dagobert von Drygalski die Teilnehmer von der Wichtigkeit der antarktischen Forschung für die Geographie und Naturwissenschaften. Neumayer wurde Vorsitzender der Deutschen Kommission für Südpolarforschung. Die Kommission konstituierte sich im November 1895 in Berlin. In Anwesenheit Julius von Payers, der als beratender Gast eingeladen war, wurden grundlegende Beschlüsse zur Vorbereitung der Deutschen Südpolarexpedition gefasst. Payer hielt 1896/1897 in Deutschland zahlreiche Vorträge zur Förderung der Südpolarforschung. Den nächsten Vorstoß zu der ersten Deutschen Südpolar-Expedition stellte ein Vortrag Georg Neumayers auf

Eine Deutsche Expedition zur wissenschaftlichen Erforschung der Südpolar-Region.

Auf der 68. Versammlung der Gesellschaft Deutscher Naturforscher und Aerzte zu Frankfurt a. M.

811 Südpolar-Denkschrift 1896

der Versammlung der Gesellschaft Deutscher Naturforscher und Ärzte zu Frankfurt / M. am 21. September 1896 dar. Sein Text liegt in einer Denkschrift, einem gedruckten Doppelblatt zu vier Seiten, vor: »Eine Deutsche Expedition zur wissenschaftlichen Erforschung der Südpolar-Region«.

Die erste offiziell von deutschen Stellen finanzierte Reise in die Antarktis startete im Juli 1898. Für die Begutachtung des Konzepts für eine »Deutsche Tiefsee-Expedition« durch den Leipziger Meeresbiologen Carl Chun berief das Deutsche Reich eine Dreierkommission, der Georg Neumayer, Rudolf Virchow und der Geheime Rat Waldeyer angehörten. Sie empfahl die Durchführung der beantragten Expedition.

Unter Bezug auf diese Entwicklung erschien als Ergebnis einer Besprechung das Sitzungsprotokoll der »V. Versammlung der Deutschen Kommission für die Südpolarforschung am 19. Februar 1898 im Konferenzzimmer des Grassi-Museums in Leipzig«. Die im Druck genannten Unterzeichner sind Dr. Neumayer und Dr. M. Lindeman. Das vierseitige gedruckte Doppelblatt hat auf der Titelseite den handschriftlichen Eintrag »Strengstens vertraulich« und im Text handschriftliche Korrekturen. Nach Erörterung der in wenigen Monaten auslaufenden Tiefsee-Expedition Carl Chuns wurde dort der Plan der ersten Deutschen Südpolar-Expedition endgültig formuliert.

806 Plakette für Neumayer 1908

803 Georg Neumayers Kompaß

Und der Südpol?

Die drei deutschen Expeditionen in antarktische Gewässer

Als der Meeresbiologe Carl Chun im Jahre 1897 beim preußischen Kultusministerium die finanziellen Mittel für eine meeresbiologische Forschungsreise ins Gebiet der Kanarischen Inseln beantragen wollte, traf er auf eine ungewöhnliche politische Konstellation. Erwünscht war nämlich eine erheblich umfangreichere Expedition: »Sie hatte in weitem Bogen Afrika zu umkreisen, den östlichen Atlantischen Ocean zu erforschen, von dem Kap aus einen Vorstoß in die kalten, antarktischen Stromgebiete zu unternehmen, um schließlich der Erforschung des indischen Oceans ihre besondere Aufmerksamkeit zu widmen.« (K. Chun). Dem Forscher wurde nahegelegt, eine Immediateingabe an den Kaiser zu richten. Der Kaiser unterzog das Gesuch einer eingehenden Prüfung und befürwortete es. Wilhelm II. erwartete überdies, dass an nichts gespart werden sollte, was die Sicherheit und den Erfolg der Expedition beeinträchtigte. Die geschätzten Mittel in Höhe von 300.000 Mark wurden am 31.1.1898 von Bundesrat und Reichstag einstimmig genehmigt.

Der Organisator und Leiter der Deutschen Tiefsee-Expedition, Carl Chun (1. Oktober 1852 – 11. April 1914) stammt aus Höchst am Main. Er besuchte das Frankfurter Gymnasium, wobei er gleichzeitig schon Vorträge bei der Senckenbergischen Naturforschenden Gesellschaft hörte. Nach Studium der Zoologie in Göttingen und Leipzig wurde er 1875 promoviert. Verheiratet war Chun mit Lily Vogt, der Tochter des Paulskirchenabgeordneten und seit 1852 in Genf tätigen Zoologen und Nordlandfahrers Carl Vogt. Ab 1878 war Chun Privatdozent in Leipzig und wurde 1883 Ordinarius an der Universität Königsberg, wechselte in dieser Position 1891 nach Breslau und 1898 nach Leipzig, wo er 1907 / 1908 das Rektorat innehatte.

812 Das Expeditionsschiff »Valdivia«

814 Carl Chun (1852 – 1914)

Carl Chun galt als Kapazität der Meeresbiologie. Mit neuen Netz- und Fangtechniken untersuchte er die Tierwelt größerer Meerestiefen. Er war ein Pionier der Planktonforschung. Seine große Idee war eine Expedition zur weltumspannenden Erforschung der Tiefsee. Er stellte sie am 24.9.1897 in Braunschweig der Versammlung der Deutschen Naturforscher und Ärzte vor. Nachdem er den Expeditionsplan »höchsten Stellen« vorgelegt hatte, konnte er mit dem ehemaligen Postdampfer »Valdivia« die Tiefsee-Expedition ausrüsten und durchführen. Die Besatzung bestand aus insgesamt 43 Personen. Den wissenschaftlichen Stab bildeten neben Chun sieben weitere Personen als offizielle Teilnehmer der Expedition. Dazu kamen vier weitere Teilnehmer, die sich freiwillig angeschlossen hatten, der Zoologe Dr. Otto zur Strassen aus Leipzig und Fritz Winter aus Frankfurt als Wissenschaftlicher Zeichner und Fotograf. Die Farbwerke in Höchst versorgten die Expedition mit Chemikalien, die optischen Instrumente kamen von Zeiss in Jena und die Trockenplatten stammten von der Firma Schleußner in Frankfurt.

Die Ergebnisse der Tiefsee-Expedition wurden von über 70 Wissenschaftlern ausgewertet. Es erschienen von 1902 bis 1940 nicht weniger als 24 Bände in 95 Einzellieferungen. Bearbeiter für die Reisebeschreibung, die Schließnetzfänge, die Ctenophora und die Cephalopoda war Carl Chun selbst, die Ophiuroidea behandelte Prof. zur Strassen und Fritz Winter oblag die Bearbeitung der Foraminifera. Der Medailleur Paul Sturm schuf 1909 eine Bronzegussmedaille mit dem Bildnis Chuns. Zu seinem 60. Geburtstag am 1. Oktober 1912 bekam Carl Chun durch seine Freunde, Kollegen und Schüler eine Festschrift gewidmet. Er starb am 11. April 1914 in Leipzig. Teile seines Nachlasses befinden sich im Berliner Museum für Naturkunde und im Naturkundemuseum Senckenberg in Frankfurt.

Teilnehmer dieser Expedition war unter anderem der Leipziger Zoologe Otto Ladislaus zur Strassen (1869–1961). Der in Berlin geborene Sohn des Bildhauers Melchior zur Strassen studierte ab 1887 in Leipzig, wo er 1892 promoviert und 1896 habilitiert wurde. Bei Forschungen zur Embryonalentwicklung von Würmern berücksichtigte er als einer der frühesten Wissenschaftler ökologische Zusammenhänge in seinen Fragestellungen. In Leipzig wurde er 1901 zum Professor für Zoologie ernannt. 1909 berief ihn die Senckenbergische Naturforschende Gesellschaft als Nachfolger Fritz Römers zum Direktor ihres Museums. Dieses Amt hatte er bis 1934 inne. Strassens Hauptwirken galt hier dem Ausbau der Sammlungen. Mit Gründung der Universität bis zu seiner Emeritierung 1937 wirkte er als

815 Otto zur Strassen (1869–1961)

818 Postkarte von Otto zur Strassen, Kapstadt 1898

Ordinarius für Zoologie. 1923/1924 war er Rektor der Frankfurter Universität. Bis zu seinem Tod beschäftigte er sich mit der Erforschung physiologischer Fragen. Weiten Kreisen wurde er als Mitherausgeber der vierten Auflage von »Brehms Tierleben« bekannt.

Ein weiterer Teilnehmer dieser Reise stammte aus Frankfurt. Es war Fritz (Friedrich Wilhelm) Winter (1878–1917), Sohn des bekannten Frankfurter Künstlers und Lithographen Georg Wilhelm Winter (1844 – 1900). Fritz Winter studierte in Leipzig Biologie. Er war auf der Reise als wissenschaftlicher Zeichner und Fotograf tätig. Nach der Rückkehr wurde er Assistent am Zoologischen Institut der Universität Leipzig. Nach dem Tod seines Vaters am 28. März 1900 ging er zurück nach Frankfurt, um das väterliche Geschäft zu übernehmen, die Lithographische Anstalt, Buch- und Steindruckerei Werner und Winter, Fichardstraße 5 im Frankfurter Nordend. Sein Partner in der Geschäftsleitung war Josef Felix Werner, der Sohn des Geschäftsgründers Joseph Werner. Im Jahr 1914 war Fritz Winter, inzwischen zum Dr. hon. causa promoviert, alleiniger Inhaber der Firma. Er starb im Juli 1917 an der Westfront bei Perthes le Chalet in der Champagne. Nach seinem Tod nannte sich das Unternehmen »Universitätsdruckerei Werner & Winter GmbH«, Fichardstraße 5 – 7. Das Geschäftsfeld war laut Adressbuch 1926 der Buch-, Licht-, Stein- und Offsetdruck.

Kapitän Krech und Expeditionsleiter Chun verließen am 31. Juli 1898 mit dem Schiff »Valdivia« Hamburg. Die Forschungsreise bewegte sich zu den Färör-Inseln und in arktische Gewässer, entlang der Westküste Afrikas zur Antarktis, den Kerguelen, nach Sumatra, Ceylon, zu den Seychellen, durch das Rote Meer und das Mittelmeer. Die wichtigsten Geräte an Bord waren moderne Tiefsee-Lotmaschinen. Diejenigen von dem Hersteller Le Blanc in Paris hatten sich bereits bei den Expeditionen des Fürsten von Monaco und der österreich-ungarischen »Pola« bewährt. Noch wichtiger war die Sigsbee-Maschine, mit der immerhin 146 der 180 Lotungen durchgeführt wurden. Alle Lotmessungen geschahen mittels Klaviersaitendraht von 0,9 mm Durchmesser, der über Trommeln lief, die eine kleine Dampfmaschine antrieben. Damit konnten erstmals in antarktischem Gebiet zuverlässige Tiefenlotungen durchgeführt werden. Die »Valdivia« erreichte am 6. Oktober Kapstadt. Von hier aus wurden bei Fahrt in südlicher Richtung ständig Tiefenmessungen durchgeführt. Der Expedition gelang am 25. November 1898 die Wiederentdeckung der 1739 erstmals gesichteten Bouvet-Insel. Das 80 qkm große Eiland erhebt sich bis zu 935 m aus dem Meer und wurde bei 54° 26′ Süd und 3° 24′ Ost lokalisiert. Ein Landungsversuch war wegen der hochgehenden See nicht möglich. Zwei Tage später wurde nach Süden die Treibeisgrenze erreicht. Bei günstigen Wetterverhältnissen wurden fast drei Wochen lang Tiefenlotungen an der Treibeisgrenze bei 56° 45′ vorgenommen. Am 13. Dezember lag das Schiff am Kreuzungspunkt vom 60. südlichen Breitegrad und 50. östlichen Längegrad. Da Wetter und Eisverhältnisse gut waren, entschloss sich Chun, soweit wie möglich nach Süden vorzudringen. Am 16. Dezember 1898 erreichte die »Valdivia« bei 64° 14,3′ Süd und 54° 31,4′ Ost ihre südlichste Position. Dort wurde eine Tiefe von 4747 Metern gemessen. Als sich das Packeis dem Schiff von drei Seiten näherte, entschloss sich Kapitän Krech

816 Fritz Winter (1878 – 1917)

813 Die »Valdivia« an der Eiskante

zu schleunigster Umkehr. Am 25. Dezember brachte er die »Valdivia« in die Sicherheit der Kerguelen-Inseln, die am 29. Dezember wieder verlassen wurden. Die Neujahrsnacht erlebten die Teilnehmer in einem gewaltigen Weststurm. In den folgenden Monaten erfolgte eine umfangreiche Erforschung des Indischen Ozeans. Die »Valdivia« lief am 1. Mai 1899 wieder in Hamburg ein und wurde mit großem Jubel empfangen.

Die Resultate der »Valdivia«-Expedition waren überragend. Ab dem Äquatorialbereich wurden Vertikalnetze eingesetzt. Sie erbrachten eine Überfülle bis dahin unbekannter Tiefseefische. Das Aufkommen der Netze bescherte den Forschern immer wieder eine neue Pracht an Material, das es sofort zu zeichnen und konservieren galt. »Das wichtigste Ergebnis unserer Fahrt längs der Eisgrenze betrifft den Nachweis eines gewaltig tiefen antarktischen Meeres. Von siebzehn Lotungen weisen nicht weniger als elf Tiefen zwischen 5000 und 6000 m, fünf solche zwischen 4000 und 5000 und nur eine (bei der Bouvet-Insel) eine Tiefe von 3080 m auf. Aufgrund dieser Lotungsserie (der ersten, welche in solcher Vollständigkeit im antarktischen Gebiet durchgeführt wurde) erfahren die bisherigen Vorstellungen über das Tiefenrelief des antarktischen Oceans eine wesentliche Erweiterung.« (K. Chun) Beim letzten Vorstoß nach Süden riskierte es Chun bei ungewöhnlich günstigen Verhältnissen, ein Schleppnetz über einen Grund zu ziehen, der mit 4636 m Tiefe ermittelt worden war. Das Netz war voll von Gestein und tierischen Organismen, die in diesen nie erforschten Tiefen bei 0,5 ° C leben. Die Auswertung aller Funde geschah mit einer bis dahin unerreichten Gründlichkeit. Allein 160 neue Arten von Tiefseefischen wurden benannt. Die »Valdivia«- Expedition war ein Meilenstein der deutschen Tiefseeforschung und Meeresbiologie.

Ende des Jahres 1898 stand auch das Konzept der Deutschen Antarktisexpedition, die unter der Leitung Erich von Drygalskis stehen sollte, fest. Die Gelder wurden beim Kaiser und Reichstag angefragt. Im Antrag wurde darauf hingewiesen, dass die Arbeiten der »Gazelle«-Expedition von 1874 und der Deutschen Tiefsee-Expedition von 1898 ergänzt und fortgeführt werden sollten. Nach Bewilligung der Geldmittel in Höhe von 1.200.000 Mark wurde der Dreimast-Marssegelschoner »Gauss« bei den Howaldtswerken in Kiel in Auftrag gegeben. Für die Stärke und Widerstandsfähigkeit des 325 PS starken Expeditionsschiffes im Eis war Nansens »Fram« das Vorbild.

Neben Expeditionsleiter von Drygalski nahmen vier weitere Naturwissenschaftler an der Reise teil. Der Kapitän Hans Ruser kam von der HAPAG. Zweiter Offizier der »Gauss« war Ludwig Ott. Geboren im April 1876 in Frankfurt-Höchst, verlebte Ott seine Jugendjahre in Wiesbaden und Hamburg. Dort besuchte er die Seemannsschule und begann 1892, zur See zu fahren. Fünf Jahre lang war er ausschließlich auf Segelschiffen. Im September

813 Carl Chun mit Robben. Fotoalbum 1899

817 Basalt von der Bouvet-Insel

Und der Südpol?

Noch ist keine Ueberwinterung innerhalb der Süd-Polarzone zu verzeichnen; es fehlen daher der physikalischen Geographie und der Klimatologie des Erdballes die wichtigsten Faktoren. (Neumayer 71)

1897 bestand er das Examen zum Steuermann. Anschließend diente er ein Jahr bei der Marine und wurde mit dem Dienstgrad des Leutnants zur See d. R. entlassen. Es folgte ein Jahr als 2. Steuermann auf dem Hamburger Vollschiff »Bolanda«. Als Ludwig Ott sich am 6. November 1900 bei Drygalski vorstellte, war er gerade 3. Offizier auf der »Sao Paulo« der Hamburg-Südamerika-Dampfschiffahrts-Gesellschaft. Seine Bewerbung wurde angenommen. Zur Unterstützung des Forschungsprogramms absolvierte Ott vorab in Potsdam einen Kurs für astronomisch-geodätische Arbeiten.

Auf dem 7. Internationalen Geographentag in Berlin 1899 verständigten sich mehrere Staaten, für das Jahr 1901 gemeinsam die Antarktis wissenschaftlich zu erschließen. Im gleichen antarktischen Winter 1899 überwinterte erstmals eine Forschergruppe unter Führung von Carsten Borchgrevink, ein australischer Forscher norwegischer Herkunft, bei Kap Adare in der Antarktis. Die Teilnehmer wurden am 28. Januar 1900 wieder von der »Southern Star« abgeholt. Vorausgegangen war 1897 – 1899 die belgische Antarktisexpedition unter Leitung von A. V. de Gerlache mit dem Schiff »Belgica«, wo auch Roald Amundsen und Frederick Cook an Bord waren.

Fünf Länder starteten 1901 in Richtung Süden. Eine britische Expedition unter R. F. Scott begab sich mit der »Discovery« zum Victoria-Land (1901 – 1904). Die Schweden schickten eine Expedition unter Otto Nordenskjöld auf der »Antarctic« zum Graham-Land (1901 – 1903). Hinzu kam eine schottische Unternehmung unter W. Bruce auf der »Scotia« zum Coats-Land (1902 – 1904) und eine französische Expedition unter J.-B. Charcot auf der »Francais« (1903 – 1905). Der deutsche Beitrag war die »Gauss«-Expedition unter Erich von Drygalski (1901 – 1903).

Die »Gauss« sollte im indischen Ozean südlich der Kerguelen operieren und dort das Polargebiet zwischen 60 Grad und 90 Grad Ost erforschen. Am 15. August 1901 verließ das Forschungsschiff die Elbmündung. Die Kerguelen wurden erreicht und am 31. Januar 1902 wieder verlassen. Bei schönem Wetter konnte am 3. Februar ein siebenstündiger Ausflug auf die Heard-Insel gemacht werden. Am 13. Februar stieß die »Gauss« bei 62 Grad Süd auf erste Eisschollen. Am 22. Februar 1902 wurde das Schiff von schnell herankommenden Schollenseis festgesetzt und verweilte ein Jahr an dieser Stelle. Die Expedition befand sich zu diesem Zeitpunkt 90 km vor dem Festland. Während der Überwinterung ließ von Drygalski das umfangreiche Forschungsprogramm durchführen, wie es vorher mit den internationalen Partnern vereinbart worden war. Die Unternehmung hatte auch einen Fesselballon an Bord. Mit diesem konnte von Drygalski selbst am 29. März 1902 bei absoluter Windstille, –20 Grad Celsius und Sonnenschein aufsteigen. Der Ballon stieg bis auf 500 m Höhe, bei dieser Gelegenheit wurde in der Ferne der dann so genannte »Gaussberg« gesichtet. Dieser Berg auf dem Festland der Antarktis war das Ziel mehrerer Schlittenreisen. Bereits die erste Schlittengruppe stellte am Fuß des Berges meteorologische Instrumente auf. Die Expedition stellte fest, dass dieser Berg vulkanischen Ursprungs sei.

Nach fast genau einem Jahr, am 8. Februar 1903, kam das Schiff wieder frei. Zwei Monate lang dampfte die »Gauss« entlang des Scholleneisgürtels, um erneut einen Vorstoß zur süd-

820 Erich von Drygalski (1865 – 1949)

12. Mai. Unbehagliches Erwachen, steif von Kälte und dem harten Lager. Vom Schlafsack aus wurde eingeheizt. Der Himmel war bewölkt und es war windstill. Wir beschlossen, schon heute einen vorstoß nach dem süden zu machen. (Toller, S. 94)

lichen Küste zu wagen, die man bei 75 bis 80 Grad Süd vermutete. Doch sie konnte nie weiter als 65 Grad Süd vorstoßen, wo sie jeweils von Eismassen gestoppt wurde. Am 2. Juni 1903 erreichte sie Durban und war am 24. November in Brunsbüttel. In der Heimat wollte wegen der unspektakulären Ergebnisse keine rechte Begeisterung aufkommen. Die »Gauss« wurde für 75.000 Dollar an die kanadische Regierung verkauft und die Wissenschaftler begannen mit der Zusammenstellung der Expeditionsergebnisse, die schließlich 22 Bände umfassten.

Die nächste Deutsche Antarktische Expedition unternahm 1911 / 1912 der bayerische Tibetforscher Wilhelm Filchner. Das notwendige Geld kam von Prinzregent Luitpold, vom Kaiser und einer Lotterie. Auf Anraten von Shackleton erwarb er ein 1905 gebautes Schwesterschiff der »Endurance«, das den Namen »Deutschland« erhielt.

Die Fahrt galt zu ihrer Zeit als Misserfolg. Im Nachhinein stellte sie zweifellos eine der großen Entdeckungsleistungen deutscher Forschungsreisender dar, denn erstmals wurden die wahren Ausmaße des Wedell-Meeres erkannt. Filchner drang bis 78° 30' S vor, wo eine neue Küste, das Prinzregent-Luitpold-Land, entdeckt wurde. Allerdings herrschte an Bord von Anfang an eine vergiftete Atmosphäre, Trunksucht und Polarkoller.

Das Schiff wurde von Eis eingeschlossen und folgte dem in der modernen Ozeanographie als Weddell-Gyre bekannten Driftweg. Hinzu kamen Beobachtungsresultate hinsichtlich der Meteorologie, Erdmagnetik, Ozeanographie, Aerologie und Glaziologie. Die Expeditionsergebnisse wurden nicht geschlossen publiziert.

Ein Teilnehmer der Deutschen Antarktischen Expedition von 1911 / 1912 war der Österreicher Dr. Felix König aus Graz. Dieser besuchte Graf Hans Wilczek in Wien und erweckte von Neuem dessen altes Interesse für die Polarforschung. Graf Wilczek entfachte in allen Kreisen große Begeisterung und Sympathie für das Unternehmen, so dass binnen kurzem 800.000 Kronen zusammenkamen. Davon konnte er das Schiff der deutschen Expedition, die »Deutschland«, kaufen, es in Pola in »Austria« umtaufen und ausrüsten lassen. In Grönland erwarb König ein Rudel von 120 Polarhunden. Alle Planungen waren in bester Ordnung, als der Weltkrieg ausbrach. Die meisten der schon angeworbenen Expeditionsteilnehmer wurden zum Kriegsdienst einberufen. Der Schiffsrumpf wurde inzwischen im Hafen von Triest von Bohrwürmern zerfressen, da er keine Metallverkleidung hatte. Dies war das Ende von Graf Wilczeks dritter, noch gar nicht begonnener Polarexpedition.

823 Obsidian vom Victoria-Land
824 Granat in Migmatit, Oates-Land

Und der Südpol?

801 Georg von Neumayer

Bad Dürkheim um 2000 / Porträtbüste. Abformung, Kunststoff bronziert, H. 59 cm / Hans Jochen Kretzer, Neustadt/W. und Pfalzmuseum für Naturkunde Bad Dürkheim, Georg von Neumayer Archiv

802 Hobarttown

Hildburghausen um 1850 / Stahlstich, H 15,5 cm, B 23,5 cm / Privat

Hobart war der Ort einer meteorologischen Beobachtungsstation von James Clark Ross und Georg Neumayer.

803 Kompass

Großbritannien um 1850 / Handschriftlicher Klebezettel auf dem Innendeckel: »Diesen Compass benützte ich auf meinen Reisen in Australien seit 1861 – Er war mir von Mr. Irvine zum Geschenke gemacht, welcher ihn früher in Indien benützt hatte. 22. 1. 71 G. N. Aus dem Besitz Georg Neumayers. Holz, Messing, Glas, H 7,7 cm, L 7,7 cm, B 2,1 cm / Pfalzmuseum für Naturkunde Bad Dürkheim, Georg von Neumayer Archiv

804 Freies Deutsches Hochstift

Frankfurt 1865 / Urkunde der Ernennung zum Ehrenmitglied und Meister des Freien Deutschen Hochstifts in Frankfurt für Georg Neumayer in Melbourne, 21. Februar 1865. H 62,5 cm, B 47 cm / Pfalzmuseum für Naturkunde Bad Dürkheim, Georg von Neumayer Archiv

805 Deutsche Seewarte

Hamburg 1881 / Silbermedaille zur Stiftung der Deutschen Seewarte zu Hamburg von 1881. Exemplar Georg Neumayers. 55 mm / Pfalzmuseum für Naturkunde Bad Dürkheim, Georg von Neumayer Archiv

806 Neumayer Plakette

Berlin 1908 / Bronzeplakette mit Brustbild Neumayers nach rechts, unten links ein Olivenbaumzweig, daneben DR. G/ v. NEUMAYER, links oben im Feld 1908 und Signatur. rechteckig, H 10,7 cm, B 6,8 cm / Pfalzmuseum für Naturkunde Bad Dürkheim, Georg von Neumayer Archiv

807 Süd-Georgien

E. Mosthaff 1884 / Photolithographie, H 72 cm, B 60,5 cm. Karte der Royal Bay im Maßstab 1:50.000 von E. Mosthaff, September 1884 / Pfalzmuseum für Naturkunde Bad Dürkheim, Georg von Neumayer Archiv

808 Fotoalbum 1883

Süd-Georgien 1883 / Blauer Leinenband, Papier, H 22 cm B 29 cm. Station der Deutschen Polar-Kommission in Süd-Georgien, Royal Bay. 1882–83. 16 Fotoseiten mit handschriftlichen Erläuterungen / Pfalzmuseum für Naturkunde Bad Dürkheim, Georg von Neumayer Archiv

Und der Südpol?

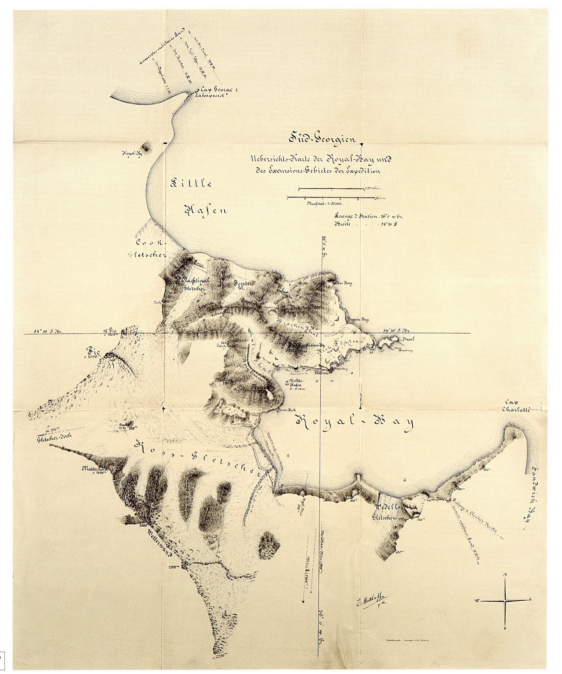

807

809 Fotoalbum 1883
Süd-Georgien 1883 / Weihnachtsfeier 1882 in der Deutschen Station der Royal-Bay in Südgeorgien. Auf dem Weihnachtsbaum ist ein Foto Georg Neumayers angebracht / Pfalzmuseum für Naturkunde Bad Dürkheim, Georg von Neumayer Archiv

810 Brief von C. Schrader
Süd-Georgien 1882 / Papier, H 25 cm, B 21 cm. Vier Seiten / Polarpostsammlung Siegfried Nicklas, Frankfurt
Schrader war der Leiter der Deutschen Südpolarstation auf Südgeorgien. In diesem Schreiben an Georg Neumayer vom 22. Juli 1882 führt er Beschwerde über die schlechte Behandlung der Wissenschaftler durch die Schiffsoffiziere.

811 Denkschrift 1896
Frankfurt 1896 / Gedrucktes Doppelblatt zu vier Seiten, H 29 cm, B 23 cm. »Eine Deutsche Expedition zur wissenschaftlichen Erforschung der Südpolar-Region«. Auszug aus dem Vortrag Georg Neumayers, gehalten auf der Versammlung der Gesellschaft Deutscher Naturforscher und Ärzte zu Frankfurt / M. am 21. 9. 1896. Es handelte sich um die 68. Jahresversammlung dieser Vereinigung, die vom 21. bis 26. September 1896 das dritte Mal in Frankfurt tagte. Zuvor, am 20.9., hatte sich der Vorstand im Vogelsaal des Senckenbergmuseums getroffen / *Polarpostsammlung Siegfried Nicklas, Frankfurt*

812 Valdivia
Carl Chun, Jena 1900 / Repro eines Fotos aus der populären Version des Expeditionswerks: Carl Chun, Aus den Tiefen des Weltmeeres. Schilderungen von der Deutschen Tiefsee-Expedition / Privat

V. Versammlung
der Deutschen Kommission für die Südpolarforschung
am 19. Februar 1898 im Konferenzzimmer des Grassi-Museums
in Leipzig.

819

813 »Valdivia«- Tiefseeexpedition.
Auf See, 1898 / 1899 / Zwei Fotoalben, Fotos auf Karton / Naturmuseum Senckenberg

814 Carl Chun
Anonym, Jena um 1910 / Repro. Prof. Dr. Carl Chun (Höchst 1852 – Leipzig 1914) war der Initiator und Expeditionsleiter der «Valdivia«- Tiefseeexpedition / Naturmuseum Senckenberg.

815 Otto zur Strassen
Anonym, Frankfurt um 1910 / Foto / Naturmuseum Senckenberg. Dr. Otto zur Strassen (Berlin 1869 – Königstein 1961) war Expeditionsteilnehmer der »Valdivia«-Tiefseeexpedition und 1909 – 1934 Direktor des Naturmuseums Senckenberg.

816 Fritz Winter
Anonym, Frankfurt, um 1910 / Repro. Fritz Winter (Frankfurt 1878 – Perthes le Chalet 1917) war Expeditionsfotograf der »Valdivia«- Tiefseeexpedition / Naturmuseum Senckenberg.

817 Basalt
Bouvet-Insel, Alter: Ca. 5 – 10 Millionen Jahre / Die Insel wurde auf der »Valdivia«-Tiefseeexpedition wiederentdeckt. 7 cm x 6 cm x 4 cm / Prof. Dr. Georg Kleinschmidt, Institut für Geowissenschaften, Johann Wolfgang Goethe-Universität Frankfurt

818 Postkarte von Otto zur Strassen
Otto zur Strassen Kapstadt 1898 / Postkarte, Karton, H 9 cm, B 14 cm. Polarpostsammlung Siegfried Nicklas, Frankfurt
Geschrieben während der Deutschen Tiefsee-Expedition. Darstellung des Tafelberges in Kapstadt, datiert »Capetown 7. XI. 98« Inhalt: Dr. Otto zur Strassen sendet Geburtstagsgrüße an Frau Reichsgerichtsrat Brückner in Leipzig.

819 Kommissionsprotokoll 1898
Leipzig 1898 / Sitzungsprotokoll. »V. Versammlung der Deutschen Kommission für die Südpolarforschung am 19. Februar 1898 im Konferenzzimmer des Grassi-Museums in Leipzig« Gedrucktes Doppelblatt zu vier Seiten. H 29 cm, B 23 cm / Polarpostsammlung Siegfried Nicklas, Frankfurt
Die im Druck genannten Unterzeichner sind Dr. Neumayer und Dr. Moritz Lindeman. Handschriftlicher Eintrag auf der Titelseite: »Strengstens vertraulich«. Im Text handschriftliche Korrekturen. Inhaltlich geht es um die Tiefsee-Expedition Carl Chuns und den Plan der ersten Deutschen Südpolar-Expedition.

820 Erich von Drygalski (1865 – 1949)
Anonym, Deutschland um 1905 / Holzstich, H 12 cm, B 9 cm / Privat

821 Quarzitmobilisat mit Disthen-Kristallen
*Shackleton-Range, Alter: ca. 550 Millionen Jahre /
Ca. 32 cm x 16 cm x 12 cm / Prof. Dr. Georg Kleinschmidt, Institut für
Geowissenschaften, Johann Wolfgang Goethe-Universität Frankfurt*

822 Rubine in unreinem Marmor
*Shackleton-Range, Alter: ca. 500 Millionen Jahre /
12 cm x 11 cm x 5 cm / Prof. Dr. Georg Kleinschmidt, Institut für
Geowissenschaften, Johann Wolfgang Goethe Universität Frankfurt*

823 Obsidian
*Victoria-Land, Alter: ca. 25 Millionen Jahre / 21 cm x 14 cm x 12 cm /
Prof. Dr. Georg Kleinschmidt, Institut für Geowissenschaften, Johann
Wolfgang Goethe Universität Frankfurt*

824 Granat in Migmatit
*Oates-Land, Alter: ca. 500 Millionen Jahre / 11 cm x 10 cm x 8,5 cm /
Prof. Dr. Georg Kleinschmidt, Institut für Geowissenschaften,
Johann Wolfgang Goethe Universität Frankfurt*

825 Fossilhaltige Geode aus der Kreide
Snow Hill Island an der Graham-Küste / Privat
Die Stelle wurde am 6.1. 1843 von James Clark Ross entdeckt. Hier stand von 1901 bis 1903 die Expeditionsbasis der schwedischen Antarktisexpedition unter Otto Nordenskiöld. Die Fundstelle liegt unmittelbar hinter dem Stationshaus.

826 Die Fahrt nach dem Südpol
*O. und M. Hauser, Ludwigsburg um 1913 / Würfelspiel für Kinder,
Pappe, beklebt, ca. 1913. Deckel: H 25,7 cm, B 35,2 cm, Spielbrett:
H 34,2 cm, B 54,3 cm. Einzige autorisierte Originalausgabe nach
den Aufnahmen Roald Amundsens. Verlag O. & M. Hauser, Ludwigsburg. Deckel mit Spielanleitung, Spielbrett zweimal gefalzt / Historisches Museum Frankfurt, Inv.-Nr. X 78:35*

827 Süd-Polar-Karte 1910
*Gotha 1910 / Entworfen von August Petermann, berichtigt von
H. Habenicht, Gotha 1910. M: 1 : 40.000.000, Mit 16 Nebenkarten.
Eintrag der »Valdivia«- und der »Gauss«-Expedition. H 38 cm,
B 45,4 cm / Privat*

821
822

828 Südpolargebiet 1931

Deutschland 1931 / Karte mit Eintrag der »Gauss«-Expedition von 1901 / 1903 und Filchners Vorstoß 1912. M: 1 : 60.000.000, H 31 cm, B 19 cm. / Privat

Und der Südpol?

Literaturverzeichnis

Akademie 2007
Österreichische Akademie der Wissenschaften (Hrsg.) in Verbindung mit Frank Berger, Bruno Besser und Reinhard Krause unter Mitarbeit von Petra Kämpf und Enrico Mazzoli, Carl Weyprecht (1838–1881). Seeheld, Polarforscher, Geophysiker. Wissenschaftlicher und privater Briefwechsel des österreichischen Marineoffiziers zur Begründung der internationalen Polarforschung, Wien 2007 (in Vorbereitung)

Allgeier 1931
Sepp Allgeier, Die Jagd nach dem Bild. 18 Jahre als Kameramann in Arktis und Hochgebirge, Stuttgart 1931

Arktisfahrt 1933
Die Arktisfahrt des Luftschiffes »Graf Zeppelin« im Juli 1931 (Petermanns Geographische Mitteilungen, Erg.-Heft Nr. 216), Gotha 1933

Andrée 1930
Salomon Andrée, Dem Pol entgegen, Auf Grund der während Andrées Polarexpedition 1897 geführten und 1930 auf Vitö gefundenen Tagebücher S. A. Andrées, N. Strindbergs und R. Fraenkels herausgegeben von der Schwedischen Gesellschaft für Anthropologie und Geographie, 278 Seiten, 122 Tafelabb., 5 Karten, Leipzig (Brockhaus) 1930

Arlov 1989
Thor Arlov, A small History of Svalbard, Oslo 1989

Aversano-Schreiber / Rebentisch 2003
Dagmar Aversano-Schreiber / Dieter Rebentisch, Das Lexikon der Frankfurter Künstler des 20. Jahrhunderts. In: Archiv für Frankfurts Geschichte und Kunst 69, 2003, S. 333–341 (über Waldemar Coste)

Barr 2003
Susan Barr, Kulturminner pa Jan Mayen. Historical Remains on Jan Mayen, 1985. 2. Auflage, Oslo 2003

Barr / Slupetzky 1995
Susan Barr / Heinz Slupetzky, Franz Josef Land, Oslo 1995

Barr 1984
William Barr, Lieutenent Herbert Schröder-Stranz's Expedition to Svalbard, 1912–1913: A Study in Organisational Disintegration. In: FRAM 1984, Vol. 1 No. 1, S. 3–64

Barr 1985
William Barr, The Expeditions of the First International Polar Year 1882–1883 (The Arctic Institute of North America, University of Calgary, Technical Paper No. 29), Calgary 1985

Barr 1988
William Barr, The Helgoland Expedition to Svalbard: Die Deutsche Expedition in das Nördliche Eismeer 1898. In: Arctic 41, 3. Sept. 1988, S. 203–214

Barr 1993
William Barr, The career and disappearance of Hans K.E. Krüger. Arctic Geologist, 1886–1930. Polar Record 29 (171), 1993, 277–304

Bartelmeß 2000
Klaus Bartelmeß, The Bear Island Expeditions of the German Sea Fisheries Association as Camouflage for Secret German Government Plans to occupy the Island, 1897–1900. In: Sigurdsson, Ingi / Skaptason, Jon, Aspects of Arctic and Sub-Arctic History. Proceedings of the International Congress on the History of the Arctic and Sub-Arctic Region, Reykjavik, 18–21 June 1998, Reykjavik 2000, S. 441–447

zu 729
Motorschlitten in Grönland-Eismitte, Mai 1931

Bayer 1985
Konrad Bayer, Der Kopf des Vitus Bering. In: Gesammelte Werke, Band 2, hg. von Gerhard Rühm, Stuttgart 1985, S. 167 – 208

Berger 2005
Frank Berger, Theodor Lerner (1866 – 1931): Polarfahrer oder Polarforscher? In: Deutsche Gesellschaft für Polarforschung (Hrsg.), 22. Internationale Polartagung 18. – 24. September 2005 in Jena (= Terra Nostra, Heft 2005 / 3), Berlin 2005, S. 26

Bergmann 1930
Ernst Bergmann (Hrsg.) Frankfurter Gelehrten-Handbuch, Frankfurt 1930, S. 132. (Anna Schmücker)

Bericht 1865
Amtlicher Bericht über die erste Versammlung deutscher Meister und Freunde und Erdkunde in Frankfurt a / M (Freies Deutsches Hochstift für Wissenschaften, Künste und allgemeine Bildung), Frankfurt 1865, 71 Seiten, 1 Tf.

Berna 1863
Georg Berna, Fahrt nach dem höchsten Norden Europas. Die Insel Jan Mayen. In: Ausland XXXVI, 1863, S. 655

Berson 1930
Alfred Berson, Zum »Internationalen Polarjahr 1932 / 33«. In: Arktis 3, 1930, S. 91 – 95

Brooks / England / Dyke / Savelle 2004
Randall C. Brooks, John H. England, Arthur S. Dyke, James Savelle, Krüger's Final Camp in Arctic Canada? In: Arctic 57,2 (Juni 2004), S. 225 – 232

Burger 1910
Alexander Burger, Carl Weyprecht, Frankfurt 1910

Capelotti 2004
Peter Joseph Capelotti, E.B. Baldwin's Journal of the Wellman Polar Expedition, 1898 – 1899, Jefferson 2004

Capelotti 1999
Peter Joseph Capelotti, By Airship to the North Pole. An archaeology of human exploration, New Brunswick (NJ), Rutgers University Press 1999

Capelotti o.J.
Peter Joseph Capelotti, The Wellman Polar Airship expeditions at Virgohamna, Danskoya, Svalbard, Oslo o.J.

Chrobak 2005
Ondrej Chrobak, Zaliv Smrti (Starvation Cove), Prag 2005

Chun 1900
Karl Chun, Aus den Tiefen des Weltmeeres. Schilderungen von der Deutschen Tiefsee-Expedition, Jena 1900

Chun 1902
Karl Chun, Wissenschaftliche Ergebnisse der Deutschen Tiefsee-Expedition, 24 Bände, Jena 1902 – 1940

Conway 1906
Martin Conway, No man's land. A history of Spitsbergen, Cambridge 1906

De Bry 1979
Theodor de Bry, India Orientalis, herausgegeben von Friedemann Berger, 2 Bände, Leipzig / Weimar 1979 (Nachdruck der Ausgaben Frankfurt 1597 ff.)

Dittmer 1901
Rudolf Dittmer, Das Nord-Polarmeer. Nach Tagebüchern und Aufnahmen während der Reise mit SMS »Olga«, Hannover / Leipzig 1901

Dreyer-Eimbcke 1987
Oswald Dreyer-Eimbcke, Island, Grönland und das nördliche Eismeer im Bild der Kartographie seit dem 10. Jahrhundert, Wiesbaden 1987

Dreyer-Eimbcke 1991
Oswald Dreyer-Eimbcke, Kolumbus. Entdeckungen und Irrtümer in der deutschen Kartographie, Frankfurt 1991

Dreyer-Eimbcke 1996
Oswald Dreyer-Eimbcke, Auf den Spuren der Entdecker am südlichsten Ende der Welt, Gotha 1996

Droste 1989
Theodor Droste, Kartographische Darstellung der Insel Jan Mayen vom 17. – 20. Jahrhundert, Diss. Bochum 1989

Drygalski 1904
Erich von Drygalski, Zum Kontinent des eisigen Südens, Berlin 1904

Drygalski 1905
Erich von Drygalski (Hrsg.), Deutsche Südpolarexpedition 1901 – 1903 im Auftrag des Reichsamtes des Inneren, 20 Bände, 2 Atlanten, Berlin 1905 – 1931

Dufferin 1859
Frederick Dufferin, Letters from high altitudes; being some account of a voyage in the Schooner Yacht »Foam« 85 O.M. to Iceland, Jan Mayen and Spitzbergen in 1856, Boston, 2. Aufl., 1859

Ewers 1930
Hanns Heinz Ewers, Andrée, Die Tragödie des ersten Fluges zum Nordpol. In: Die Woche 13. September 1930 Nr. 37

Fanck 1933
Arnold Fanck, »SOS Eisberg«. Mit Dr. Fanck und Ernst Udet in Grönland. Die Grönlandexpedition des Universalfilms SOS Eisberg, München 1933

Fanck 1933a
Arnold Fanck, »SOS Eisberg« Mit Leni Riefenstahl, Ernst Udet, Gustav Diessl, Sepp Rist. Beratung Knud Rasmussen, Berlin (UfA) 1933, 101 Minuten

Filchner 1922
Wilhelm Filchner, Zum sechsten Erdteil. Die Zweite Deutsche Südpolarexpedition, Berlin 1922

Fleming 2003
Fergus Fleming, Neunzig Grad Nord. Der Traum vom Pol, Hamburg 2003

Gazelle 1880
Hydrographisches Amt des Reichsmarineamtes (Hrsg.), Die Forschungsreise der S.M.S. »Gazelle« in den Jahren 1874 – 1876, 5 Bände, Berlin 1888 – 1890

Georgi 1933
Johannes Georgi, Im Eis vergraben. Erlebnisse auf der Station »Eismitte« der letzten Grönland= Expedition Alfred Wegeners. 5. Auflage, München 1933

Georgi 1964
Johannes Georgi, Georg von Neumayer und das 1. Internationale Polarjahr. In: Deutsche Hydrographische Zeitschrift 1964, 249 – 272

Gerdes 1917
Hajo Rudolf Gerdes, Der Anteil der Deutschen an der Erforschung des Südpolargebietes, insbesondere der Westantarktis, bis zur internationalen Erforschung in den Jahren 1901 – 1903, Leipzig 1917

Glasemann 1999
Reinhard Glasemann, Erde, Sonne, Mond und Sterne. Globen, Sonnenuhren und astronomische Instrumente im Historischen Museum Frankfurt am Main, Frankfurt 1999

Gourdault 1875
Jules Gourdault, Voyage au Pôle Nord des navires la HANSA et la GERMANIA, Paris 1875

Graetz 2004
Hans Graetz, Spitzbergen-Drama 1912 / 1913. In: Schweinfurter historische Forschungen NF 7, 2004, S. 247 – 275

Hayes 1868
Isaak Israel Hayes, The open polar sea: A Narrative of a Voyage of Discovery Towards the North Pole in the Schooner »United States«, London 1867. Deutsch: Das offene Polar=Meer, Jena 1868

Hayes 2003
Derek Hayes, Historical Atlas of the Arctic, Seattle 2003

Heidke 1932
Paul Heidke, Das Zweite Internationale Polarjahr 1932/33. In: Annalen der Hydrographie und Maritimen Meteorologie 60, 1932, S. 81 – 93

Hergesell 1914
Heinrich Hergesell, Das Deutsche Observatorium in Spitzbergen. Beobachtungen und Ergebnisse I., Straßburg 1914

Herzen 1870
Alexander Herzen, Una gita a Juan Mayen. In: Bolletino di Società geografica italiana, Fasc. 5, Parte III, 1870, S. 97 – 107

Holland 1994
Clive Holland, Arctic Exploration and Development 500 – 1915. New York 1994

Holland 1994a
Clive Holland, Farest North – A History of North Polar Exploration in Eye-Witness accounts, London 1994

Hosek 1969
Jaroslav Hosek (Hrsg.), Julius Payer, V ledovem zajeti, Prag 1969

Houben 1964
Heinrich Hubert Houben, Sturm auf den Südpol. Abenteuer und Heldentum der Südpolfahrer, Berlin 1964

Ihne 1913
Ernst Ihne, Der Nordpolforscher Carl Weyprecht, Friedberg 1913

Johansen 1897
Hjalmar Johansen, Nansen und ich auf 86 Grad 14', Leipzig 1897

Johansen 1999
Hjalmar Johansen, Dagboken fra Spitzbergen 1907/1908, Oslo 1999

Johnson 2002
Leonhard Johnson, Polar research: In the view of US/European Cooperation. In: Mitteilungen der Pollichia, Band 88 (Supplement), Bad Dürkheim 2002, S. 29 – 34

Kat. Bonn 1997
Arktis – Antarktis. Ausstellungskatalog der Kunst- und Ausstellungshalle der Bundesrepublik Deutschland, Bonn 1997

Kat. Bremerhaven 1993
125 Jahre deutsche Polarforschung, hrsg. vom Alfred Wegener Institut für Polar- und Meeresforschung, Bremerhaven 1993

Kat. Darmstadt 1981
Eckart G. Franz, Hessische Entdecker. Forschungsreisen in fünf Erdteilen. Ausstellungskatalog Darmstadt 1981

Kat. Michelstadt 2006
Polarforschung gestern heute morgen. Von Weyprecht zu Cryosat. Ausstellungskatalog Michelstadt 2006

Kat. Wien 1973
Österreichische Nationalbibliothek (Hrsg.) 100 Jahre Franz Josefs-Land. Katalog der Österreichischen Nationalbibliothek, Wien 1973.

Kat. Wien 1996
Heeresgeschichtliches Museum Wien (Hrsg.), Die Schrecken des Eises und der Finsternis. Österreich und die Arktis, Ausstellungskatalog des Heeresgeschichtlichen Museums Wien, 1996

Kinsky-Wilczek 1933
Elisabeth Kinsky-Wilczek, Hans Wilczek erzählt seinen Enkeln Erinnerungen aus seinem Leben, Graz 1933

Koch 1919
Johann Peter Koch, Durch die weiße Wüste. Die dänische Forschungsreise quer durch Nordgrönland 1912 – 13. Deutsche Ausgabe von Alfred Wegener, Berlin 1919

Kohl-Larsen 1930
Ludwig Kohl-Larsen, An den Toren der Antarktis, Stuttgart 1930

Kohl-Larsen 1931
Ludwig Kohl-Larsen, Die Arktisfahrt der »Graf Zeppelin«, im Auftrag der Internationalen Gesellschaft zur Erforschung der Arktis mit Luftfahrzeugen (Aeroarctic), Berlin 1931

Koldewey 1871
Karl Koldewey, Die erste Deutsche Nordpolar-Expedition im Jahre 1868. Ergänzungsheft No. 28 zu Petermanns »Geographischen Mitteilungen«, Gotha 1871. Reprint Gotha 1993

Krause 1992
Reinhard A. Krause, Die Gründungsphase deutscher Polarforschung 1865 – 1875. Berichte zur Polarforschung 114, Bremerhaven 1992

Krause / Rack 2006
Reinhard A. Krause / Ursula Rack, Schiffstagebuch der Steam-Bark GROENLAND geführt auf einer Fangreise im Jahre 1873 / 1874 unter der Leitung von Capitain Ed. Dallmann. (=Berichte zur Polar- und Meeresforschung 530), Bremerhaven 2006

Kremb 2001
Klaus Kremb, Auf zum Südpol! Georg von Neumayers Beitrag zur Antarktisforschung 1855 – 1900 (Pollichia-Buch Nr. 40), Bad Dürkheim 2001. Der Frankfurter Vortrag vom 24. Juli 1865 hier S. 40 bis 49 und der Frankfurter Vortrag von 1883 S. 61 – 72

Krüger / Klute 1925
Hans Krüger / Fritz Klute, Die hessische Grönland-Expedition 1925. In: PM 72, 1926, S. 105 – 111

Krüger 1929
Hans K. E. Krüger, Recent geological research in the Arctic. In: American Journal of Science, Series 5 (17) 1929, S. 50 – 62

Kükenthal 1890
Willy Kükenthal, Skizzen aus dem hohen Norden. In: Globus 58, 1890, S. 1 – 7 und 24 – 28 und einer Karte von Spitzbergen

Kvam 2000
Ragna Kvam, Im Schatten, Berlin 2000 (Biografie Hjalmar Johansens)

Lachambre / Machuron 1898
Henri Lachambre / Alexis Machuron, Andrée. Im Ballon zum Nordpol. Leipzig o. J. (1898), 246 Seiten, 50 Ill., eine Karte 1: 40000

Lerner 1906
Theodor Lerner, Die Rettung der Isle de France. In: Die Woche 40, Berlin 1906

Lerner 1907
Theodor Lerner, Wellmans Flugversuch. In: Die Woche 39, Berlin 1907

Lerner 2005
Theodor, Polarfahrer. Im Banne der Arktis, hg. von Frank Berger, Zürich 2005

Lerner-Stoltze 1983
Lydia Lerner-Stoltze, Adolf Stoltze. Ein Dichterleben für Frankfurt, bearb. von Luise Bodensohn, Frankfurt 1983

Lindeman / Finsch 1883
Moritz Lindeman / Otto Finsch, Die Zweite Deutsche Nordpolarfahrt in den Jahren 1869 und 1870 unter Führung des Kapitän Koldewey, Leipzig 1883

Littrow 1881
Heinrich von Littrow, Carl Weyprecht, Wien 1881

Loewe 1972
Fritz Loewe, Johannes Georgi †. In: Polarforschung 42,2 (1972), 155 – 158

Lüdecke 1995
Cornelia Lüdecke, Die deutsche Polarforschung seit der Jahrhundertwende und der Einfluß Erich von Drygalskis. Berichte zur Polarforschung 158, Bremerhaven 1995

Mazzoli 2003
Enrico Mazzoli, Dall'Adriatico ai Ghiacchi. Ufficiali dell'Austria-Ungheria con i loro marinai istriani, fiumani e dalmati alla conquista dell'Arctico, Triest 2003

Mendelssohn 1986
Gabriele Mendelssohn, Der Frankfurter Maler Johann Heinrich Hasselhorst 1825 – 1904, Dissertation Mainz 1986

Müller 1956
Martin Müller, Julius von Payer, Stuttgart 1956

Miethe / Hergesell
Adolf Miethe / Heinrich Hergesell, Mit Zeppelin nach Spitzbergen, Berlin / Leipzig 1911

Miethe 1914
Adolf Miethe (Hg.), Die Expedition zur Rettung von Schröder-Stranz und seinen Begleitern. Geschildert von ihren Führern Hauptmann A. Staxrud und Dr. K. Wegener, Berlin 1914

Mohr / Borchgrevink / Gran / Svedenborg / Sverdrup 1930
Adrian Mohr / Carsten Borchgrevink / Tryggve Gran / Gustav Svedenborg / Otto Sverdrup, 33 Jahre verschollen im Packeis. Die arktische Freiballon-Expedition des Schweden Salomon August André, Leipzig 1930, 160 Seiten, 22 Abb., eine Karte

Mosebach 1999
Martin Mosebach, Der Nebelfürst, Frankfurt 1999

Müller 1914
Johannes Müller, Einiges aus der Geschichte der Südpolarforschung unter besonderer Berücksichtigung der letzten deutschen antarktischen Expedition und ihrer Navigation, Berlin 1914

Nansen 1897
Fridtjof Nansen, Die norwegische Polarexpedition 1893 – 1896, 3 Bände, Leipzig 1897 / 1898

Nansen 1891
Fridtjof Nansen, Auf Schneeschuhen durch Grönland, Hamburg 1891

Nansen 1922
Fridtjof Nansen, Spitzbergen. Leipzig 1922

Neumayer / Börgen 1886
Georg Neumayer / Karl Börgen, Die Internationale Polarforschung 1882 – 1883, Die Beobachtungsergebnisse der Deutschen Stationen, 2 Bände, Berlin 1886

Neumayer 1890
Georg Neumayer (Hrsg.), Die internationale Polarforschung. Die deutschen Expeditionen und ihre Ergebnisse. Band 1: Kingua Fjord, Berlin 1890. Band 2: Südgeorgien, Berlin 1891

Neumayer 1901
Georg von Neumayer, Auf zum Südpol ! 45 Jahre Wirkens zur Förderung der Erforschung der Südpolar-Region 1855 – 1900, Berlin 1901, insb. S. 33 – 42 (Frankfurt 1865) und 227 – 238 (Frankfurt 1883)

Payer 1871
Schreiben des Herrn Jul. Payer über die Entdeckung eines offenen Polarmeeres an den Verein für Geographie und Statistik zu Frankfurt a. M. In: Gaea. Natur und Leben, Band 7, Köln / Leipzig 1871, S. 630 – 632

Payer 1876
Julius Payer, Die österreichisch-ungarische Nordpol-Expedition in den Jahren 1872 – 1874, nebst einer Skizze der zweiten deutschen Nordpol-Expedition 1869 – 1870 und der Polar-Expedition von 1871. Mit 146 Illustrationen (Holzstichen) und 3 (gefalteten) Karten. Wien (Hölder) 1876

Payer 1876a
Julius Payer, New Lands within the Arctic Circle, London 1876

Payer 2004
Julius Payer, Die Entdeckung von Kaiser Franz Josef-Land 1872 – 1874, hg. von Detlef Brennecke, Lenningen 2004

Petermann 1865
August Petermann, Spitzbergen und die arktische Central-Region. Ergänzungs-Heft No. 16 der »Geographischen Mittheilungen«, Gotha 1865

Polarforschung.
Zeitschrift der deutschen Gesellschaft für Polarforschung, 1, 1931 – 76, 2007

Pudack 2006
Manfred Pudack, In memoriam des 75. Jahrestages der Deutschen Grönlandexpedition 1930 / 1931: Das Leben und Wirken des Expeditionsmitgliedes Dr. Johannes Georgi (1888 – 1972). Drei Teile. In: Polarphilatelie Heft 175-3 / 2005, S. 3 – 9: Heft 176-4 / 2005, S. 3 – 13; Heft 177-1 / 2006, S. 3 – 13

Ransmayr 1987
Christoph Ransmayr, Die Schrecken des Eises und der Finsternis, Wien 1984. Erschienen als Taschenbuch bei S. Fischer, Frankfurt 1987

Rasmussen 1937
Knud Rasmussen, Die Gabe des Adlers. Eskimoische Märchen aus Alaska, Übersetzung und Bearbeitung von Änne Schmücker. Frankfurt (Societätsverlag) 1937

Rasmussen 1938
Knud Rasmussen, Mein Reisetagebuch. Über das grönländische Inlandseis nach dem Peary-Land. Eingeleitet und übertragen von Änne Schmücker. Berlin (S. Fischer) 1938

Rasmussen 1944
Knud Rasmussen, Die große Schlittenreise. Mit einer Einführung: Knud Rasmussen, ein Heldenleben der Arktis, von Änne Schmücker. Essen (Chamier) 1944

Rasmussen 1947
Knud Rasmussen, Schneehüttenlieder. Eskimoische Gesänge. Übertragen und herausgegeben von Änne Schmücker. Essen (Chamier) 1947

Ratzel 1885
Friedrich Ratzel, Aufgaben geographischer Forschung in der Antarktis. In: Michow, H. (Hrsg.), Verhandlungen des 5. deutschen Geographen-Tages zu Hamburg am 9., 10. und 11. April 1885, Hamburg 1885, S. 8 – 24

Rave 1926
Christopher Rave, Im Eise verirrt. Tagebuch des Marinemalers Christopher Rave von der verunglückten Schröder-Stranz Expedition, 1926

Reinke-Kunze 1992
Christine Reinke-Kunze, Aufbruch in die weiße Wildnis. Geschichte der deutschen Polarforschung, Hamburg 1992

Rey 1984
Louis Rey, (Hg.) Unveiling the Arctic. Calgary 1984 (= Arctic 37 Number 4, Dez. 1984)

Ritscher 1914
Alfred Ritscher, Wanderung in Spitzbergen im Winter 1912. In: Zeitschrift der Gesellschaft für Erdkunde Berlin 1916 (1), S. 16 – 34. Vgl. PGM 60 (1) 1914, 27 – 28 und 144

Römer / Schaudinn 1900
Fritz Römer / Fritz Schaudinn, Fauna Arctica. Eine Zusammenstellung der arktischen Tierformen mit besonderer Berücksichtigung des Spitzbergen-Gebietes auf Grund der Ergebnisse der Deutschen Expedition in das Nördliche Eismeer im Jahre 1898. Band 1, Jena 1900; Band 2, Jena 1902; Band 3, Jena 1904; Band 4, Jena 1906; Band 5, Jena 1929; Band 6, Schlussband, Jena 1933

Rüdiger 1912
Hermann Rüdiger, Deutschlands Anteil an der Lösung der polaren Probleme, Diss. Erlangen 1912. In: Mitteilungen der geographischen Gesellschaft in München 7, 1912, Heft 4, 455 – 586

Rüdiger 1913
Hermann Rüdiger, Die Sorge-Bai. Aus den Schicksalstagen der Schröder-Stranz-Expedition, Berlin 1913

Rüdiger 1898
Hugo Rüdiger, Vortrag. In: Verhandlungen der Gesellschaft für Erdkunde, XXV, Berlin 1898, S. 430 – 448

Sale 2002
Richard Sale, Polar reaches. The History of Arctic and Antarctic Exploration, Seattle 2002

Schaudinn 1971
Fritz Schaudinn, Tagebuch einer Eismeerfahrt 1898, hrsg. 1971 von seinen Enkeln. Privatdruck

Schmidt-Linsenhoff / Wettengl 1988
Viktoria Schmidt-Linsenhoff, Kurt Wettengl, Bürgerliche Sammlungen in Frankfurt 1700 – 1830, Frankfurt 1988, S. 33 – 122 mit Abb. S. 93. (Die Sammlung des Konditormeisters Johann Valentin Prehn)

Scholz 1932
Arnulf Scholz, Krüger-Polarexpedition verschollen. In: Polarforschung 2, 1932, S. 5 f.

Schwerdt 1869
Heinrich Schwerdt, Die deutsche Nordfahrt, Langensalza 1869

Senckenberg
Bericht der Senckenbergischen Naturforschenden Gesellschaft, Frankfurt 1861 bis 1919.

Sorge 1933
Ernst Sorge, Mit Flugzeug, Faltboot und Filmkamera in den Eisfjorden Grönlands. Ein Bericht über die Universal Dr. Fanck-Grönlandexpedition, Berlin 1933

Stange 2006
Rolf Stange, Jan Mayen. Natur und Geschichte des Außenpostens im Nordatlantik. Dortmund 2006

Straub 1988
Heinz Straub, Verschollen in der Arktis – Die schicksalhafte Ballonfahrt der Andree-Expedition, Frankfurt 1988

Sundman 1972
Peter Olof Sundman, Ingenieur Andrées Luftfahrt, Berlin 1972

Traeger 1995
Verena Traeger, Eskimo-Abbildungen als ethnographische Quellen (1500 – 1800), unveröffentlichte Dissertation, Universität Wien, Mai 1995

Traeger 1991
Verena Traeger, Eskimos in Bild und Wort vom 16. bis zum 19. Jahrhundert, in: Christian F. Feest (Hg.) unter Mitarbeit von Verena Traeger, Eskimo. Am Nordrand der Welt. Schwerpunkt Grönland, Ausstellungskatalog, Museum für Völkerkunde Wien, S. 114 – 127

Traeger 1992
Verena Traeger, Poq og Qiperoq - to Eskimoportrætter, in: Særtryk af Handels- og Søfartsmuseets Årbog, Helsingør 1992, S. 117 – 144

Umlauft 1895
Friedrich Umlauft, Österreich-Ungarns Anteil an der arktischen Forschung und Payer's neues Polarproject. In: Deutsche Rundschau für Geographie und Statistik 17, 1895, S. 259 – 269

Van Duzer 2002
Chet Van Duzer, The Carthography, Geography and Hydrography of the Southern Ring Continent, 1515 – 1763. In: Orbis Terrarum 8, 2002, S. 115 – 158

Verein 1874
Verein für die Deutsche Nordpolarfahrt in Bremen (Hrsg.), Die Zweite Deutsche Nordpolarfahrt in den Jahren 1869 und 1870 unter Führung des Kapitäns Karl Koldewey. 1. Band. Erzählender Teil, Teil 1, Leipzig 1873, Seite 1 – 290. Teil 2, Leipzig 1874, Seite 291 – 699. 2. Band. Wissenschaftliche Ergebnisse, Teil 1, Leipzig 1874, Seite 1 – 470. Teil 2, Leipzig 1874, Seite 471 – 962

Verhandlungen 1896
Verhandlungen der Gesellschaft deutscher Naturforscher und Ärzte. 69. Versammlung in Frankfurt, 21. – 26. 9. 1896. Leipzig 1896

Vielsmeier 1981
Bernd Vielsmeier, Böcklin – Berna – Büdesheim. In: Wetterauer Geschichtsblätter 30/1981, S. 117–123

Villinger 1929
Bernhard Villinger, Die Arktis ruft! Mit Hundeschlitten und Kamera durch Spitzbergen und Grönland, Freiburg 1929

Vogt 1863
Carl Vogt, Nord-Fahrt, entlang der Norwegischen Küste, nach dem Nordkap, den Inseln Jan Mayen und Island, auf dem Schooner Joachim Hinrich unternommen während der Monate Mai bis Oktober 1861 von Dr. Georg Berna, in Begleitung von C. Vogt, H. Hasselhorst, A. Greßly und A. Herzen. Erzählt von Carl Vogt. Mit 12 Holzstich-Tafeln auf Tonplatte, 8 farb. Lithogr. Tafeln, 3 farb. Lithogr. Karten und zahlr. Textholzschnitten, Frankfurt bei Carl Jügel 1863

Waack 1910
Karl Waack, Von Andrée bis Zeppelin. Das Luftschiff im Dienste der Polarforschung, Rostock 1910

Wegener 1912
Alfred Wegener, Die Entstehung der Kontinente. In: Geologische Rundschau 3, 1912, S. 276–292. Auch erschienen in: Petermanns Geographische Mitteilungen 1912, S. 185–195; 253–256; 305–309. Buchausgabe: Alfred Wegener, Die Entstehung der Kontinente und Ozeane, Braunschweig 1915

Wegener 1932
Else Wegener (Hrsg.), Alfred Wegeners letzte Grönlandfahrt. Die Erlebnisse der deutschen Grönlandexpedition 1930/1931 geschildert von seinen Reisegefährten und nach Tagebüchern des Forschers, Leipzig 1932

Wegener 1960
Else Wegener, Alfred Wegener, Tagebücher, Briefe, Erinnerungen, Wiesbaden 1960

Wegener 1897
Georg Wegener, Zum ewigen Eise. Eine Sommerfahrt ins nördliche Polarmeer und Begegnung mit Andrée und Nansen, Berlin 1897

Wegener 1933
Kurt Wegener (Hrsg.), Wissenschaftliche Ergebnisse der deutschen Grönland-Expedition Alfred Wegener 1929 und 1930/1931, 7 Bände, Leipzig 1933–1940

Weller 1911
Ernst Weller, August Petermann. Ein Beitrag zur Geschichte der geographischen Entdeckungen und der Kartographie im 19. Jahrhundert, Leipzig 1911.

Wellman 1911
Walter Wellman, The Aerial Age, New York 1911, Nachdruck Honolulu 2004

Weyprecht 1879
Carl Weyprecht, Die Metamorphosen des Polareises, Wien 1879

Winter 1914
Fritz H. Winter, Nachruf Carl Chun. In: 45. Bericht der Senckenbergischen Naturforschenden Gesellschaft 1914, S. 176–183

Wohlgemuth 1886
Emil von Wohlgemuth, Die internationale Polarforschung 1882–1883. Die österreichische Polarstation Jan Mayen, Vier Bände, Wien 1886

Wothe 1917
Anny Wothe, Die Polarhexe, Berlin 1917. Roman in Anlehnung an die Schröder-Stranz Expedition

Wustmann 1955
Erich Wustmann, Isbjörn (Mit Bildern von Theodor Lerner), Radebeul/Berlin 1955

Wutzke 1988
Ulrich Wutzke, Der Forscher von der Friedrichsgracht (= Alfred Wegener), Leipzig 1988

Abbildungsverzeichnis (nach Katalognummern)

Alfred Wegener Institut für Polar- und Meeresforschung, Bremerhaven: 515; 730; 731; 732; 733; 734; 735; 736; 737; 738; 739.

Frank Berger, Frankfurt: 652; 653.

H. & M. Bodensohn, Frankfurt: 220; 603; 604; 608; 609; 612; 614; 615; 623; 624; 625; 626; 628; 629; 630; 635; 636; 641; 645; 646; 647; 648; 650; 651.

Deutsche Gesellschaft für Polarforschung: 441.

Deutsches Ledermuseum Offenbach: 756; 757; 758; 759; 760; 761.

Deutsches Schifffahrtsmuseum Bremerhaven: 322; 329.

Heeresgeschichtliches Museum Wien: 440.

Gerhard Heinemann, Herbstein: 431; 432.

Historisches Museum Frankfurt: 108; 109; 110; 111; 112; 113; 114; 115; 116; 117; 201; 202; 203; 206; 207; 208; 209; 210; 214; 215; 216; 219; 221; 222; 223; 224; 225; 226; 227; 228; 230; 301; 302; 303; 304; 305; 307; 308; 309; 310; 311; 313; 314; 317; 320; 321; 323; 323; 324; 327; 401; 402; 403; 404; 407; 408; 409; 411; 412; 413; 414; 415; 416; 417; 418; 419; 429; 435; 438; 439; 442; 443; 444; 445; 501; 502; 503; 510; 511; 512; 513; 601; 607; 620, 627; 631; 632; 633; 634; 637; 638; 642; 643; 644; 654; 703; 704; 705 706; 708; 709; 710; 711; 715; 716; 722; 750; 754; 755; 764; 765; 802; 820; 826; 827; 828.

Historisches Museum Frankfurt, Uwe Dettmar: 101; 102; 103; 104; 105; 106; 107; 211; 212; 213.

Historisches Museum Frankfurt, Horst Ziegenfusz: 118; 204; 217; 218; 504; 505; 804; 807.

Institut für Stadtgeschichte, Frankfurt am Main: 436.

Dr. Hans W. Hubbertin, Potsdam: 509.

Dr. Georg Kleinschmidt, Frankfurt: 817; 821; 822; 823; 824.

Susanne Klever, Frankfurt: 446.

Hans-Jochen Kretzer, Neustadt: 306.

Naturmuseum Senckenberg, Frankfurt: 119; 120; 121; 122; 123; 610; 813; 814; 815; 816.

Dr. Heidi von Leszczynski, Frankfurt: 405; 430; 434.

Siegfried Nicklas, Frankfurt: 229; 315; 318; 325; 326; 506; 602; 611; 622; 639; 640; 717; 718; 719; 810; 811; 818; 819.

Pfalzmuseum für Naturkunde Bad Dürkheim, Georg von Neumayer Archiv: 514; 606; 613; 621; 720; 721; 723; 724; 725; 726; 727; 728; 729; 740; 741; 742; 743; 744; 745; 746; 747; 748; 749; 751; 752; 753; 762; 763; 801; 803; 805; 806; 808; 809.

Societätsverlag Frankfurt: 707

Dr. Friedhelm Thiedig, Norderstedt: 421; 422; 423; 424; 425; 426; 427; 616; 617; 618; 619.

Zeppelin-Museum Zeppelinheim: 712; 713; 714.

Impressum

Frankfurt und der Nordpol

Entdecker und Forscher im ewigen Eis,

1861 – 1931

Ausstellung des Historischen Museums,

Frankfurt am Main

22. Dezember 2007 bis 9. März 2008

Förderer der Ausstellung

Dezernat für Kultur und Wissenschaft

Deutsche Gesellschaft für Polarforschung

Die Ausstellung

Gesamtleitung
Jan Gerchow, Direktor
des Historischen Museums

Idee, Konzept und Projektleitung
Frank Berger, Kurator

Restaurierung
Anja Damaschke (Gemälde)
Reinhard Glasemann (Metall)
Monika Lidle-Fürst; Barbara Hassel (Grafik)
Oliver Morr (Möbel / Holz)

Öffentlichkeitsarbeit
Wolf von Wolzogen

Besucherservice
Susanne Angetter

Sekretariat
Heidrun Czarnecki

Verwaltung
Doris Hant

Haustechnik
Frank Bingel
Matteo Ciliberti
Peter Klau
Abdelmajid Labroumani

Ausstellungsgestaltung
Exposition GbR, Frankfurt
(Martin Krämer, Sabine Gutjahr)

Das Begleitbuch

Schriften des Historischen Museums Frankfurt am Main,
Band 26
Herausgegeben von Jan Gerchow

Erschienen im Michael Imhof Verlag
GmbH & Co. KG
Stettiner Straße 25, 36100 Petersberg
Tel. 06 61 - 9 62 82 86
Fax 06 61 - 6 36 86
info@imhof-verlag.de

© 2007 Historisches Museum Frankfurt am Main
ISBN 978-3-86568-285-7

Herausgeber
Frank Berger

Texte
Frank Berger

Textredaktion
Roman Fischer

Bildredaktion
Frank Berger

Gestaltung
Kommunikationskontor_Düsseldorf

Druck und Verarbeitung
B.O.S.S Druck und Medien GmbH, Goch

Umschlagabbildung
Das Schiff Theodor Lerners im Packeis 1913
(Nr. 645)
Satirische Postkarte: Zeppelin kommt (Nr. 639)